天津财经大学研究生培养机制创新系列丛书

财经类专业学位教学案例

赵秀云　主编

南开大学出版社
天　津

图书在版编目(CIP)数据

财经类专业学位教学案例 / 赵秀云主编. —天津：南开大学出版社，2014.8

（天津财经大学研究生培养机制创新系列丛书）

ISBN 978-7-310-04583-9

Ⅰ. ①财… Ⅱ. ①赵… Ⅲ. ①经济学—研究生—教学参考资料 Ⅳ. ①F0

中国版本图书馆 CIP 数据核字(2014)第 180090 号

南开大学出版社出版发行

出版人：孙克强

地址：天津市南开区卫津路 94 号　　邮政编码：300071

营销部电话：(022)23508339　23500755

营销部传真：(022)23508542　　邮购部电话：(022)23502200

*

天津午阳印刷有限公司印刷

全国各地新华书店经销

*

2014 年 8 月第 1 版　　2014 年 8 月第 1 次印刷

240×170 毫米　16 开本　19.75 印张　2 插页　325 千字

定价：42.00 元

如遇图书印装质量问题，请与本社营销部联系调换，电话：(022)23507125

总　序

经过 30 多年的改革开放，我国研究生教育稳步发展，取得了举世瞩目的重大成就，已经成为培养高层次人才的主要途径和各行各业骨干力量的主要来源，基本实现了立足国内自主培养高层次人才的战略目标。2013 年是研究生教育历史上具有重大意义的一年，《财政部、国家发展改革委、教育部关于完善研究生教育投入机制的意见》、《教育部、国家发展改革委、财政部关于深化研究生教育改革的意见》两个重要文件出台以及全国研究生教育工作会议圆满召开，标志着研究生教育进入新的发展时期。

《完善研究生教育投入机制的意见》解决了研究生教育改革的政策瓶颈，《深化研究生教育改革的意见》提出了研究生教育的“一二四四”原则，即一条主线：服务需求、提高质量；两个着力点：分类推进培养模式改革，统筹构建质量保障体系；四个更加：更加突出服务经济社会发展，更加突出创新精神和实践能力培养，更加突出科教结合和产学结合，更加突出对外开放，为提高国家创新力和国际竞争力提供有力支撑，为建设人才强国和人力资源强国提供坚强保证；四个转变：发展方式从注重规模发展转变到注重质量发展，培养类型结构以学术学位为主转变为以学术学位与专业学位协调发展，培养模式从注重知识学习转变为知识学习和能力并重，质量评价方式从注重在学培养质量转变为在学培养质量与职业发展质量并重。

我校自 1979 年开始招收学术型硕士研究生，1986 年开始招收博士研究生，1987 年我校与美国俄克拉荷马城市大学合作，举办工商管理硕士（MBA）专业学位项目，经过三十多年的探索和努力，研究生教育事业取得了显著发展，学位与研究生教育质量保障体系日益完善，学科结构不断优化。学校目前拥有应用经济学、工商管理学和管理科学与工程三个一级学科博士点和博士后流动站，博士点下设 21 个博士授予专业或方向；7 个一级学科硕士点，下设 44 个硕士授予专业，以及 13 个专业硕士学位点。研究生教育实现了从培养学术型人才为主向学术型、应用型人才培养并重的转变，初步形成了部门行业参与、与职业资格制度衔接的专业学位研究生教育体系，科学道德和学风建设得到加强，培养质量稳步提高。

在新的外部发展环境和新的战略机遇期，我校研究生工作积极贯彻落实学校关于学科立校、人才强校、质量提升、国际化等四大发展战略，进一步推进研究生教育综合改革项目，即主动服务社会需求、全面提高质量为主线，以分类推进培养模式改革、统筹构建质量保障体系为着力点，培养上更加突出创新精神和实践能力培养，模式上更加突出科教结合和产学结合，方式上更加突出开放合作。

天津财经大学研究生培养机制创新系列丛书是我校研究生教育综合改革项目的重要成果之一，涵盖了研究生教育质量保障机制建设、研究生创新促进机制建设、专业学位研究生实践共享平台建设、会计硕士（MPAcc）教学案例建设、公共管理（MPA）教学案例建设、财经类专业学位教学案例建设等内容。本套丛书内容丰富、观点鲜明、资料翔实、适用面广，可供高等学校的一线教师、教学管理人员、研究生及各类学生阅读、参考和使用。

前　言

我国自 1991 年开始实行专业学位教育制度以来，经过二十几年的建设，专业学位教育发展迅速，目前，已基本形成了以硕士学位为主，博士、硕士、学士三个学位层次并存的专业学位教育体系，其中，硕士层次专业学位有会计硕士（MPAcc）专业学位等 39 种。专业学位研究生教育是研究生教育体系的重要组成部分，是培养高层次应用型专门人才的主要途径。

2010 年金融、国际商务、应用统计、税务、保险、资产评估、旅游管理等硕士专业学位设立，并首次纳入全国研究生统一招生。专业学位是针对职业领域的需要，培养具有较强的专业能力和职业素养、能够创造性地从事实际工作的高层次、应用型人才而设置的一种学位类型，其招生对象、课程设置、培养方式以及知识和能力结构等应遵循面向职业的原则。

《教育部、人力资源社会保障部关于深入推进专业学位研究生培养模式改革的意见（2013）》明确了“以职业需求为导向，以实践能力培养为重点，以推进产学结合为途径，建立与经济社会发展相适应、具有中国特色的专业学位研究生培养模式”的改革目标，提出“完善培养方案、改进课程教学、加强实践基地建设、强化学位论文应用导向、推进与职业资格衔接、充分调动研究生积极性主动性、加强教师队伍建设、完善质量保障体系、鼓励开展联合培养”等方面具体内容。

财经类专业学位的课程教学强调案例教学、模拟训练等教学方法的运用；案例分析写作也是会计硕士应用导向学位论文的重要构成。案例开发与案例教学是我校专业学位研究生培养模式改革的重要工作，财经类专业学位教学案例作为天津财经大学研究生培养机制创新系列丛书之一，书中案例是在经济管理实践及对经济管理业务深入分析的基础上撰写而成，涵盖金融、保险、国际商务、税务、资产评估、法律、应用统计及翻译等专业学位课程内容，目的是让广大读者通过案例的学习，理解具有现实意义的经济等相关问题，提高财经类专业研究生职业胜任能力。案例集共 16 个案例，全部由专业硕士学位授课教师撰写，每个案例包括案例背景、案例正文、案例说明书等方面。本书适合高等学校一线教师、教学管理者、学生及会计人员阅读、学习和借鉴。

本书由管理学博士赵秀云教授主编，负责统筹全书结构和审阅案例内容，财经类专业硕士教学案例建设项目得到了天津财经大学研究生院各位老师的支持和帮助，在此对他们表示衷心的感谢。同时，南开大学出版社的王乃合主任对丛书的出版给予了鼎力支持，在此深表感谢！

书中观点和认识偏颇之处，恳请广大读者给予批评和指正。

赵秀云

天津财经大学

2014 年 8 月

目 录

上汽收购双龙——弥足珍贵的代价

姜静　马晓青　徐倩文　黄树青

2004年底，上汽集团以5亿美元的代价，获得陷入经营困境的韩国双龙汽车49.82%的股权，打响了中国车企海外收购的第一炮。此后，又陆续增持至51.33%，成为双龙汽车的控股股东。然而好景不长，经过近5年挣扎，双龙集团于2009年申请破产，随后上汽放弃双龙。中国车企海外扩张的首秀以40余亿元人民币的损失告终。虽然中国企业，尤其是中国车企并不缺乏海外并购的成功案例，但相较而言，失败案例的剖析更具理论和实践指导价值，因此，本案例从素材选择、题目涉及上都侧重于引导学生分析企业并购尤其是海外并购过程中存在的种种问题，引导学生对并购的失败原因进行深刻的思考，我们把关注的焦点放在并购后的整合环节。

一、背景简介

（一）国家形势

1. 上海汽车工业（集团）总公司是中国汽车工业的特大型国有企业集团之一。

2. 20世纪90年代初开始兴起“市场换技术”的实用主义政策。

3. 合资之路走不通，民族汽车工业已近乎沦为买办性质的悲惨局面。

4. 中共十六届五中全会将“自主创新”作为国家战略。

（二）上海形势

上海市政府制定政策鼓励和支持企业对外并购。

（三）上海汽车

1．完善产品线，夺取中国 SUV 市场。

2．获得核心技术，提升研发生产能力。

二、案例概况

（一）参与并购企业概况

1．上汽集团基本介绍

上海汽车工业（集团）总公司成立于 20 世纪 60 年代，是中国三大汽车集团之一，主要从事乘用车、商用车和汽车零部件的生产、销售、开发、投资及相关的汽车服务贸易和金融业务。除直接经营管理零部件业务和服务贸易业务外，还控股目前国内 A 股市场规模最大汽车公司——上海汽车集团股份有限公司（上海交易所代码 600104，下称上海汽车）。

上汽在发展壮大的同时，也有它明显的软肋。自 1980 年开始合资谈判以来，培养自主研发和建设自主品牌的压力就一直困扰着上汽。无奈之下，上汽开始走向海外，希望通过技术购买、技术合作或者并购来获得自主研发能力，打造自主品牌。

2．双龙汽车基本介绍

双龙汽车株式会社（韩国交易所代码：003620，下称双龙）前身为创立于 1954 年的东亚汽车公司，1988 年 3 月更名为双龙汽车公司，是韩国第四大汽车公司，主要生产中高档越野车、高级轿车和房车。20 世纪末双龙公司的年生产能力为 25 万辆，其产品已出口到欧洲、亚洲、中南美洲及非洲等 60 多个国家和地区。

1997 年，双龙汽车公司因资不抵债而被大宇集团并购，1999 年又因大宇集团解散被分离出来，成为独立的上市公司。同年由于经营不善，双龙汽车公司进入破产程序。2004 年 10 月双龙汽车公司的债权团将双龙汽车公司 48.92%的股权出让给上汽集团。

（二）并购过程描述

从 2003 年下半年开始，上汽收购双龙的有关收购进程见表 1。

表1 上汽收购双龙过程

2003年9月28日	上汽决定正式参与收购双龙汽车公司。
2003年10月16日	新买家——中国蓝星集团以6500亿韩元的高价突出重围。此外蓝星还承诺，在2010年前投入7亿美元完善双龙的生产设备以及研发能力，再投资3亿美元在中国建立销售网络。次月中国蓝星集团总公司被双龙的债权人——韩国朝兴银行定为优先竞标方，并签署了一份无约束力的谅解备忘录。
2003年12月16日	双龙集团的主要债权银行称蓝星集团将成为购买双龙股份的优先协商对象。
2004年3月	蓝星集团因价格和未获得发改委批准等原因退出，放弃此次并购。
2004年7月23日	朝兴银行与上汽集团就谅解备忘录达成共识，并正式签署此备忘录。根据备忘录条款，上汽集团将成为双龙汽车48.92%股权的独家优先收购者。
2004年10月28日	中国上海汽车公司（集团）总公司与韩国双龙汽车公司债权团在首尔签署了双龙汽车公司部分股权买卖协议，总收购价格约为5亿美元。
之后	上汽又先后10多次通过股市购买双龙股票，2005年将持股比例提升至51.33%，实现对双龙的绝对控股。

（三）整合过程描述

2005年1月，上汽集团成为双龙汽车的最大股东，向双龙派出了以蒋志伟为新任代表董事的四名高管，和原双龙社长苏镇王官一起管理双龙。

在企业的整合期间，原社长苏镇王官潜在对抗，上汽方面难以进入双龙的研发中心，核心的技术文件和试验规范也无从获得，使上汽在进入双龙的第一年里处于被动的无为状态。

2005年11月5日，上汽以企业经营不振为由，罢免了苏镇王官在双龙的职务，引发了双龙汽车工会与内部员工对于上汽“转移技术”的猜疑，举办题为“阻止双龙汽车作用降低及汽车产业技术流出的总罢工”的记者招待会。

同年，鉴于韩国政府结束柴油补贴政策，双龙市场份额大跌，亏损达1043亿韩元，遭到双龙工会集会抗议并最终造成罢工。

罢工期间，尽管中方人员与工会保持实时沟通，但双方仍难达成共识。直至2006年8月31日，双龙工会换届结束了持续49天的罢工，双方达成协议，内容包括：管理层撤回解雇计划，保障雇用；到2009年为止每年投资约3000亿韩元开发新车；冻结工资和津贴；未来两年冻结部分福利条件等。

2008年，为应对金融危机，上汽与双龙管理层一起提出减员增效、收缩战线的方案，遭到双龙工会的反对。

2008 年 12 月 17 日，双龙工会成员以外泄核心技术为由，扣留了平泽工厂的中方管理人员，其后又演化为去我国驻韩国大使馆门前的示威活动。

终于在 2009 年 2 月 6 日，经韩国首尔中央法院批准，双龙汽车进入企业回生程序。这意味着双龙的大股东上汽永远失去了对双龙的控制权。

三、参考资料

本案例除了前面案例正文中提供的背景资料以外，可参考的其他有关主要资料目录见表 2。

表 2　其他主要参考资料目录

资料序号	资料名称
1	上海汽车股份有限公司 2005 年年度报告（2006-03-24）
2	上海汽车股份有限公司 2006 年年度报告（2007-03-30）
3	上海汽车股份有限公司 2007 年年度报告（2008-03-27）
4	上海汽车股份有限公司 2008 年年度报告（2009-04-28）
5	上海汽车股份有限公司 2009 年年度报告（2010-04-02）
6	关于上海汽车控股子公司韩国双龙汽车株式会社申请进入企业回生程序提示性公告（2009-01-10）
7	上海汽车股份有限公司关于韩国双龙汽车株式会社按照韩国会计准则业绩说明的说明公告（2007-02-09）

四、讨论题目

上汽收购双龙从发起、到整合、再到最终失败，带给我们太多的启示，深入挖掘案例背后的启示意义具有重要价值。本案例的重点在于：结合上汽收购双龙失败的过程，重点思考如下问题：

（一）如何判断企业收购的动因？

（二）企业如何制定切实可行的并购计划以确保一举成功？

（三）企业并购成功后在文化整合方面如何做？

（四）企业在进行海外并购时，应该如何进行风险的预测及管理？

案例说明书

一、本案例需要解决的关键问题

本案例需要实现的教学目标在于：通过对上汽收购双龙失败案例的剖析，引导学生进一步加强对企业并购与重组知识的理解和应用。使学生在思考企业并购动因、实现流程、并购后整合退出等知识的基础上，关注企业并购与重组实务中产生的具体问题。特别是，引导学生重点掌握企业跨国并购重组的内容，关注跨国并购后的文化整合，从而扩宽企业跨国并购问题的研究思路，为实践提供指导。

二、案例讨论的准备工作

为了有效实现本案例的目标，学生应具备下列相关知识背景：

1．理论背景

企业并购的定义和进行并购的动因、实现流程，并购后整合、退出等基本内容，以及海外并购的风险预测、风险管理问题等。

2．行业背景

上海汽车工业（集团）总公司（简称“上汽集团”）是中国三大汽车集团之一，主要从事乘用车、商用车和汽车零部件的生产、销售、开发、投资及相关的汽车服务贸易和金融业务。2006 年，上汽集团以 143.75 亿美元的销售收入，进入《财富》杂志世界 500 强企业排名。

双龙汽车公司（简称双龙）是韩国第四大汽车制造商，主要生产大型 SUV 和高档豪华轿车。1997 年，双龙因资不抵债而被大宇集团收购。1999 年，大宇集团解散时，双龙被分离出来成为独立的上市公司。由于经营不善，双龙的债权债务出现严重倒置，公司濒于破产。为此，双龙的债权团开始探讨向海外出售股权，以便收回其投入的资金。2003 年下半年，债权团邀请海外企业前来投标，从中遴选合适的购买对象。

3．制度背景

《上市公司收购管理办法》及《关于促进企业兼并重组的意见》对企业并购的现行规定，《公司法》等有关法规对企业并购的相关规定。

三、案例分析要点

1．需要学生识别的关键问题

本案例需要学生识别的主要知识点包括：企业并购的动因、企业并购的流程、并购后整合、并购的退出决策及其方式选择、海外并购的风险预测及其管理。

2．解决问题的可供选择方案及其评价

（1）关于企业并购的动因

企业并购作为市场经济条件下的企业行为，是十分复杂的经济现象，企业会随不同区域、不同历史时期来确定自己的并购，由此形成了企业并购的一系列动因，主要为：发挥协同效应；获得规模效益；追求国际化发展；提高核心能力；利益再分配；买壳上市；克服行业壁垒；实现多元发展；加强市场控制；节省建设周期。根据上述所列各项类，对本案例的收购动因进行判断。

（2）关于企业并购的流程

企业并购的基本流程可以概括为：并购决策阶段；并购目标选择；并购时机选择；并购初期工作；并购实施阶段；并购后的整合。依照流程将本案例的并购行为进行划分。

（3）关于并购后的整合

两个各自独立的企业发生融合，必然面临着种种冲突，并购后的整合往往对并购的成败起着至关重要的作用，其中最主要体现在以下四点：制度冲突、机制冲突、心理冲突、文化冲突。关于本案例的并购后整合，进行冲突的判断和分析。

（4）关于并购的退出决策及其方式选择

并购退出是指通过其他企业兼并或收购风险企业从而使风险资本退出。由于股票上市及股票升值需要一定的时间，或者风险企业难以达到首次公开上市的标准，采用并购方式退出已成为风险投资普遍采用的一种退出方式。

并购没有固定的模式，但是，选择适当的并购方式，将能最大限度地减少成本、防范和规避法律风险，最终帮助企业实现低成本扩张和利润最大化。目前有6种常用的并购方式，分别是：股权并购、资产并购、现金收购、股票收购、换股并购、吸收合并。分析比较各种并购方式，判断本案例采取何种方式进行并购。

（5）海外并购的风险预测及其管理

企业并购是一项充满风险的投资行为，海外并购与国内并购相比，操作程序更复杂，受不确定性因素的干扰更大，因此风险也更大，大致分成：战略风险，政治、法律、社会风险，财务风险，目标企业客户流失风险，并购后的整合风险。

在进行海外并购的时候，企业应正确认识自身的实力和目标企业及其所处的环境，深入分析并制定出一套完整可行的并购方案。此外，要引进熟悉东道国法律、财务、文化的高端管理人才，以更具现实意义的国际股权融资替代国内银行融资，以尽可能地防范和管理海外并购过程中的风险。

3. 推荐解决问题的方案及具体措施

（1）关于本案例并购动因的判断

海外并购的意义之一就在于获取对方在汽车行业的领先技术和车型，通过将其国产化，提升国内市场的竞争力。根据现有资料判断，上汽并购双龙是我国车企走向国际化发展的重要一步：

①获得急需产品，填补市场空缺。上汽集团并购双龙这一韩国第四大汽车制造企业，尤其是实现对其控股，使上汽获得了急需的技术和短缺产品。这次收购双龙后，上汽集团将迅速引进或直接销售双龙的汽车产品，填补自己的市场空缺。

②增加销量，实现全球战略目标。作为当时新进入《财富》全球500强排名的中国唯一一家汽车企业，上汽集团将此次收购作为实现其全球战略目标的主要步骤，也是实现其跨国化梦想所迈出的重要一步。上汽集团不仅获得了一块不小的销售增量，而且更重要的是，上汽集团也将因此成为中国汽车业成功收购海外汽车集团的“第一人”。

③通过掌握知识产权，提高我国汽车的创新和研发能力。收购双龙以后，上汽不仅可以完善其产品类型，还获得双龙汽车制造的核心技术——发动机和变速器的研发能力，以及双龙在其强项SUV车型的整车宝贵技术；上汽的自主开发能力，也将因有了双龙的技术平台，得以站得更高；除了上汽打造自主知识产权车之外，双龙的管理理念、技术人员、20万辆的生产能力和9个组装厂等等，都是一笔难得的财富。

（2）关于并购后的整合分析

上汽对双龙的并购打响了我国车企海外并购的第一炮。从事海外并购，除了资本、设备、技术等跨国境的同时，还面对着截然不同的文化和制度等冲突。本案例最终以失败收场，除金融危机的外在因素外，整合不到位是各方承认的最重要的因素。

不同的文化导致不同的行为。文化差异是造成文化冲突的根源。本并购案例中，上汽忽视了文化差异对并购成败的重要影响，主要体现在民族文化差异、商业文化差异和企业文化差异。韩国地处岛国，国土面积不大，资源稀缺，所以韩国人普遍有较强的危机感和民族自尊感，排外意识很强，易抱团成群。在收购准备和实行的过程中，双龙员工、韩方媒体、工会均对上汽一直持有一种偏见和怀疑，使得日后管理层多项决定都遭到工会抵制，对并购后企业的发展造成阻碍。同时，上汽对韩国独特的商业文化认识也不足。在业绩评价和奖励制度上，论资排辈主导着韩国企业的奖励文化。而上汽向双龙加派的高层管理人员普遍年龄较轻，无法使韩方员工信服，而且越级提拔屡有发生，激起部分韩方员工反感，滋生抵触情绪。此外，双龙作为韩国第四大汽车制造商，也有着独特的企业文化。双龙的员工都将2000年以来债权团重组视作双龙汽车全体员工独立奋斗、改变命运的辉煌时期。对自治的渴望就是双龙的企业文化之一。然而上汽并不理解这种特殊的感情，接手后试图大刀阔斧减员增效，引发员工的不满，并被工会所利用，引起不断的罢工与谈判。

在此次失败的收购之路中，工会的强势和韩国政府对自己国家的技术保护起着不容忽视的作用。工会的强大来源于韩国的民族主义精神。“自励”与“排他”下的忧患与团结使得韩国民族主义精神一方面图强自立，为民族不惜流血牺牲，另一方面又极具警惕性，怀疑外国人，尤其是邻国。正是由于韩国民族的这种自立与忧患使他们把经济发展作为国家的头等大事，在政治民主化进程曲折的背景下始终注意保持经济发展的持续与稳定。在朴正熙时期，强力推行“发展主义”，即国家和地区把发展作为最重要的目标，大力扶持大型企业，通过军人高度集权，摧毁一切不利于经济发展的障碍。韩国经济就在这样的高度权威主义指引下高速发展，成为“亚洲四小龙”之一。也正是韩国的“发展主义”，造就了韩国工人阶级的形成和成长。韩国的发展主义虽然打着振兴民族经济的旗号，但其实质代表的是资本的利益，韩国政府以一种十分明显的支持资本反对劳工的态度来处理劳资关系，对资方违反劳动法视而不见，但镇压任何劳动骚动却十分迅速和残酷。长期以来，经济上的残酷压榨，政治上的专制，正是造就战斗性和旺盛斗志世界闻名的韩国工人阶级的直接原因。上汽在还没入主双龙的时候便体验过双龙工会的强势。当时双龙工会举行总罢工要求上汽签署一个特别协定就是为了维护自身工人的利益，又防止企业技术被转移。上汽本来就是以外人的身份入主双龙，而且还是以发展中国家的企业的身份，这让韩国人心理比较复杂。在这种背景下，上汽却没有充分理解韩国的工会文化，而是以现代企业管理者的姿态来到双龙。与同工会处好关系相比，上汽更注重政府和公共关系，搞市民联欢，在平泽市建立奖学金计划，但对本厂职工的亲近和关怀却有限。

（3）关于海外并购的风险预测及其管理

海外并购的并购双方在价值观、思维方式、领导作风、工作风格等企业文化方面存在着碰撞和冲突，面临的不确定风险更大。本案例最终并购失败就在于管理者没有充分认识到跨国并购所面临的种种风险因素，事前准备不充分，危机处理能力也不足。上汽并购后，可以聘请熟悉韩国文化、法律、财务的高端管理人才代为管理，以减少整合过程中的矛盾冲突。同时，引入国际股权融资可以使投资者与上汽共担风险，从另一方面对双龙的并后整合提供建设性意见。

四、教学组织方式

1．问题清单及提问顺序、资料发放顺序

本案例讨论题目依次是：

（1）如何判断企业收购的动因？

（2）企业如何制定切实可行的并购计划以确保一举成功？

（3）企业并购成功后在文化整合方面如何做？

（4）企业在进行海外并购时，应该如何进行风险的预测及管理？

（5）本案例中上汽在收购后进行整合过程中存在哪些问题？

（6）本案例中上汽收购带来哪些启示？

本案例的参考资料及其索引，在讲授有关知识点之后一次性布置给学员。

2．课时分配

（1）课后自行阅读资料：约 3 小时；

（2）小组讨论并提交分析报告提纲：约 3 小时；

（3）课堂小组代表发言、进一步讨论：约 3 小时；

（4）课后讨论总结：约 0.5 小时。

3．讨论方式

本案例可以采用小组式进行讨论。

4．课堂讨论总结

课堂讨论总结的关键在于：归纳发言者的主要观点，重申其重点及亮点；提醒大家对焦点问题或争议观点进行进一步思考；建议大家对案例素材进行拓展研究和深入分析。

由精诚铜业套期保值的实施与规划看套期保值策略运行机制与相关测算

温博慧　张元萍

一、背景简介

安徽精诚铜业有限公司是安徽楚江投资集团的控股企业，是中国有色金属行业铜板带材专业制造商安徽省原材料加工产业骨干企业之一，是芜湖市重点扶持发展的骨干企业，中国有色金属加工工业协会理事单位。公司占地面积 350 亩，年生产能力近 8 万吨，年产值达 21 亿元。2007 年在深交所上市（简称精诚铜业，股票代码 002171）。

精诚铜业主要从事黄铜、锡磷青铜两大系列铜合金板带材的研发、生产、销售和服务。多年来，公司产品畅销全国 20 多个省市。但由于精诚铜业股份有限公司所在的安徽芜湖铜矿资源并不丰富，安徽省又倾向于将省内矿产资源优先配置给省内的另一家上市公司，所以公司的原料需要从省外收购。在现货市场上铜的价格波动较为频繁，为规避铜价波动的风险，公司采取以销定产的模式，库存较低，一般储存 5 天左右的原料。按照每天 200 吨计算，公司储存铜原料 1000 吨，并在这个范围内做套期保值来规避铜价变动带来的经营风险。

从 2010 年 6 月底开始，铜期货价格开始上涨，特别是 7 月下旬以来铜期货价格涨幅较大，从 6 月底的 48000/吨，一直涨至 12 月底的 72000/吨。这样的市场行情对于像精诚铜业这样空头套期保值的企业来说，无疑意味着巨大的亏损，并且价格上涨幅度越大亏损越多。精诚铜业套期保值亏损的出现为我们提供了一个深入研究套期保值设计以及相关问题的典型案例。

二、案例概况

（一）精诚铜业套期保值概况

公司于2009年4月20日召开第二届第三次董事会议，经公司期货领导小组研究批准，公司市场部按照《公司境内期货套期保值控制制度》规定，于2010年1月至7月23日，分阶段分别对铜原料进行了空头套期保值，以对冲铜价变动带来的经营风险。6月底以后铜期货价格开始上涨，至12月涨幅接近50%。由于精诚铜业为空头套期保值，即在期货市场上进行卖空操作，随着铜期货市场的上涨，其套期保值发生亏损，并随着上涨幅度的扩大亏损增多。截至2010年10月27日，公司（含子公司）2010年度铜期货套期保值合约累计平仓亏损为1101.62万元。

更令人吃惊的是，2012年公司董事会审议通过了《关于2012年度开展商品期货套期保值业务的议案》，继续扩大套期保值业务规模。2012年度整个会计年度内，按照当时上海期货交易所规定的保证金比例测算，全年套期保值累计投资额不超过5000万元（实物交割款不占用本额度），如拟投入保证金超过5000万元，则须上报公司董事会，由公司董事会根据公司章程及有关内控制度的规定进行审批后，依据《安徽精诚铜业股份有限公司境内期货套期保值业务控制制度》进行操作。2013年，董事会审议批准的新增境内期货套期保值业务投入资金额度为2000万元，公司2013年全年套期保值累计投资额不超过7000万元（实物交割款不占用本额度）。

（二）套期保值基本原理

套期保值就是同时买进（或卖出）与现货品种、数量相同但交易方向相反的期货合约，以便在未来某一时间再通过平仓获利来抵偿因现货价格波动带来的风险。即把期货市场当做转移价格风险的场所，利用期货合约作为将来在现货市场上买卖商品的临时替代物，对其现在买进、准备以后售出商品或对将来需要买进商品的价格进行保险的交易活动。

其所遵循的两个基本原理是：第一，同一品种的商品，其期货价格与现货价格受相同因素的影响和制约，变动趋势与方向有一致性。第二，随着期货合约到期日的临近，期货价格与现货价格逐渐聚合，在到期日时两价格大致相等（请参阅图1）。

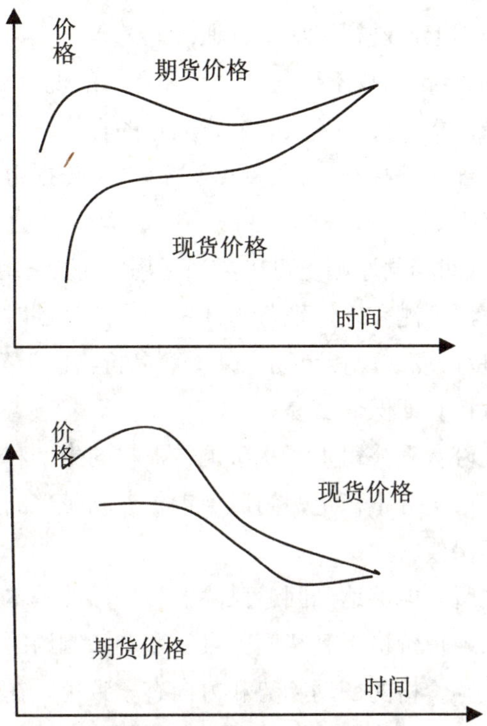

图1　套期保值的基本原理示意

最基本的套期保值类型又可分为多头套期保值和空头套期保值，即买入套期保值和卖出套期保值。买入套期保值指通过期货市场买入期货合约以防止因现货价格上涨而遭受损失的行为；卖出套期保值则是指通过期货市场卖出期货合约以防止因现货价格下跌而造成损失的行为。

传统的套期保值交易必须遵循四大基本原则：

（1）品种相同原则；

（2）数量相等原则；

（3）交易时间相同或相近原则；

（4）交易方向相反原则。

在期货市场上，大部分套期保值都是遵循上述传统套期保值的原则进行交易的。随着金融期货的迅速发展，人们认识到套期保值交易实质上是运用现货和期货的资产进行组合投资，动态的套期保值和套期保值组合策略应运而生。使用套期保值组合策略，在风险一定的情况下获得最大利润，或者在预期收益一定的情况下将风险降到最小。动态的套期保值交易是在考虑了传统的套期保值四个原则的基础上，进行了如下变通：

（1）当在期货市场找不到与计划套期保值的现货品种相同的期货品种时，可以寻找和选择价格相关性较大的期货品种的合约；

（2）不应定硬性遵循交易数量相等原则，可依据组合风险最小的原理来确定最佳套保比率；

（3）交易时间相同原则也可以灵活运用，可以采用交易时间相近原则，或利用基差的变化，预测和确定现货与期货交易的有利时机；

（4）当期货市场或现货市场上某一商品价格由于某些因素波动，走势不相同时，最好不进行套期保值交易。

精诚铜业股份有限公司主要从事铜带板材的生产和销售，铜是其主要原材料，但贵金属价格十分不稳定，为避免铜价波动带来的风险，公司采用期货合约方法进行套期保值。

套期保值之所以能够达到回避风险的目的，其基本原理有两个：首先，在铜的期货价格和现货价格受到相同因素的影响和制约的情况下，虽然波动幅度会有所不同，但其价格的变动趋势和方向有一致性。在某一段时间，同一种品种的现货价格与期货价格走势一致，一旦保值者在期货市场上建立了与现货市场相反的头寸，则无论市场价格朝哪一方向变动，均可避免风险，实现保值。其次，随着期货合约到期日的临近，期货价格和现货价格逐渐聚合，在到期日，基差接近于零，两价格大致相等。如果两价格不一致，会引发期货市场和现货市场间的套利行为，众多交易者低买高卖的结果，会大大缩小市场间的价差。最后，套期保值是用较小的基差风险替代较大的现货价格波动风险，期货市场毕竟是不同于现货市场的独立市场，它还会受一些其他因素的影响，因而期货价格的波动时间与波动幅度不一定与现货价格完全一致，这就意味着套期保值者不能完全消除风险。尽管如此，套期保值者却能通过参与期货市场，用较小的基差风险替代较大的现货价格风险。

所以在铜期货市场做出与现货市场方向相反，数量相等的操作即可达到套期保值的作用。由于在现货市场上，企业需要购进铜原料，即为买进交易，所以在期货市场上企业需要做出相反交易，即采用空头套期保值来规避现货市场上铜价下跌的风险。

公司为实现保值效果最大化，根据企业经营和期货市场价格波动情况，对套期保值计划不断调整，采用动态的套期保值策略。

（三）基差分析

基差就是现货与期货的价格之差，其反映现货价格与期货价格的相对变动幅度：

基差＝现货价格－期货价格

基差分为负数、正数及零的三种市场情况：

1．基差为负的正向市场情况：在正常的商品供求情况下，因为持有成本和风险的原因，基差一般为负数，即期货价格应高于现货价格。

2．基差为正的反向市场情况：当现货市场商品供给短缺，出现供不应求现象时，基差为正数，现货价格会高于期货价格。

3．基差为零的市场情况：当期货合约越接近交割期，基差越来越接近零。

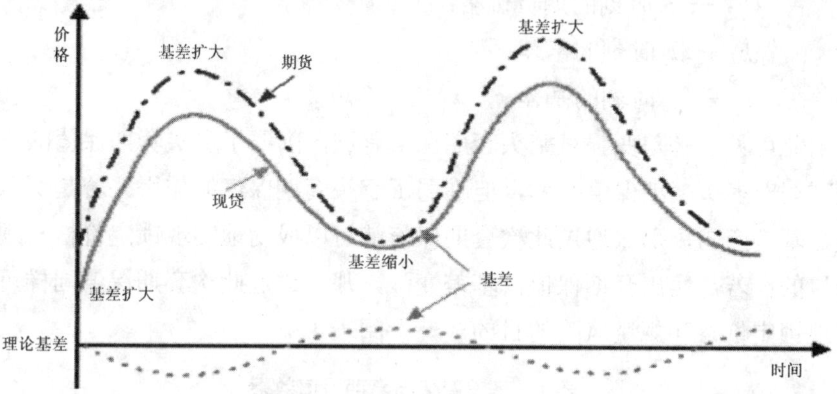

图 2　基差与套期保值效果

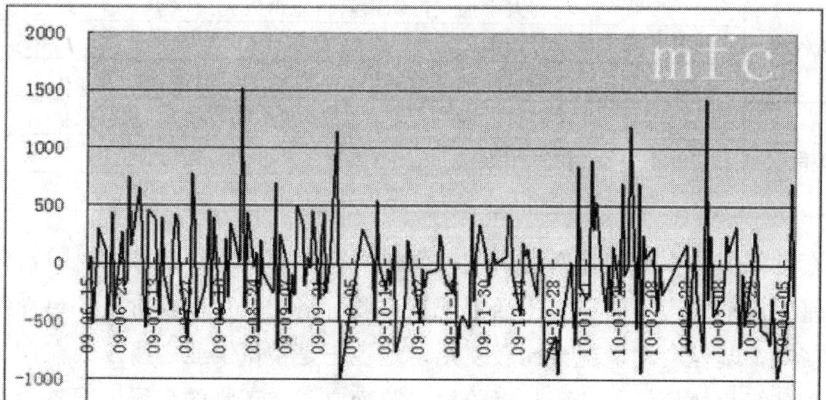

图 3　2009 年长江现货对铜基差

现货价格的增长大于期货价格的增长时，基差也随之增加，即基差变强；当期货价格的增长大于现货价格的增长时，基差随之减小，即基差变弱。

基差变化对套期保值效果会产生一定影响，具体来讲，基差的变化就是套期保值的利润，可以用以下公式表示：

空头套期保值者的利润=（S_2–S_1）+（F_1–F_2）=（S_2–F_2）–（S_2–F_2）=b_2–b_1

多头套期保值者的利润=（S_1–S_2）+（F_2–F_1）=（S_1–F_1）–（S_2–F_2）=b_1–b_2

其中：S_1— t_1时刻的现货价格；

S_2— t_2时刻的现货价格；

F_1— t_1时刻的期货价格；

F_2— t_2时刻的期货价格；

b_1— t_1时刻的基差；

b_2— t_2时刻的基差。

由此可见，基差变强对空头套期保值有利，削弱了多头套期保值的作用；基差减弱对多头套期保值有利，但削弱了空头套期保值的作用。若是买入套期保值，基差变弱，那么通过此次套期保值就可以成功地实现锁定价格和规避风险的目的；若是卖出套期保值，基差变强，那么通过此次套期保值同样可以成功实现锁定价格和规避风险的目的（请参阅表 1）。

表 1　基差变化与套期保值效果

保值策略	基差变化	保值效果
空头保值	基差变强	获利大于损失，保值者可以得到完全保护
	基差不变	盈亏相抵
	基差变弱	获利只能部分弥补损失，保值者只能得到部分保护
多头保值	基差变强	获利只能部分弥补损失，保值者只能得到部分保护
	基差不变	盈亏相抵
	基差变弱	获利大于损失，保值者可以得到完全保护

套期保值并不能消除所有风险，而是将较大的现货价格波动风险转化为较小的基差波动风险。而现实生活中现货市场价格和期货市场价格各自受到多种因素影响，基差变动情况会比较复杂，这也正是精诚铜业之所以会在期货市场套利保值亏损的原因。然而相对价格风险而言，在正常的市场情况下，基差相对比较稳定，波动性也较小，因而基差风险比价格风险更易于管理。一般来说，基差风险主要来源于以下四个方面：

1．套期保值交易时期货价格对现货价格的基差水平及未来收敛情况的变化。

2.影响持有成本的变化。在理论上，期货价格等于现货价格加上持有成本，该持有成本主要包括储存成本、保险成本、资金成本和损毁等。

3．被套期保值的商品与套期保值的期货不匹配。

4.在某种特殊情况下，市场会出现对套期保值不利的异常情况，导致套期保值基差持续扩大或缩小，从而使套期保值组合出现越来越大的亏损。

（四）最优套期保值策略的计算

精诚铜业采用的是动态套期保值的方法，动态套期保值相对于传统套期保值有以下不同之处：

1．动态套期保值运用了组合投资的概念来进行套期保值。

2.由于受市场现实条件和流动性的限制，不一定能够实现期货市场和现货市场交易数量完全一致，所以其套期保值比率不一定等1。

3．保值期间，套期保值比率可以随市场的变化而不断调整。

在进行动态套期保值过程中，计算最佳套期保值比率至关重要。所谓最佳套保比率就是指现货与期货交易（组合投资）的总风险最小时的套保比率，也称临界套保比率。最佳套期保值比率公式如下：

$$h^* = \frac{-Cov(\Delta S, \Delta F)}{\sigma^2_{\Delta F}}$$

其中：ΔS — 在套保期内，现货价由入市开仓时的 S_1 变为出市对冲时的 S_2；

ΔF — 在套保期内，期货价由入市开仓时的 F_1 变为出市对冲时的 F_2；

$\sigma_{\Delta S}$ — ΔS 的标准差；

$\sigma_{\Delta F}$ — ΔF 的标准差；

Cov（$\Delta S, \Delta F$）— ΔS 和 ΔF 的协方差；

h — 套保比率。

（五）套期保值方案

精诚铜业的生产规模较大，年产铜板带7.5～8万吨。一般原料库存量为5天左右，按每天200吨产量计算，则铜原料库存约为1000吨，公司在这个范围内做卖空套期保值。

以精诚铜业2010年7月23日操作，交割期限为2010年9月1日的一次套期保值为例，2010年7月23日的铜现货价格为55300元/吨，当天铜期货市场价格为55240元/吨，为防范铜价下跌，库存铜贬值风险，决定在期货市场进行卖空套期保值。公司市场部于2010年7月23日在55240元/吨价位卖出197手（每手约合5吨铜）。2010年9月1日，铜现货市场并没有下跌反而上涨到59400元/吨，铜期货价格上涨到 59500 元/吨。在现货市场上，企业在此期间共收益2019.25万元，但在期货市场上企业亏损2098.05万元，买进的197手期货合约平仓。具体盈亏情况见下表：

表2 精诚铜业2010年7月23日套期保值方案

	现货市场	期货市场	基差
2010年7月23日	铜的价格为55300元/吨， 197×5=985吨铜的价值： 55300×985=5447.05万元（持有）	铜期货价格为55240元/吨， 197×5=985吨铜的价值： 55240×985=5441.14万元（卖）	60
2010年9月1日	铜的价格为59400元/吨， 197×5=985吨铜的价值： 59400×985=5850.9万元（卖）	铜的价格为59500元/吨， 197×5=985吨铜的价值： 59500×985=5860.75万元（买）	-100
盈亏	403.85万元	-419.61万元	
净亏损15.76万元			

（六）套期保值流程（请参阅图4）

1. 首先要选择期货公司，所选择的期货公司应具有良好的信誉、研发能力强、技术先进并能为公司提供优质贴心的服务。

2. 开立期货账户。

3. 制定套期保值计划，根据期限品种、现业务量及交易时间制定合理的套保计划。

4. 在获准套期保值交易后，企业应当在交易所规定的建仓期限内建仓并入金。

5. 根据市场行情动态调整期货头寸。

6. 选择时机平仓，结束一个套期保值流程。平仓了结包括不交割和交割两种情况，不交割情况业务流程比较简单，这种对冲方式最常使用；交割的情况就要先注册仓单，到了交割的日期进行交割，这种交割方式较少使用。

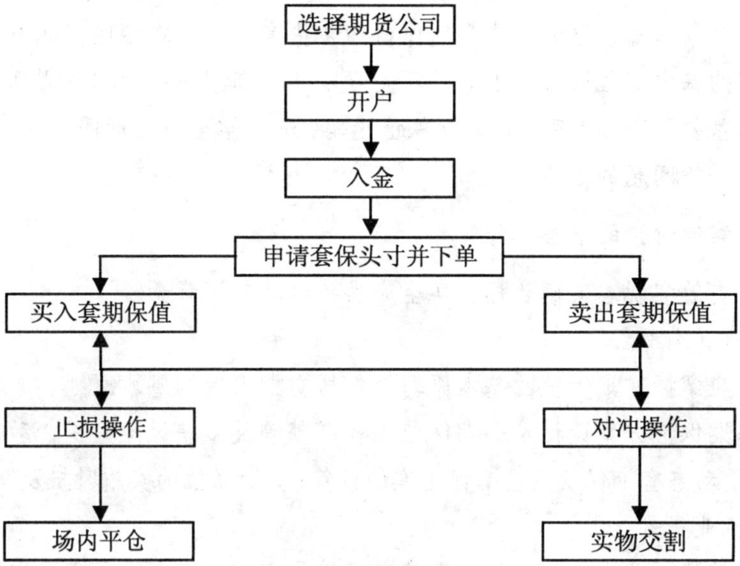

图 4　公司套期保值流程

三、讨论题目

（一）套期保值有哪些作用？精诚铜业一贯采取该策略的原因？

（二）企业进行套期保值的目的是管理风险，然而套期保值操作却给公司带来了较大亏损，原因何在？

（三）如何进行套期保值时机的选取？

（四）既然套期保值也不是完全保值，那么是否有能够替代套期保值策略而管理风险的方法？

（五）精诚铜业的套期保值亏损是否能够说明精诚铜业套期保值业务的失败？为什么？

案例说明书

一、本案例要解决的关键问题

本案例要实现的教学目的在于：引导学生进一步关注期货交易策略。根据本案例资料，一方面，学生可以对套期保值基本原理有进一步的认识，了解套期保值的基本原则，思考空头套期保值和多头套期保值在哪些情况中运用以及套期保值的基本流程；另一方面，学生可以掌握套期保值的相关测算，了解与之相关的基差风险，计算最佳套期保值比率，激发学生对套期保值的学习兴趣，拓宽学生分析问题的思路。

二、案例讨论的准备工作

为了有效实现本案例目标，学生应具备以下知识背景：

1．理论背景

学生应掌握套期保值的基本原理，包括套期保值的基本原则、套期保值的类型、套期保值方案设计及套期保值流程；基差及基差风险分析；动态套期保值的运用、动态套期保值最佳套保比率的计算；套期保值的实施时机及路径选择。

2．行业背景

安徽精诚铜业有限公司是安徽楚江投资集团控股企业，是中国有色金属行业铜板带材专业制造商，是安徽省原材料加工产业骨干企业之一，是芜湖市重点扶持发展的骨干企业，为中国有色金属加工工业协会理事单位。公司占地面积 350 亩，年生产能力近 8 万吨，年产值达 21 亿元。2007 年在深交所上市（简称精诚铜业，股票代码 002171）。

精诚铜业主要从事黄铜、锡磷青铜两大系列铜合金板带材的研发、生产、销售和服务。多年来，公司产品畅销全国 20 多个省市。但由于精诚铜业股份有限公司所在的安徽芜湖铜矿资源并不丰富，安徽省又倾向于将省内矿产资源优先配置给省内的另一家上市公司，所以公司的原料需要从省外收购。在现货市场上铜的价格波动较为频繁，

3．市场状况背景

在现货市场上铜的价格波动较为频繁，如果铜的价格大幅下降，则公司库存的铜价值下降，会给公司带来较大损失。所以公司在期货市场上对铜进行了卖空套期保值。然而，由于各种复杂因素影响，铜的价格变动较为频繁，有时候也和公司的预测产生偏差。从 2010 年 6 月底开始，铜的价格一路上涨，从 48000 元/吨，一直涨到 12 月底的 72000 元/吨，上涨幅度接近 50%。

三、案例分析要点

1．需要学生识别的关键问题

本案例需要学生识别的主要知识点包括：套期保值的基本原理、基差分析、

套期保值策略组合配置、动态套期保值策略的运用、最佳套期保值比率的计算、套期保值策略的实施时机与路径选择。

2．解决问题的可供选择方案及其评价

（1）关于套期保值方式的选择。

最基本的套期保值类型可分为多头套期保值和空头套期保值，即买入套期保值和卖出套期保值。买入套期保值指通过期货市场买入期货合约以防止因现货价格上涨而遭受损失的行为；卖出套期保值则是指通过期货市场卖出期货合约以防止因现货价格下跌而造成损失的行为。在此基础上还有交叉套期保值。当用来套期的期货合约对应的商品是不可交割时，现货价格与期货价格在期货合约到期时不一定收敛，那么商品的价格风险就不能彻底消除，保值者同样面临商品价格风险。此时投资者就可运用交叉套期保值。

（2）根据套期保值的性质和目的的不同，又可分为以下四种：

①存货保值；

②经营性保值；

③预期保值；

④选择性保值或投机性保值。

（3）按照首次建仓的期货合约的了结方式，套期保值又可分为以下两种：

①期货合约对冲式套期保值；

②实货交割式套期保值。

综合以上方式，本案例采用动态的空头套期保值方法，在期货市场上卖出铜，到期买入，以规避现货市场铜价下降的风险。

3．推荐解决问题的方案

（1）风险源的确定

对于铜加工企业来说，企业的风险来源于两个方面：

第一：企业采购铜后，在销售漆包线（铜管）之前面临价格下跌，利润减少的风险。

第二：企业签订远期漆包线（铜管）供货合同后，在采购铜之前面临的价格上涨，成本增加风险。

也就是说，企业的风险来源在于暴露在合同之外的，面临价格波动而没有套期保值的开口量，计算公式如下：

开口量＝常备库存量＋（当期采购量－当期销售量）

其中常备库存量包括原材料、在制品和未销售成品在内的总量；当期采购量包括与江铜等签订的长期采购合同、国外点价采购量以及国内其他点价方式采购量；当期销售量包括与已签订的下游企业长期销售量合同和已签订的无固定期点价销售合同。

建议对相关企业进行实地调研，或找寻其财务报表。通过对采购和销售部门的调研，了解月均采购量。在销售方面统计其各销售层面临风险的大小，探寻主要风险源。

（2）风险评估

分析精诚铜业采购销售过程中所面临的风险状况：

计算库存完全开口头寸，作为最大的风险源处理（不能做日均量处理）。为了能够每日对套保头寸进行动态调整，可假定月均采购和销售量均匀分布在每一日内，做日均量处理。

对面临价格波动较大的部分直接进行期货套保；对于采用月度平均价计算的量，由其价格波动得到平滑，企业的采购价和销售价的波动基本上可以相互抵消，因此控制的重点在当日期（现）货价为采购量和销售量的差。建议核算

每日的敞口量=（内贸日均到货量+外贸日均到货量+当日点采购到货量）-（月均现货价日均销售量+自然月期货平均价日均销售量+7 日均价销售量÷7+当日现货价点价销售量）

若敞口量大于零，则表明销售不足，需增加卖出期货套保头寸；若敞口量小于零，则表明提前销售，需减少卖出期货套保头寸（可参见南华期货经纪公司网站）。

（3）套期保值应注意的问题

第一，首先成立专门负责期货套期保值业务的部门，由企业最高决策层直接领导，并根据相关部门建议，由最高决策层决定企业的套期保值方向以及目标价格。

第二，执行操作时，严格遵循套期保值交易的四个基本特征和原则，即交易方向相反、商品种类相同、商品数量相同、月份相同等。

第三，要计算出做套期保值交易时的基差，并随时关注基差的变化，在基差有利时可提前结束套期保值交易。

第四，公司财务部应按照《企业商品期货会计处理暂行规定》、《企业商品期货会计处理补充规定》、《企业会计准则第 24 号——套期保值》等有关法律

法规，建立健全公司套期保值财务会计处理制度，采用套期会计方法，在相同会计期间将套期工具和被套期项目公允价值变动的抵消结果计入当期损益。

第五，要认识到套期保值的有限性。基差的变化，期货商品价格和现货商品价格之间相互关联程度，都会影响套期保值的效果。所以，在套期保值的效果受到影响时，不应当单纯认为是期货市场自身的投机性造成的。企业也可以通过做基差交易来进一步加强套期保值的效果。

第六，要认识到套期保值交易的防御性特征，不要企图用套期保值来获取厚利。作为套期保值者，企业的最大目标是保值，是在转移价格风险后而专心致力于经营，获取正常经营利润。

（4）计算过程的Excel编程建议

Excel分析截图如图 1 所示。当然学生可在此程序基础上自己动手不断丰富完善程序，最终实现动态套期保值操作的全流程。

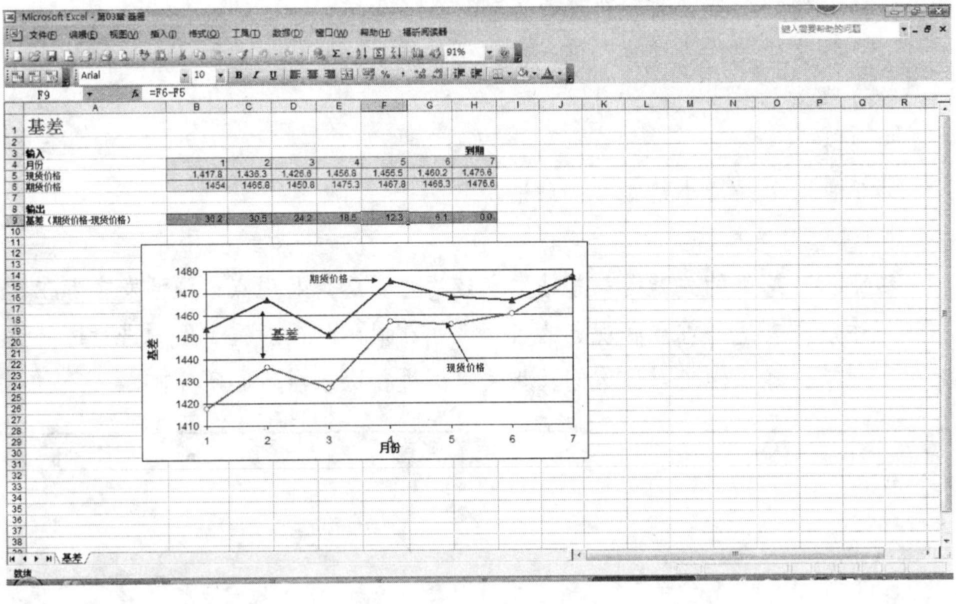

图 5　Excel 分析截图示意

四、教学组织方式

1．问题清单及提问顺序、资料发放顺序

本案例讨论题目依次为：

（1）什么是套期保值、套期保值的类型以及本案例中套期保值的类型？

（2）如何确定套期保值的最佳保值比率？

（3）如何确定套期保值策略的实施时机？

（4）简要说明套期保值的流程。

（5）套期保值有哪些作用？本案例中精诚铜业一贯采取该策略的原因是什么？

（6）精诚铜业的套期保值亏损是否能够说明精诚铜业套期保值业务的失败？你是怎么看的？

（7）套期保值并不能完全锁定风险，你认为还有其他能够代替套期保值而管理风险的方法吗？

本案例的参考资料及其索引，在讲授有关知识点之后一次性布置给学生。

2. 课时分配

（1）课后自行阅读资料：约 3 小时；

（2）小组讨论并提交分析报告提纲：约 3 小时；

（3）课堂小组代表发言、进一步讨论：约 3 小时；

（4）课堂总结讨论：约 0.5 小时。

3. 讨论方式

本案例可以采用小组式进行讨论。

4. 课堂讨论总结

课堂讨论总结的关键是：总结发言者的主要思想及观点；强调发言者在发言过程中所要表达的重点和观点的新颖之处；提示学生对重点问题进行进一步思考和学习；建议学生对该案例及相关案例进行深入学习和研究。

渣打银行 QDII 理财产品风险分析

张元萍　韩騄　邹越

2009 年 1 月 21 日，上海客户起诉渣打银行理财产品违规案，在该市浦东新区法院正式开庭。最终，法院以证据不足驳回原告诉讼请求。但更多的诉讼此起彼伏。在这些投诉和诉讼中，焦点多集中在渣打与美林合作推出的系列 QDII 产品上，本文就渣打银行的理财产品《QDII200704》进行分析，找出其导致最终巨亏的原因和这其中未被投资者识别的风险点，进而讨论出解决策略，以达到案例学习的目的。

一、背景简介

（一）QDII 制度及我国 QDII 制度的发展与监管

QDII 是来自于英文 Qualified Domestic Institutional Investor 的缩写，是指合格的境内机构投资者，允许其到境外资本市场进行投资，与 QFII（合格的境外投资者）相对应。QDII 制度是资本市场未完全开放的产物；在资本市场未完全开放，货币不能自由兑换的国家，QDII 制度的建立为本地投资者提供境外投资通道。境内的机构投资者和自然人可以通过经过国家相关机构认可的获得境外投资资格的金融机构，将货币资金投资于国际市场，获得投资收益。

我国的 QDII 制度发展历经三个阶段，分别是初始阶段、试点阶段和规范发展阶段。2006 年 4 月，中国人民银行与中国银监会发布的《商业银行开办代客境外理财业务管理暂行办法》，QDII 制度在银行业的高速发展进程拉开帷幕。国内的中国工商银行、中国建设银行、中国银行、交通银行，以及外资银行汇丰银行、东亚银行等获得了首批 QDII 资格。2007 年，我国的 QDII 制度进入规范发展阶段。2007年7月，中国证监会颁布《合格境内机构投资者境外证券投资管理试行办法》，并且开始正式实施，标志着我国的QDII制度开始走向规范化，以期投资者在世界范围内进行投资，分享世界资本市场收益，获得全球化成果。

（二）银行系QDII产品

所谓银行系QDII产品，就是指具备合格的机构投资者资格的商业银行推出的商业银行代客境外理财的理财产品，是QDII制度在银行业的发展。

从收益与风险方式看，商业银行的理财产品主要有三种。第一种是固定收益类理财，这种理财方式是通过向意向投资者发售理财产品募集资金，为投资者提供固定收益；这种理财方式的风险由银行自己承担。第二种是保本型浮动收益理财产品，同样它也是通过向投资者发售理财产品，募集投资基金；但是这种理财方式为投资者提供的是保本，不保证收益，也就是说它本金之外的风险由投资者自己承担。第三种是浮动性收益理财产品，它是这三种方式中风险系数最大的，因为该产品的收益与风险都由投资者自身承担，银行不承担风险。而就目前为止的银行系QDII产品计划看，它都属于第三种，属于风险系数较大的理财产品计划。

（三）我国银行系QDII的监管现状

QDII制度在我国的发展，目前形成三大体系，包括银行系、保险系、基金系。作为其中之一的银行系QDII，与其他两类一样，都受到中国银行业监督管理委员会与中国外汇管理局双方的监管。我们可以分为三个方向：首先是市场准入的监管，是指合格境内机构投资者资格的获得和代客境外理财业务开展资格的获得，这个是由中国银行业监督管理委员会进行授权；其次，是外汇管制的监管，这主要是指中国外汇管理局对于外汇额度的批准；随后是信息披露监管，是指商业银行在开展代客境外理财业务时，需对相关业务情况进行信息披露。

二、案例概况

该案例涉及到渣打银行汇通天下代客境外理财计划QDII200704——瑞银新兴基建股票可转换结构投资。

该产品投资于“瑞银1.5年期美元新兴基建股票挂钩可转换结构性票据”，

每张票据特定面额为1000美元。该票据的收益与一篮子4只基础建设股票挂钩。产品于每季度设定一个收益计算日（共6个收益计算日），并设计了提前终止条款触发条件：在每个收益计算日，若4只股票的收盘价格都等于或者高于其初始价格的101%，产品自动中止，客户获得100%的票据面额和应得的收益。若在第1个季度提前终止条款被触发，投资者将获得最好48%的年化收益率。其他情况下，“若没有发生转换事件，则本金于票据自动终止日或到期日返回”。但是，一旦投资期内提前终止条款未被触发，并有股票的收盘水平曾经低于或等于其初始水平的70%，且在到期日，某只股票的到期水平低于其初始水平的90%，那么转换事件发生，可转换票据转为非保本票据，投资继续，QDII200704由A计划转为B计划，理财期限延长至2.5年，并于2010年1月20日到期，其收益与上述“可转换票据”在到期日股票篮子中表现最逊色的股票挂钩。（见图1）

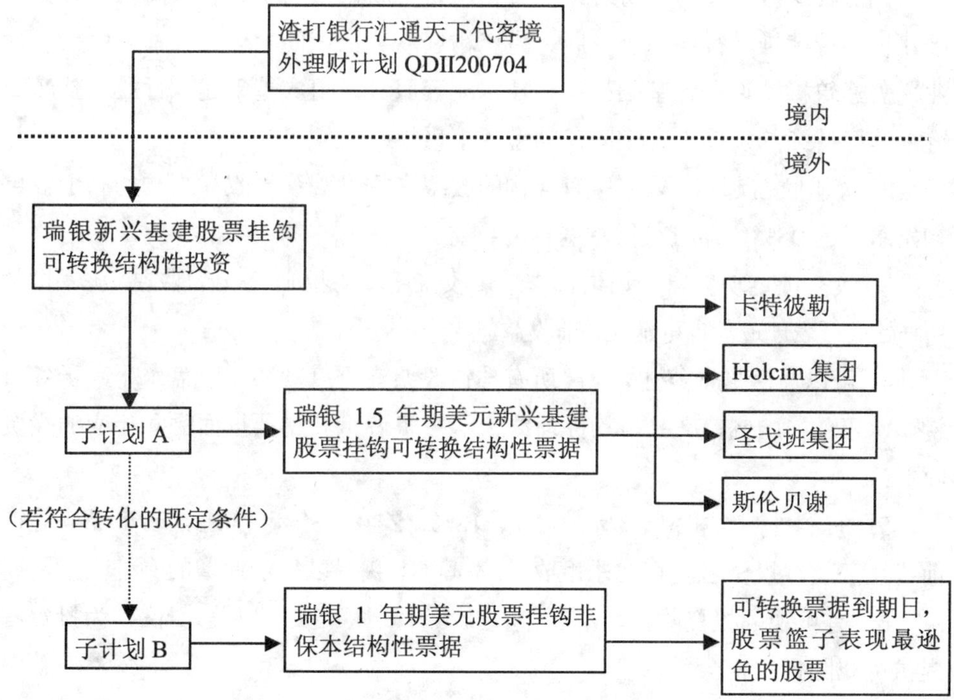

图1　QDII200704 基本概况

三、案例分析路径及要点

（一）产品宣传的误导

该产品宣传中提出以下几大亮点，在投资者不谨慎识别的情况下，十分容易被其颇丰的名义收益率所吸引，误导投资者购买该产品。

1. 独到投资视角，依托新兴市场基建热潮所带来的持续增长动力，精选实力雄厚的国际基建巨头，极富可持续发展的上升空间。产品说明中指出20世纪90年代以来，新兴市场一直是全球投资者瞩目的焦点。中国、印度、东欧、拉丁美洲等新兴国家或地区经济的迅速崛起，不仅带动了本国GDP的高速增长，对全球经济的影响力也日益显著。在新兴市场处于迅猛发展之时，大力发展基础建设一直是各新兴国家的战略重点，进而推动基建行业持续走强。国际基建巨头凭借自身雄厚实力，纷纷大显身手，尽享新兴市场基建无限商机。夯实基础建设，持续推动行业积极发展。为您精选欧美上市的全球百强基建巨头，行业覆盖建筑机械设备、基础材料和技术配套服务，组成基础建设行业完整产业链。其可持续的发展上升空间，助您拥享累累财富硕果！

2. 突破收益起点，只要所有挂钩的股票在季度观察日收盘水平均高于各自初始水平的95%，即可获得季度相应收益。

3. 收益锁定功能自动记录每季最高收益，只需达到一次较高收益，其后即使所挂钩股票表现逊色也可延续先前收益。

4. 可以灵活提前终止，只要所有挂钩股票在季度观察日收盘水平高于各自初始水平的101%，产品自动提前终止，投资者可获得票据面额和相应的投资收益。

5. 有额外回报机制，6%、12%、18%、24%、30%、36%，若产品满足提前终止条款，投资者更可在季度收益率基础上获得以每季递增的额外回报。

6. 有可观的投资收益，潜在年收益率可高达48%（以美元计），为投资者提供可观回报的机会。

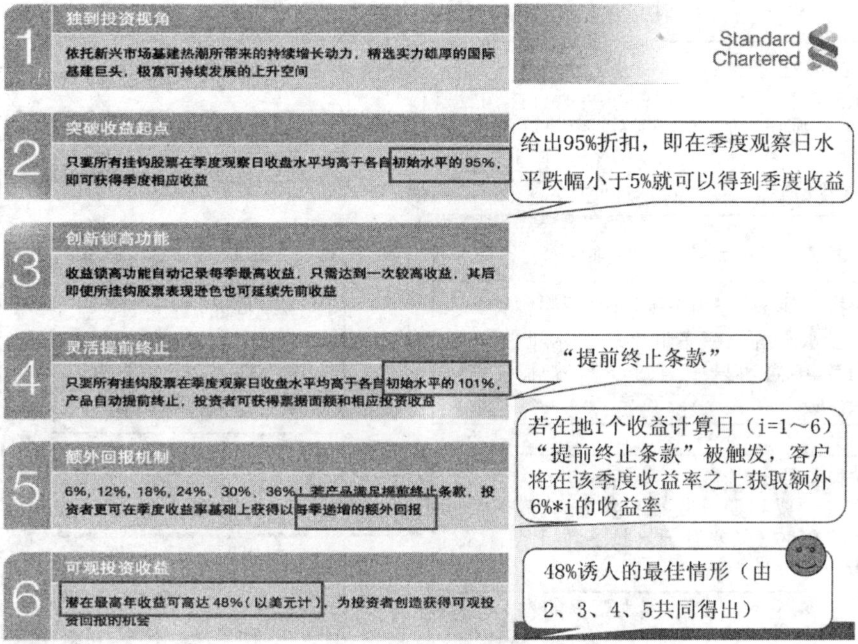

图 2　产品亮点优势

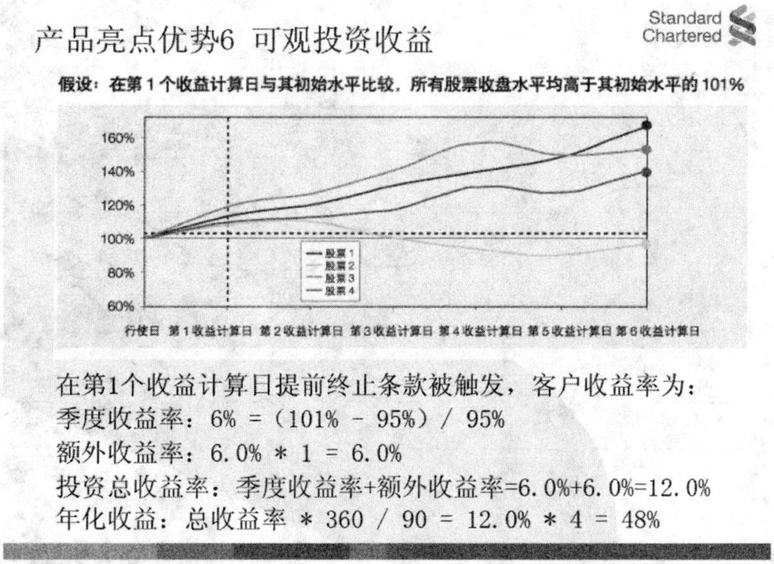

图 3　收益计算

（二）产品运作机理（见图 4、图 5、表 1、表 2）

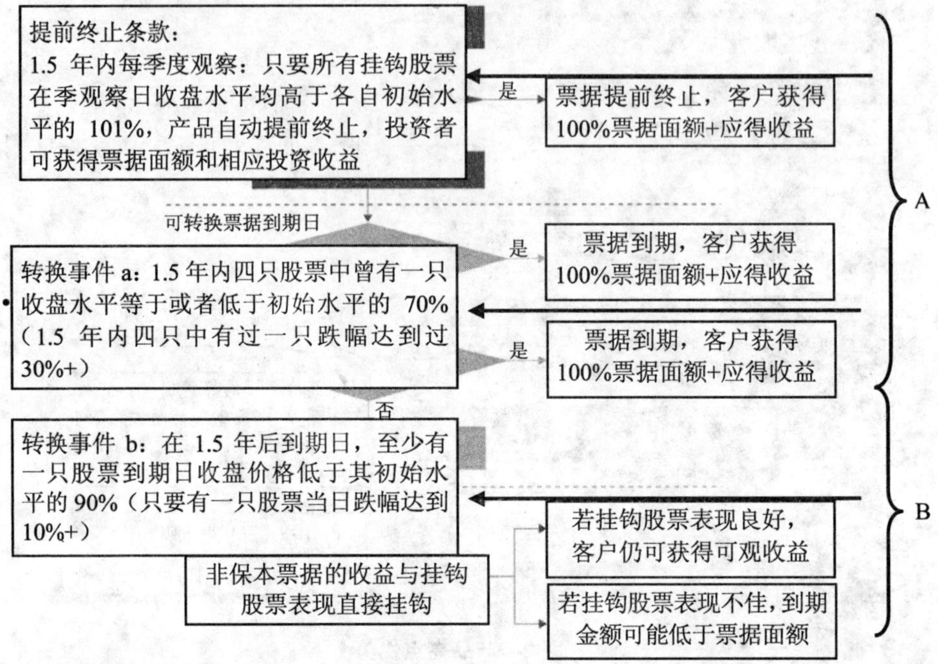

图 4　运作机理

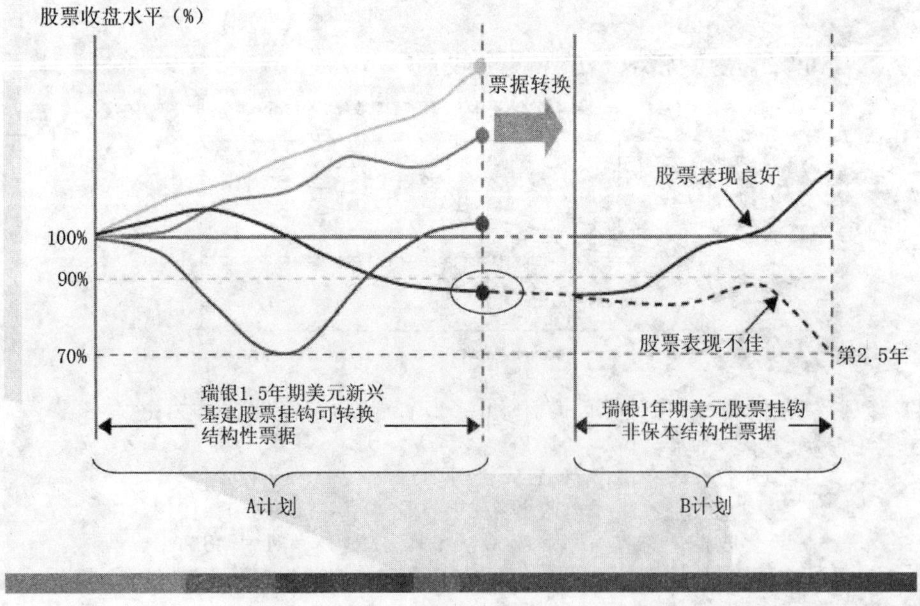

图 5　运作机理

表 1　运作机理 A 计划

A 计划	
境外产品名称	瑞银 1.5 年期美元新兴基建股票挂钩可转换结构性票据
交易日	2007 年 7 月 6 日
到期日	2009 年 1 月 20 日
收益实现与支付	总投资收益由季度收益率（累计）和提前终止额外收益率（或有）组成，每季度支付相应收益。
初始水平	行使日各股票的收盘价格
到期结算金额	在到期日 （1）若转换事件未发生，理财计划票据随票据终止而终止，客户可获得 100%票据特定面额和相应收益（或有）。 （2）若转换事件未发生，每张可转换票据将自动转换为一张瑞银 1 年期美元股票挂钩非保本机构型票据。
提前赎回	每月 15 日和 28 日为提前赎回登记日，不收取手续费。

表 2　运作机理 B 计划

B 计划	
境外产品名称	瑞银 1 年期美元股票挂钩非保本结构型票据（非保本票据）
交易日	2009 年 1 月 20 日（可转换票据的到期日）
到期日	2010 年 1 月 20 日
挂钩股票	在可转换票据到期日其股票篮子中表现最为逊色的股票
初始水平	挂钩股票在可转换票据行使日的收盘水平
票据水平	就每个既定交易日而言，挂钩股票在既定交易日以美元计的收盘水平/（90%*挂钩股票以美元计的初始水平）
到期结算金额	票据特定面额×（到期票据价值-手续费 1%）
提前赎回	每月 15 日和 28 日为提前赎回登记日，收取赎回面额×1%的手续费

（三）产品风险点识别

究其运作机理便会发现，其设计中该产品具有隐藏风险点。

1．对赌协议：在产品 QDII200704B 计划中，只允许客户的利益与四只股票中表现最差的股票挂钩，此时为非保本结构性票据，二期可能全部本金会丧失。B 计划将所有资金“孤注一掷”于最差股票，对赌在一年时间反弹上涨。对赌协议的核心特点在协议中十分鲜明，银行与客户利益互逆。这就导致了以下三点：

（1）银行收益无限，风险有限。

A 锁定了客户的最大收益（A 计划提前终止的最佳情形）。此时，银行收益无限。

B 锁定了自身的最大亏损：

季度 max=（101%-95%）/95%+6%-（101%-100%）=6%+6%-1%=11%

（提前终止的最佳情形：无手续费收取+额外收益+折扣）

（2）客户收益有限，风险无限，客户的最大收益为 A 计划提前终止的最佳情形。

（3）最差股票表现无“安全垫”保障。

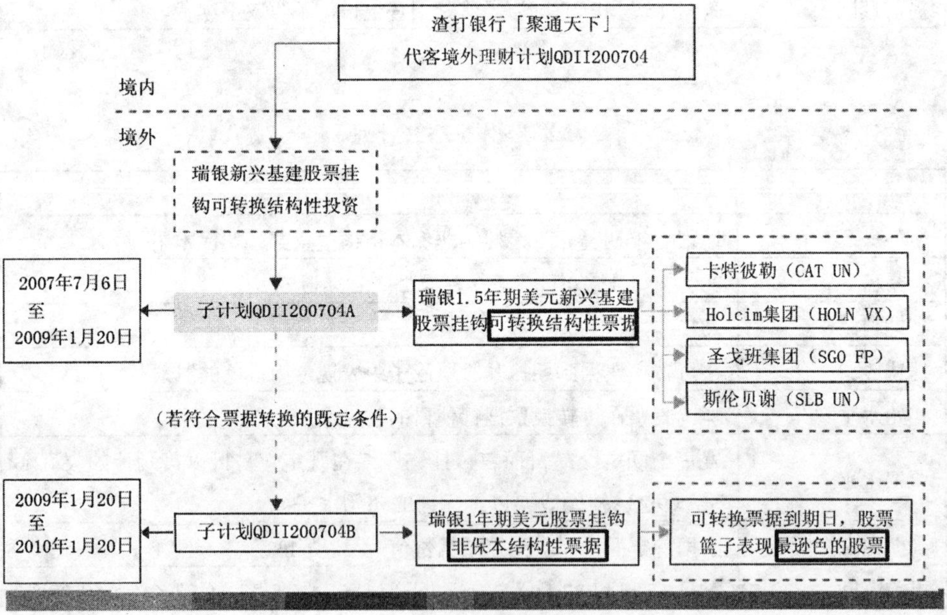

图 6　协议风险分析

B计划　　QDII200704 A/B子计

A计划

Standard Chartered

境外产品名称	瑞银1年期美元股票挂钩非保本结构性票据（"非保本票据"）
交易日	2009年01月20日（可转换票据的到期日）
到期日	2010年01月20日
挂钩股票	在可转换票据到期日其股票篮子中表现最逊色的股票
初始水平	挂钩股票在可转换票据行使日的收盘水平
票据水平	就每个既定交易日而言，挂钩股票在既定交易日以美元计的收盘水平/(90%×挂钩股票以美元计的初始水平)
到期结算金额	票据特定面额×（到期票据价值－手续费1%）
提前赎回	每月15日和28日为提前赎回登记日，收取赎回面额×1%的手续费

境外产品名称	瑞银1.5年期美元新兴基建股票挂钩可转换结构性票据（可转换票据）
交易日	2007年07月06日
到期日	2009年01月20日
收益实现与支付	总投资收益由季度收益率（累计）和提前终止额外收益率（如有）组成，每季支付相应收益，详情参照"收益计算"部分
初始水平	行使日各股票的收盘价格
到期结算金额	在到期日 (1) 若转换事件未发生，理财计划随票据终止而终止，客户获得100%票据特定面额和相应收益（如有） (2) 若转换事件发生，每张可转换票据将自动转换为一张[瑞银1年期美元股票挂钩非保本结构性票据]
提前赎回	每月15日和28日为提前赎回登记日，不收取手续费

图7　两计划的比较

2．障碍敲出期权：在结构性产品中的一种结构设置：一旦产品满足了某一条件，产品即提前终止，投资者拿到最高年化收益。这种期权叫做"障碍敲出期权"。其特点为：适用于"牛市范畴"的"看多策略"，表现与产品管理机构的选股和入场点有决定性联系。优点是提高流动性，年化收益率乐观。缺点是当市场突然调头进入大幅下跌区间，潜在风险极大。

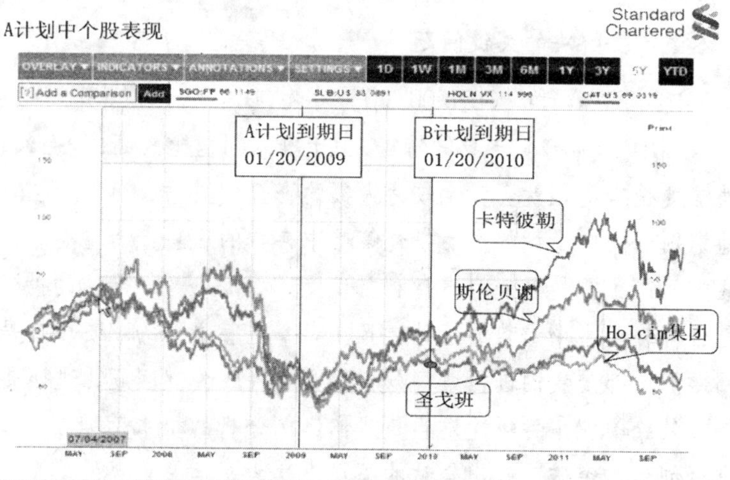

图8　实际运行的市场表现

A计划组合	2007.7.06 初始水平	2009.1.20 A计划到期 B计划到期	A计划个股收益率	B计划组合 2010.1.20	B计划收益率
SGO:FP 圣戈班集团	66.1975	23.5365	-64.704%	34.6924 (-47.59%)	-42.77%
SLB:US 斯伦贝谢	88.3018	37.8395	-57.147%		
HOLN:VX Holcim集团	116.185	44.842	-61.405%		
GAT:US 卡特彼勒	69.8462	36.6468	-47.675%		

图9 运行结果比较

以上案例对于我们认识 QDII 产品的运作及其中存在的风险点有很好的说明，进而通过深入的学习和讨论分析出产品设计的缺陷和监管的缺陷，尽量避免此类损失在今后的 QDII 产品中再度发生，以完善我国 QDII 产品市场发展。

案例说明书

一、本案例要解决的关键问题

在《QDII200704》和《QDII200710》两款 QDII 产品案例分析中，我们可以看到银行系 QDII 产品有其自身的特点，由于准入门槛比较高，资金额也比较大，进而涨跌幅度稍有变化就会产生较为大额的资金的盈亏。所以，在购买产品之前准确地识别合同中设计的产品投资策略中存在的风险尤为重要。这些风险多来自哪些方面，银行是否处为自身利益设置了隐晦条款，产品的投资策略是否合理，是否符合对市场形势的估计，且在各个监管主体的职责中，是否存在着漏洞及问题。这都是我们进行案例分析后要解决的关键问题，进而使我国 QDII 健康发展，杜绝类似事件再次发生是我们案例分析的根本落脚点，如何在现有机制下进行创新和突破，找出合适的解决办法才是至关重要的。

二、案例讨论的准备工作

为有效实现本案例的目标，学员应该具备下列知识背景：

1．行业背景及制度背景

银行系 QDII 开始发展时，根据中国银行业监督管理委员会 2006 年发布的《关于商业银行开展代客境外理财业务有关问题的通知》（银监办发〔2006〕164 号），规定商业银行通过综合理财方式开展代客境外理财时，应按照审慎经营的原则，投资于境外固定收益类产品，包括具有固定收益性质的债券、票据和结构性产品，并应在理财产品的销售合同中向客户明示理财资金的投资方向和主要风险。并且还规定，商业银行在提供境外综合理财服务时，不得将募集的资金直接投资于股票及其结构性产品、商品衍生类产品，以及 BBB 级以下证券。①

2007 年，中国银行业监督管理委员会又下发了《关于调整商业银行代客境外理财业务境外投资范围的通知》（银监办〔2007〕114 号），规定将 164 号文中的几个不得改为"不得投资于商品类衍生产品，对冲基金及国际公认评级机构评级 BBB 级以下的证券。"取消了 164 号文中对于是否投资于股票的限制，初步拓展了银行系 QDII 的投资范围，为银行系 QDII 的发展奠定初步基础。②

从 2007 年开始的初步放松，发展到现在，中国银行业监督管理委员会先后与中国香港特区、新加坡、日本、美国等签订了商业银行代客境外理财业务监管合作信函，双方就有关监管工作达成协议，这意味着与我国商业银行的代客境外理财业务投资范围得以扩大，银行系 QDII 可以直接投资于香港股市、美国股市、英国股市等境外资本市场，提高了商业银行的境外投资管理能力，为 QDII 制度的发展提供了更为广阔的平台。至此，银行系 QDII 的投资范围已经扩展到亚洲、拉丁美洲、欧洲等区域，主要包括中国香港、新加坡、英国、日本、美国、韩国、澳大利亚等 7 个国家和地区。

QDII 制度在我国的发展，目前形成三大体系，包括银行系、保险系、基金系。作为其中之一的银行系 QDII，与其他两类一样，都受中国银行业监督管理委员会与中国外汇管理局两方的监管。监管层面是中观方面，我们可以分为三个方向：首先是市场准入的监管，是指合格境内机构投资者资格的获得和代客

---

①《关于商业银行开展境外理财业务有关问题的通知》（2006 年 6 月 21 日）

②《关于调整商业银行代客境外理财业务境外投资范围的通知》（2007 年 5 月 10 日）

境外理财业务开展资格的获得，这个是由中国银行业监督管理委员会进行授权；其次，是外汇管制的监管，这主要是指中国外汇管理局对于外汇额度的批准；随后是信息披露监管，是指商业银行在开展代客境外理财业务时，需对相关业务情况进行信息披露。

2．风险控制的相关方法

风险控制的四种基本方法是：风险回避、损失控制、风险转移和风险保留。

（1）风险回避

风险回避是投资主体有意识地放弃风险行为，完全避免特定的损失风险。简单的风险回避是一种最消极的风险处理办法，因为投资者在放弃风险行为的同时，往往也放弃了潜在的目标收益。所以一般只有在以下情况下才会采用这种方法：①投资主体对风险极端厌恶。②存在可实现同样目标的其他方案，其风险更低。③投资主体无能力消除或转移风险。④投资主体无能力承担该风险，或承担风险得不到足够的补偿。

（2）损失控制

损失控制不是放弃风险，而是制定计划和采取措施降低损失的可能性或者是减少实际损失。控制的阶段包括事前、事中和事后三个阶段。

事前控制的目的主要是为了降低损失的概率，事中和事后的控制主要是为了减少实际发生的损失。

（3）风险转移

风险转移，是指通过契约，将让渡人的风险转移给受让人承担的行为。通过风险转移过程有时可大大降低经济主体的风险程度。风险转移的主要形式是合同和保险。①合同转移，通过签订合同，可以将部分或全部风险转移给一个或多个其他参与者。②保险转移。保险是使用最为广泛的风险转移方式。

（4）风险保留

风险保留，即风险承担。也就是说，如果损失发生，经济主体将以当时可利用的任何资金进行支付。风险保留包括无计划自留、有计划自我保险。①无计划自留。指风险损失发生后从收入中支付，即不是在损失前做出资金安排。当经济主体没有意识到风险并认为损失不会发生时，或将意识到的与风险有关的最大可能损失显著低估时，就会采用无计划保留方式承担风险。一般来说，无资金保留应当谨慎使用，因为如果实际总损失远远大于预计损失，将引起资金周转困难。②有计划自我保险。指可能的损失发生前，通过做出各种资金安排以确保损失出现后能及时获得资金以补偿损失。有计划自我保险主要通过建立风险预留基金的方式来实现。

三、案例分析要点

1．需要学员识别的关键问题——QDII 的定义

QDII 是 Qualified Domestic Institutional Investors（合格境内机构投资者）的英文首个字母缩写，是指在人民币资本项下不可兑换、资本市场未开放条件下，在一国境内设立，经该国有关部门批准，有控制地、有限度地允许境内机构投资境外资本市场的股票、债券等有价证券投资业务的一项过渡性的制度安排。

2．QDII 的种类

（1）保险系 QDII 运作的是保险公司自己在海外的资产，一般不对个人投资者开放。

（2）银行系 QDII 从只能投资境外的固定收益类产品，发展到银监会批准可以投资境外股票，总体而言，属于风险居中、收益也居中的 QDII。认购门槛较高。

（3）基金系 QDII，投资不受限制，可以拿 100%的资金投资于境外股票，因此其风险和收益都比银行系 QDII 高得多。由于采用基金的形式发行，因此其认购门槛比银行系低得多，往往 1000 元即可起步。

3．套期保值的定义及其策略

套期保值是指把期货市场当作转移价格风险的场所，利用期货合约作为将来在现货市场上买卖商品的临时替代物，对其现在买进、准备以后售出商品或对将来需要买进商品的价格进行保险的交易活动。例如，一个农民为了减少收获时农作物价格降低的风险，在收获之前就以固定价格出售未来收获的农作物。一位读者一次订阅三年的杂志而不是两年，他就是在套期保值以转移杂志的价格可能上升所给他带来的风险。当然，如果该杂志价格下降，这位读者也放弃了潜在的收益，因为他已缴纳的订刊费用高于他如果是在每年订阅杂志情况下的费用。套期保值就是在现货市场和期货市场对同一类商品进行数量相等但方向相反的买卖活动，或者通过构建不同的组合来避免未来价格变化带来损失的交易。

为了更好实现套期保值目的，企业在进行套期保值交易时，必须注意以下程序和策略：①坚持“均等相对”的原则。“均等”，就是进行期货交易的商品

必须和现货市场上将要交易的商品在种类上相同或相关数量上相一致。“相对”，就是在两个市场上采取相反的买卖行为，如在现货市场上买，在期货市场则要卖，或相反。②应选择有一定风险的现货交易进行套期保值。如果市场价格较为稳定，那就不需进行套期保值，进行保值交易需支付一定费用。③比较净冒险额与保值费用，最终确定是否要进行套期保值。④根据价格短期走势预测，计算出基差（即现货价格和期货价格之间的差额）预期变动额，并据此作出进入和离开期货市场的时机规划，并予以执行。

4. 风险控制种类

（1）信用风险：指债务人或交易对手未能履行合同所规定的义务或信用质量发生变化，从而给银行带来损失的可能性。它几乎存在于银行的所有业务当中，因而是银行最复杂、最主要的风险。

（2）市场风险：指因市场价格的不利变动而使银行表内和表外业务发生损失的风险。包括利率风险、汇率风险、股票价格风险、商品价格风险四大类。

（3）操作风险：指由不完善或有问题的内部程序、人员及系统或外部事件所造成损失的风险。分为人员、系统、流程、外部事件所引发的四类风险，并由此分为七种表现形式：内部欺诈，外部欺诈，聘用员工做法和工作场所安全性有问题，客户、产品及业务做法有问题，实物资产损坏，业务中断和系统失灵，执行、交割及流程管理不完善。它存在于银行业务和管理的各个方面，而且具有可转化性，即可以转化为市场风险、信用风险等其他风险，因而难以将其与其他风险严格区分开来。

（4）流动性风险：指无法在不增加成本或资产价值不发生损失的条件下及时满足客户的流动性需求，从而使银行遭受损失的可能性。包括资产流动性风险（指资产到期不能如期足额收回，不能满足到期负债的偿还和新的合理贷款及其他融资需要）和负债流动性风险（指银行过去筹集的资金特别是存款资金由于内外因素的变化而发生不规则变动，受到冲击并引发相关损失的可能性）。

（5）国家风险：指经济主体在与非本国居民进行国际经贸与金融往来中，由于他国经济、政治和社会等方面的变化而遭受损失的可能性。通常由债务人所在国家的行为引起。分为政治风险（境外银行受特定国家的政治原因限制不能把在该国的贷款等汇回本国而遭受的风险）、社会风险（由于经济或非经济因素造成特定国家的社会环境不稳定而使贷款银行不能把在该国的贷款汇回本国而遭受的风险）、经济风险（境外银行仅仅受特定国家直接或间接经济因素的限制而不能把在该国的贷款等汇回本国而遭受的风险）三类。

（6）战略风险：指银行在追求短期商业目的和长期发展目标的系统化管理过程中，不适当的未来发展规划和战略决策可能威胁银行未来发展的潜在风险。其风险主要来自四个方面：银行战略目标的整体兼容性、为实现这些目标而制定的经营战略、为这些目标而动用的资源、战略实施过程的质量。

5. 推荐解决问题的方案

在 QDII200704 产品案例分析中，我们可以看到本身产品设计方面存在许多问题，产品的设计中策略过于激进，且用牛市策略替代了熊市策略，主要的风险也全部由投资者承担等等，都是导致最后巨额亏损的原因。当然如何解决这些问题，除了对投资理财产品风险识别要更加多元外，提升监管力度和高度也是必不可少的，信息披露的监管和执行度后期跟踪监管，都明显有着责任分工不清晰，责任执行不到位等现象。所以提出新的解决方案至关重要。

6. “独立监督实体”理念

国际证监会组织于 2007 年 2 月提出了“独立监督实体”概念，这个概念是基于处理多个成员国之间进行集合投资时，考虑到应对各主体的利益，而进行监管者的选择提出的。这个概念及其后续措施的提出，与我国现行银行系 QDII 的监管十分吻合（即多个利益主体中监管者的选择问题），所以引入这种体制，可以进一步加强银行系 QDII 产品运作的监管。[①]

7. “独立监管实体”的建立

在银行系 QDII 的监管中，因为资产的管理方、受益方、实际运作方处于不同经济背景下或不同国家，所以考虑到对利益的保护，必须要设立一个权威性的中介机构来作为监管者。这与国际证监会组织提出的“独立监督实体”所处的环境有异曲同工之妙。

首先，银行系 QDII 中面临着多个主体，这些主体不但所受经济领域中监管方不同，而且由于不同主体所处国家不同，其受到的经济和法律政策也有很大差异。其次，银行系 QDII 中受益方是投资者，而资产管理者和资产运作者均不属于真正意义上的受益方，所以对于后两者，特别是资产运作者的操作失误或道德风险，必须有强力的监管方来监管。最后，处于资产托管方的独立体，其利益来源不受其他各主体的影响，本身的运作机制也独立于任何一方。因此，

① 寻卫国. 打造以基金托管人为核心的独立监督实体[J]. 金融论坛，2008 年第 6 期

如果能赋予托管方足够的职责和权力，而且由于其本身保管资金这一特定属性，可以使银行系 QDII 的监管迈出巨大的一步。

但是，要是赋予托管机构真正的职责和权力，就必须改变现有状况下托管机构的地位。一方面，托管机构必须有一定的主动权去选择资产管理者，而不是单纯被动地被选择，从而导致产生实际权力实施的障碍。另一方面，在托管资金使用的控制上，不能再单纯地只对资金用途把关。特别是在银行系 QDII 中，由于资金的管理者和运作者职能的分离，资金的实际操作不只单纯考虑是否使用于该计划，而更多地应考虑该计划方案中各种可能性发生时资金的“用途”。鉴于这种情况，托管方对运作机制应有知情权，并附有保密责任。在资金使用时，托管方需监控资产运行者的运行是否合理，是否与其计划相一致。

在上述独立监管者设立的同时并赋予了更多的权力，因此，托管者的评定，应当慎之又慎。托管者资格的评定，也应当更为严格。首先，托管机构应是被国际认可的大型机构，并且独立于该银行系 QDII 中的各个主体。其次，托管机构不应是只有单纯职能的某一商业银行或投资公司等，它应拥有丰富的金融经验，能够自身评判出该项银行系 QDII 的运营中的利弊。最后，由于权力的极大赋予，该托管机构必须有着严格的信息保密机制及处理问题的独立性机制。因此这样严格的监管机构甚至可能由国家或多国组成的机构来承担。这样也才能从真正意义上建立起“独立监管实体”。

四、教学组织方式

1. 问题清单及提问顺序、资料发放顺序

本案例讨论题目依次为

(1) 何为 QDII?

(2) QDII 产品的推出对我国投资市场具有怎样的意义?

(3) 我国未来 QDII 的发展前景如何?

(4) 导致 QDII200704 产品严重亏损的原因有哪些?

(5) 产品中有哪些风险点需要识别?

(6) 如何设计产品可以使产品锁定盈亏区间?

(7) 在 QDII 产品监管缺失中都有哪些方面监管不力?

(8) 有没有可行的解决方案来加强 QDII 产品的监管?

本案例的参考知识及其索引，在讲授有关知识点之后一次性布置给学员。

2. 课时分配

课外：（1）阅读案例 2 个小时

（2）讨论案例 4 个小时

（3）相关资料查找 8 个小时

课内：案例交流 2 个小时

3. 讨论方式

（1）情景分析：对案例进行深入分析。

（2）小组讨论：在小组讨论基础上，派代表发言。

（3）提问与总结：学员可就自己查看的资料进行提问或与老师和其他同学进行交流。

4. 课堂讨论总结

课堂讨论总结的关键是：归纳发言者的主要观点；使学员发散思维，产生思维碰撞，在历史案件中探索解决问题的新方法；进一步对案例进行深层次研究。

5. 参考资料

本案例除了前面案例正文中提供的背景资料以外，可参考有关各基金指数值的资料。

我国寿险公司业务结构分析

陈之楚　何佳　刘洋　范志萍　滕新春

近年来，我国寿险业务规模快速增长，社会影响逐步深入，但业务结构失衡的问题却不容忽视。具体表现在：产品结构失衡，寿险产品同质化，投资理财型险种比例过大，而保障型险种发展相对滞后；渠道结构失衡，银行保险渠道"井喷式"发展，而个人代理渠道发展受到限制；期限结构失衡，注重趸交业务而忽视期交业务的发展，注重对新保单的开发而忽视对现有保单的维护。考虑到业务结构会直接影响寿险公司经济效益，关系到整个寿险行业持续健康发展，因此，本案例在资料选择、题目设计上侧重于引导学生分析和评价我国寿险公司业务结构。具体而言，首先从总体上考察我国寿险行业的发展以及寿险业务结构的变迁，然后通过选取样本公司，进一步分析不同资本结构、不同经营期、不同规模寿险公司的业务结构现状；在此基础上，引导学生分析影响我国寿险公司业务结构的主要因素，探讨我国寿险公司业务结构的合理化标准。

一、背景简介

（一）政策背景

2008年全球金融危机爆发，中国保险监督管理委员会（以下简称"保监会"）发出加快业务结构调整的指导意见。保监会认为，结构调整是国际金融危机下中国寿险业的应对之策。结构调整既是防范化解系统性风险的重要手段，也是转变保险业发展方式的重要着力点；既能应对短期危机影响，又能着眼长远发展、抓住机遇，化危为机。保监会采取措施予以推动：第一，对重点公司加强窗口指导，保监会首先要求下调万能险结算利率，将其稳定在长期可持续的水平；其次要求将分红险分红水平保持在一个合适的水平，以维护客户的合理期望。第二，加强投资理财型寿险产品的销售管理。保监会指出投资理财型产品过度发展，保障型业务发展严重不足，寿险业务的产品性质结构严重失衡，可能导致寿险行业发展偏离保障功能。保监会要求各寿险公司要坚持保险业的基本保障功能，大力发展风险保障型和长期储蓄型业务。第三，加强寿险市场动态监测。保监会要求对各寿险公司进行压力测试，建立风险报告制度，制定风险应急预案，及时掌握重点公司的结构调整进展情况。第四，严格规范银保市场秩序。针对寿险业务渠道结构严重失衡的情况，保监会提出，要对银保产品违规问题，严肃处理相关公司和责任人，并进行通报。保监会提出，以销售贻误和账外支付手续费为重点，开展银行保险专项现场检查。

（二）保险行业发展转型背景

保险行业自身存在的问题，即寿险业经过一段时间快速的发展，部分寿险公司的寿险业务结构已显现出不合理的状况，突出表现为追求保费收入的快速增长，积极发展“有保费无利润”产品，这不仅导致公司经营亏损并且容易产生严重经营风险。然而，从经营技术角度看，相同的保费规模，若业务结构不同，则公司的盈利能力、风险状况则可能是不同的。有研究表明：在 2005 年某大型寿险公司，其 25%的个人业务（主要指期缴产品）创造的内涵价值是 92.7%；25%的团险业务所创造的内含价值是 6%；50%的银行保险产品创造的内涵价值仅仅是 2%。在上述行业背景下，寿险公司业务结构调整自然显得尤为重要。业务结构调整就是寿险公司为了市场变化，通过转变经营行为、优化业务结构，从而使盈利能力不断增强，寿险的保障和长期储蓄功能的核心竞争力得到充分发挥，客户现实需求得到满足，最终实现寿险业可持续发展。

二、案例概况

（一）寿险业务结构的含义及分类

寿险业务结构，是指寿险业务各个组成部分之间的组合配置和比例关系，反映了寿险业务的性质、种类、绝对数量、经营特征、经营方式和集中化程度等，其主要包括三种结构类型：产品结构类型、渠道结构类型和期限结构类型。

产品结构类型是按寿险产品的种类进行划分，有传统保险产品和新型保险产品之分。前者包括死亡保险、两全保险、年金保险、意外保险和健康险，其保障功能特点明显；后者包括分红保险、万能保险和投资连结保险，以投资为主，其产品更多地体现为储蓄和投资的功能。

渠道结构类型是按寿险的销售渠道种类进行划分，有传统的销售渠道和新型销售渠道之分，前者包括公司直销渠道和个人代理渠道；后者包括银行、邮政代理渠道以及网络、电话销售渠道、创新性渠道等。

期限结构类型是按寿险缴费期限进行划分，主要有趸交、五年以下期交、5～9年期交、10年及以上期交四种方式。

（二）我国寿险业务及业务结构的发展

1. 规模发展

伴随着经济的高速增长和国民收入水平的快速提高，近年来我国人身保险业务快速增长。如图1所示，2002年寿险业务增长率达到61%，为十二年间增长率最高的年份。2006年的寿险保费收入增长率较2005年相比下降了将近3个百分点。国内外经济形势的变化使得寿险业保费收入增长率从2008年的49.17%降为2009年的12%。2011年寿险业务收入为1287.58亿元，同比增加436.41亿元，增幅51.27%。截止到2013年11月末，全国寿险保费收入为8847.15亿元，同比增长6.79%。在经历了长达3年的银保渠道调整政策之后，保险公司的适应能力得到了进一步增强。随着投资市场的趋稳以及保险投资政策的调整给保险公司带来的机遇，保险公司推出创新产品的脚步将明显加快。

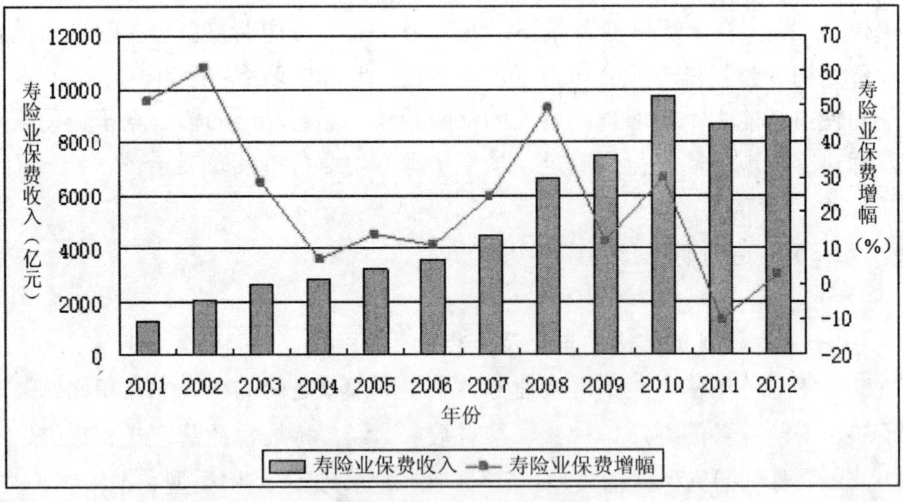

图1　寿险保费收入及其增幅情况

资料来源：作者依据《中国保险年鉴》2009～2013年数据整理绘制。

2．结构发展

由于意外险和健康险业务的性质相同，目前保险公司一般将其合称为“意健险”。传统寿险和意健险保费撬动保险金额的杠杆较大，属于纯保障类型的人身保险，它们在寿险公司中占比的高低，体现了人身险保障功能的发挥程度。通过数据可以发现我国寿险公司业务性质变迁过程存在以下特点：传统寿险业务占比在下降。传统寿险业务在2000年占比达到83.21%，至2012年占比降为8.63%，显示出其失去了人身险业务的主导地位。人身意外伤害险在2000年占人身险业务的8.06%，至2012年为2.64%。与此同时。分红险在2000年占比是0.88%，至2012年为79.85%，占据了新型寿险业务的主导地位，分红险“一险独大”的特点显著。投连险在 2007 年达到顶峰以后大幅度下降，万能险在2007年、2008年、2009年高潮过后也有所下降。

表1　寿险公司产品性质结构变迁统计　　单位：（%）

产品结构 / 年份	普通险	分红险	投连险	万能险	意外险	健康险
2000	83.21	0.88	1.69	0.54	8.06	5.62
2001	61	19.15	7.49	2.82	5.23	4.28
2002	37.27	49.31	3.05	1.5	3.5	5.34
2003	30.1	55.84	2.12	0.56	3.31	8.03
2004	30.7	54.39	1.64	1.2	3.64	8.44
2005	25.97	54.65	1.24	5.93	3.82	8.38
2006	24.21	51.65	1.24	5.93	3.82	8.38
2007	19.9	44.09	7.82	16.79	3.7	7.63
2008	20.29	46.29	5.18	17.68	2.7	7.86
2009	10.48	66.94	1.44	12.59	1.99	6.56
2010	9.72	81.7	0.06	0.99	2.16	5.38
2011	8.76	81.38	0.05	0.82	2.78	6.55
2012	8.63	79.85	0.04	1	2.64	7.83

资料来源：作者依据《中国保险年鉴》2009～2013年数据整理。

如此的结构发展状况，反映寿险公司单纯追求业务规模，忽视产品业务结构，偏离了保险产品的保障功能，过于粗放式的发展模式。相对于保障功能强的传统寿险、意健险，新型寿险保费较高，寿险公司更加迎合消费者通过保险进行投资的心理，大力开发分红险、投连险和万能险等新型寿险。分析表明传统寿险快速下跌，新型寿险迅速上升至人身险业务主导地位，意健险呈下降趋势。

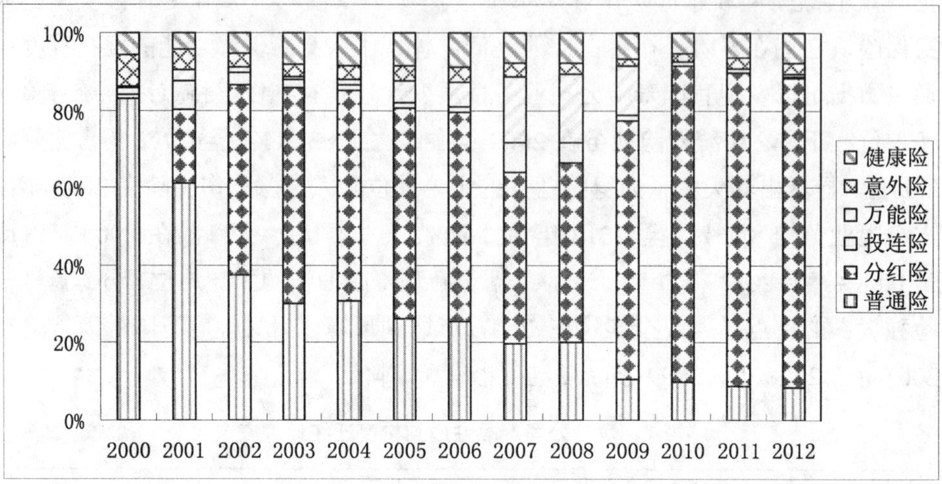

图 2　2000～2012 年中国寿险公司产品结构变迁趋势图

资料来源：作者依据《中国保险年鉴》2009～2013 年数据整理绘制。

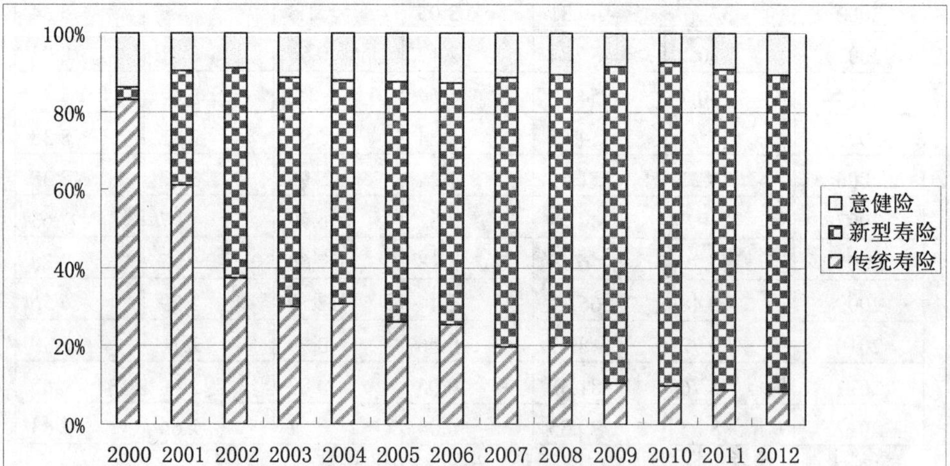

图 3　2000～2012 年中国寿险产品结构变迁趋势

资料来源：作者依据《中国保险年鉴》2009～2013 年数据整理绘制。

（三）我国寿险业务结构的现状

2012 年是保险业发展最为困难的一年。面对日趋严峻的国内外经济金融形势和寿险市场改革发展稳定的繁重任务，保监会寿险部紧紧围绕会党委“抓服务、严监管、防风险、促发展”的总体要求，以治理销售误导、防范退保风险为重点，以推动税延保险上海试点、支持保险业参与多层次医疗保障体系建设为突破口，着力改善行业形象，提升服务经济社会发展的水平，人身保险市场呈现“缓中趋稳、稳中有进”的发展态势。随着近两年市场增速放缓，人身保险公司在渠道和产品结构问题集中显现，利润下滑。行业普遍认识到原有的发展模式不可持续。2012 年大部分人身保险公司转向“价值导向”的考核体系，更加重视新业务价值、标准保费、新单期缴率等品质类指标，行业内部评价体系逐渐导向“发展的质量和效率”。以下为 2012 年的结构现状，以此来阐述结构调整的方向。

1．险种结构

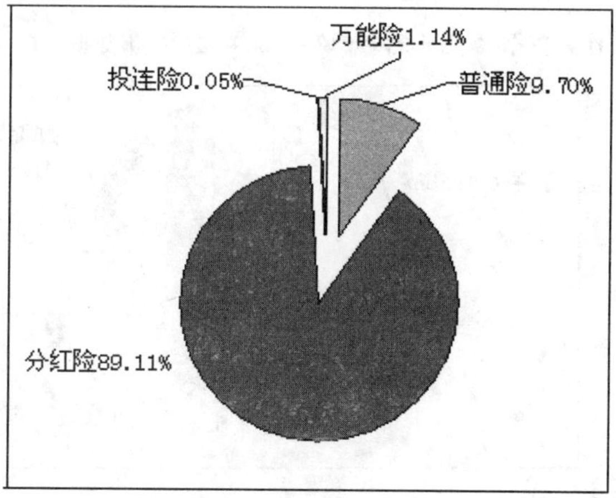

图 4　2012 年全国人身保险公司主要险种占比情况

资料来源：作者依据《中国保险年鉴》2009～2013 年数据整理绘制。

2012 年，人身险业务原保险保费收入为 10157 亿元，同比增长 4.48%。其中，寿险业务实现原保险保费收入为 8908.06 亿元，同比增长 2.44%，占人身险业务原保险保费收入的 87.7%。从产品看，保障功能较强的意外险、健康险保持了良好的增长速度，分别增长了 13.3%和 24.6%，高于总保费增速。

2．渠道结构

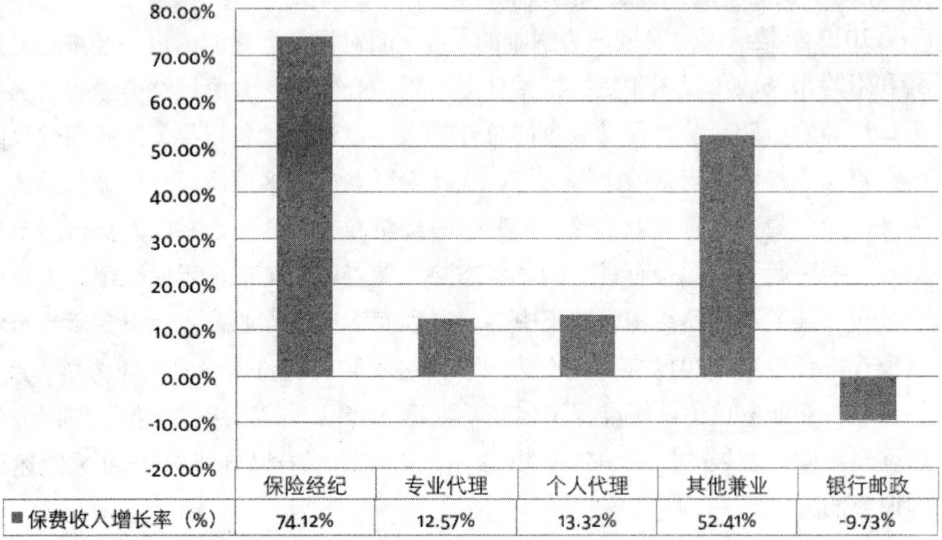

图 5　2012 年中介渠道寿险保费收入增长率

资料来源：作者依据《中国保险年鉴》2009～2013 年数据整理绘制。

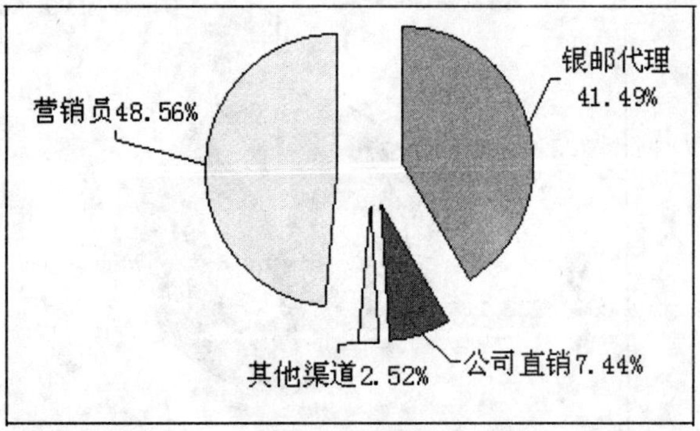

图 6　2012 年全国人身保险公司各渠道市场占比情况

资料来源：作者依据《中国保险年鉴》2009～2013 年数据整理绘制。

2012 年，寿险公司银邮代理业务原保险保费收入为 4131.47 亿元，同比下降 9.73%，占寿险公司业务总量的 41.49%，同比下降 6.39 个百分点；个人代理业务原保险保费收入 4835.08 亿元，同比增长 13.32%，占寿险公司业务总量的 48.56%，同比上升 3.92 个百分点；公司直销业务原保险保费收入 740.47 亿元，同比增长 37.33%，占寿险公司业务总量的 7.44%，同比上升 1.8 个百分点。2012 年，全国保险中介渠道实现寿险保费收入 9217.41 亿元，同比增长 2.18%，保费规模占全国寿险总保费收入的 92.56%，同比下降 1.8%。其中，除银邮渠道外，其他中介渠道的寿险保费收入均保持了 10%以上的较快增长，保险经纪渠道更是实现了 74.12%的大幅增长。资料显示，个人代理业务规模比例依然占比较大，依然是寿险业务的主要渠道。银邮渠道占比也很大。

3．期限结构

2012 年，寿险公司人身险业务新单原保险保费收入为 4843.27 亿元，同比下降 9.71%，占寿险公司全部业务的比例为 48.64%。其中，新单期交原保险保费收入 1469.79 亿元，同比下降 0.6%，占新单原保险保费收入的 30.35%。2012 年人身保险新单期缴保费占比 30.4%，较上年同期提升 2.8 个百分点。2012 年前七大寿险公司新单保额为 7880 亿元，同比增长 19.8%，扭转了连续两年负增长的趋势。

（四）样本数据选择与指标解释

1．样本选择

案例共选取了三类共九家典型的寿险公司作为分析的样本。第一类为大型寿险公司，分别是中国人寿、平安人寿、太保寿险，2012 年的市场份额分别为：29.02%、10.68%、6.97%。第二类为中资中小型寿险公司，分别为：新华保险、泰康人寿、人保寿险。其中新华和泰康两家寿险公司均成立于 1996 年，经营历史较为悠久，市场份额较大。而人保寿险近年来发展速度最快，以 2008～2010 年为例，保费收入年均增长 59.35%。第三类为具有外资背景的寿险公司，分别为友邦人寿、光大永明、恒安标准。其中友邦人寿于 1992 年进入中国，是中国唯一一家外国独资保险公司；光大永明成立于 2002 年，为中加合资寿险公司；恒安标准成立于 2003 年，为中英合资寿险公司。

2．数据选择与指标解释

数据选择：中国保险年鉴 2008 年之前的寿险产品结构统计数据仅分为分红险和其他。中国保险监督管理委员会（以下简称保监会）与中国保险年鉴相关的某些数据的统计口径不同，鉴于数据的可得性以及统计口径的一致性，案例选取了九个寿险公司 2008～2012 年的各项数据，全部数据均取自 2009～2013 年中国保险年鉴。

指标解释：寿险公司的业务结构主要包括产品结构、渠道结构、期限结构。本案例以普通寿险、分红险、投连险、万能险四个险种保费收入分别占寿险保费收入的比例来反映各个公司的产品结构；以个人代理、公司直销、保险专业代理、银行邮政代理、其他兼业代理、保险经纪业务六种渠道保费收入分别占人身保险保费收入的比例来反映各个寿险公司的渠道结构；以新单保费占人身保险保费收入的比例来反映各个寿险公司的期限结构。

（五）样本公司业务结构概况

1. 产品结构

（1）第一类公司（2008～2012 年的五年期间）

中国人寿公司的产品结构，普通险占比分别为 19.09%，19.84%，17.98%，17.32%，16.93%；分红险占比分别为 76.55%，77.16%，82.02%，82.67%，83.05%；投连险占比分别为 0.61%，1.59%，0，0，0；万能险占比分别为 3.75%，1.41%，0，0.01%，0.02%。

平安寿险公司的产品结构，普通险占比分别为 11.01%，6.56%，10.19%，8.7%，9.42%；分红险占比分别为 40.45%，39.87%，81.16%，85%，84.34%；投连险占比分别为 8.48%，3.93%，0.55%，0.35%，0.29%；万能险占比分别为 40.07%，49.64%，8.1%，5.95%，5.95%。

太保寿险公司的产品结构，普通险占比分别为 27.98%，22.61%，18.2%，13.99%，14.14%；分红险占比分别为 68.57%，77.21%，81.69%，85.91%，85.78%；投连险占比分别为 0，0，0，0，0；万能险占比分别为 40.06%，49.64%，8.07%，5.95%，0.07%。

数据显示，2008～2012 年国寿普通险占比比较平稳，分红险呈逐年上升趋势，而投连险和万能险从 2010 年开始占比基本降到 0。与国寿不同，同期平安普通险占比逐渐减少，分红险呈递增趋势，投连险占比逐渐减少，万能险占比在 2010 年骤降至 8.1%。太保的产品结构整体发展趋势同平安类似。需要注意的是，同期太保的投连险占比始终为 0%。从整体上看，第一类公司分红险的占比均呈现出上升趋势，而普通险占比逐年下降，投连险和万能险从 2010 年开始都普遍下降。

（2）第二类公司（2008～2012 年的五年期间）

新华人寿的产品结构，普通险占比分别为 1.15%，1.03%，0.73%，0.79%，0.94%；分红险占比分别为 87.74%，98.93%，99.23%，99.16%，99.01%；投连险占比分别为 0.03%，0，0，0，0；万能险占比分别为 15.06%，0.03%，0.03%，0.03%，0.04%。

泰康人寿的产品结构，普通险占比分别为 1.05%，1.12%，1.21%，1.2%，

1.39%；分红险占比分别为 27.51%，68.13%，96.01%，96.8%，96.7%；投连险占比分别为 33.74%，7%，0.002%，0.002%，0.001%；万能险占比分别为 37.68%，23.68%，2.7%，1.99%，1.9%。

人保寿险公司的产品结构，普通险占比分别为 0.002%，0.29%，0.33%，0.54%，0.58%；分红险占比分别为 20.32%，92.22%，99.57%，99.34%，99.27%；投连险占比分别为 0，0，0，0，0；万能险占比分别为 79.47%，7.47%，0.08%，0.11%，0.13%。

从数据中看到，2008～2012 年新华人寿的普通险占比逐年降低，分红险则呈现出快速增长，投连险占比较低，从 2009 年开始均降至 0，万能险则从 2008 年的 15.6%骤降至 0.03%。泰康的分红险占比从 2008 年的 27.51%上升到 2012 年的 96.7%，上升了 69 个百分点，万能险在 2010 年也是急剧下滑。人保寿险的产品结构在 2008 年主要集中在万能险，占比高达 79.47%，从 2009 年开始分红险占据了绝大部分的比例，均高于 92%。从总体上看，这三家样本公司的分红险逐渐占据主要的地位，其他险种从 2008 年至 2012 年所占的比重越来越低。

（3）第三类公司（2008～2012 年的五年期间）

友邦人寿的产品结构，普通险占比分别为 26.34%，41.72%，42.61%，45%；分红险占比分别为 39.77%，41.79%，56.8%，54.36%，54.26%；投连险占比分别为 25.11%，4.38%，0.14%，0.15%，0.18%；万能险占比分别为 79.47%，7.47%，0.08%，0.11%，0.13%。

恒安标准的产品结构，普通险占比分别为 0.84%，1.63%，5.46%，3.32%，1.87%；分红险占比分别为 72.98%，97.41%，94.53%，96.67%，98.12%；投连险占比分别为 25.88%，0.37%，0%，0%，0%；万能险占比分别为 0.29%，0.56%，0，0，0。

光大永明的产品结构，普通险占比分别为 6.86%，12.33%，4.33%，7.1%，23.93%；分红险占比分别为 7.44%，67.54%，95.56%，92.85%，76.05%；投连险占比分别为 76.49%，8.27%，0.08%，0.0.2%，0；万能险占比分别为 9.19%，11.85%，0.02%，0.01%，0.01%。

数据显示，2008 年友邦的产品结构比较均衡，2009 年之后普通险和分红险占比有所增长，而投连险和万能险占比逐年下降。在 2008～2012 年期间，恒安标准的分红险适中，占据主要的份额，2012 年分红险占比达到 98.12%。投连险、万能险的占比同友邦类似，逐渐降低，直至 0%。2008 年光大永明的产品中投连险占比高达76.49%，而之后分红险逐年上升到2011年的92.85%，在2012年，普通险占比从2011年的7.1%上升到23.93%，与此同时，分红险占比下降了16.8个百分点。

2. 渠道结构

（1）第一类公司（2008～2012年的五年期间）

个人代理渠道，国寿、平安、太保分别由2008年的42.59%、79.3%、39.05%的占比上升到了2012年的56%、86%、54.52%。

公司直销渠道，三家公司分别由2008年的9.46%、4.33%、9.23%的占比变为2012年12.01%、3.38%、5.7%的占比。

保险专业代理渠道，三家公司分别由2008年的0.03%、0.76%、0.21%的占比变为2012年0.01%、0.76%、0.5%的占比。

银行邮政代理渠道，三家公司分别由2008年的47.41%、14.79%、51.38%的占比下降到了2012年31.82%、10.58%、36.5%的占比。

其他兼业代理渠道，三家公司分别由2008年的0.11%、0.27%、0.1%的占比变为2012年0.12%、0.01%、2.21%的占比。

保险经纪业务渠道，三家公司分别由2008年的0.03%、0.52%、0.01%的占比变为2012年0.02%、0.01%、0.55%的占比。

从以上数据可以看出，在第一类寿险公司中，个人代理是主要渠道且有上升趋势；银行邮政渠道虽然占有很大比重，但是呈现下降趋势；公司直销渠道基本不变；其他三种种渠道所占比重仍然很小。

（2）第二类公司（2008～2012年的五年期间）

个人代理渠道，新华、泰康、人保寿险由2008年的26.57%、25.03%、16.2%的占比变为2012年37.95%、37.96%、14%的占比。

公司直销渠道，三家公司分别由2008年的3.75%、7.68%、6.78%的占比变为2012年3.10%、3.01%、8.98%的占比。

保险专业代理渠道，三家公司分别由2008年的0.10%、1.50%、0.06%的占比变为2012年0.42%、0.42%、1.43%的占比。

银行邮政代理渠道，三家公司分别由2008年的69.49%、65.06%、75.62%的占比下降到了2012年57.60%、57.60%、71.03%的占比。

其他兼业代理渠道，三家公司分别由2008年的0.04%、0.39%、1.34%的占比上升到了2012年0.63%、0.64%、4.53%的占比。

保险经纪业务渠道，三家公司分别由2008年的0.03%、0.24%、0.002%的占比上升到了2012年0.28%、0.28%、0%的占比。

从以上数据可以看出，在第二类寿险公司中，银行邮政是主要渠道且有下降趋势，个人代理渠道虽然占比不如银行邮政渠道，但是呈现上升趋势，公司直销渠道比重不变，其他三种渠道占比仍然很小。

（3）第三类公司（2008～2012年的五年期间）

个人代理渠道，友邦、恒安标准、光大永明分别由2008年的83.60%、11.84%、38.77%的占比变为2012年70.46%、28.86%、11.67%的占比。

公司直销渠道，三家公司分别由2008年的2.42%、1.77%、3.19%的占比上升到了2012年23.65%、2.88%、11.06%的占比。

保险专业代理渠道，友邦从2008～2012年基本持平，为0.08%；恒安标准、光大永明分别由2008年4.12%、0.05%的占比上升到2012年9.74%、6.44%的占比。

银行邮政代理渠道，三家公司分别由2008年的13.53%、81.57%、57.54%的占比变为2012年5.17%、56.66%、67.62%的占比。

其他兼业代理渠道，三家公司分别由2008年0.024%、0.24%、0.02%的占比上升到2012年0.25%、0.26%、0.37%的占比。

保险经纪业务渠道，三家公司分别由2008年的0.33%、0.45%、0.42%的占比上升到了2012年0.40%、1.59%、2.83%的占比。

从以上数据可以看出，在第三类寿险公司中，银行邮政渠道与个人代理渠道比重是相当的，且是第三类寿险公司的主要渠道，公司直销与保险专业代理比重是相当的，其他两种业务渠道比重很小。

3．期限结构

表2　样本公司2008～2012年期限结构　　　　**单位：（%）**

年份 公司名称	2008	2009	2010	2011	2012
国寿	70.59	64.15	59.78	51.38	44.16
平安	38.13	43.91	36.14	38.44	31.84
太保	70.60	61.52	61.66	50.36	39.94

续表

年份 公司名称	2008	2009	2010	2011	2012
新华	79.77	68.85	61.04	45.13	54.71
泰康	85.62	81.45	81.97	68.66	51.90
人保寿	99.34	98.39	96.87	93.42	91.33
友邦	30.13	33.06	34.27	29.19	20.36
恒安标准	93.02	87.23	59.28	56.53	65.53
光大永明	88.10	84.54	92.68	86.90	79.88

资料来源：作者依据《中国保险年鉴》2009～2013年数据整理绘制。

可以看到，第一类公司新单保费占比都比较低，并且整体上逐年下降。2008～2012年人保寿新单保费占比最高，均在90%以上；新华和泰康新单保费占比有下降的势头。友邦的新单保费占比最低，平均为30%左右；在第三类公司中，光大永明新单保费占比最高，此外恒安标准的新单保费下降比较明显，从2008年的93.02%下降到65.53%。

三、讨论题目

本案例侧重点在于，结合我国寿险公司业务结构分析如下问题：

1. 影响寿险公司业务结构的因素有哪些？

2. 当前我国寿险公司业务结构是否合理？

案例说明书

一、本案例要解决的关键问题

本案例要实现的教学目标在于：引导学生分析影响我国寿险公司业务结构的主要因素，并评析我国寿险公司业务结构的现状；在此基础上，对我国寿险公司业务结构的合理定位进行探索性研究。即，一方面，学生可以在全面考察我国寿险业发展、寿险业务结构变迁以及不同类型寿险公司业务结构现状的基础上，深入分析影响我国寿险公司业务结构的各种内外部因素，进一步探讨监管政策等制度性因素对不同类型寿险公司业务结构的导向作用。另一方面，学生可以在重新认识保险本质以及寿险功能定位的基础上，客观评析我国寿险公司业务结构的现状，进一步思考和探讨有利于寿险公司可持续发展的寿险业务结构合理性标准。

二、案例讨论的准备工作

1．理论背景

寿险功能是指寿险业在整个社会经济中所发挥的作用或效能，从根本上讲，寿险功能是寿险自身本质属性的外在化体现。随着寿险业的发展和人们对寿险产品的需求的多样化，寿险的功能也在不断地完善，已由最初的单纯保障功能逐步发展成为目前相对成熟的三大功能体系：即保障功能、资金功能和社会管理功能。寿险的三大功能既相互联系又相互制衡，构成了一个有机的整体，其中，保障功能是寿险的最基本的功能，不会随时间和外部环境的变化而变化，而其他两项功能则是在保障功能的基础上发展起来的，不能脱离寿险的基本功能而独立存在，但会随着客观环境的变化而变化，属于寿险的派生功能。

寿险的发展是一个历史演进和实践发展的过程，最初的寿险产品主要是作为一种分散风险机制，把集中起来的保险费用于补偿已经发生保险事件（寿险公司的保险事件是指生存或死亡）的被保险人，可以在被保险人生存时为其提供保险年金或在死后为其提供保险金的给付，以缓冲被保险人家庭在经济上遭受的突然变化，保障他们的经济利益，这就充分体现了寿险的保障功能，也可称之为经济补偿功能。寿险的保障功能是寿险的基本功能，分为两个层次，一是对生存或者死亡风险的分散功能；二是对保险金的给付功能。寿险的分散功能主要是采用大数法则原理，排除各种偶然因素的影响，通过集合大量同质的风险单位，达到风险分散的目的，这种风险分散的功能，不仅可以体现在投保者身上，而且还可以体现在承保者身上。一方面，对于投保人个人而言，由于投保人数的充分性，可以将少数投保人的风险分摊到多数人的身上，以实现对寿险风险的分散，这种分散风险的方式是一种空间的分散，另一方面，对于保险公司而言，由于一定时期内人的寿命的相对稳定性以及不同时间点给付概率的相对均衡性，同样可以实现对风险的分散，而这种分散方式则是一种时间上的分散。也就是说，寿险的风险分散功能是双维度的，正是这种双维度的风险分散机制才使得寿险业经营得以持续发展——保险公司愿意承保，人们愿意投保，实现了供需均衡。寿险的保险金给付功能是指保险双方通过对保险条件、期限、金额等达成协议，最终由保险人按照协定一次或分期给付被保险人保险金的一项功能。寿险的经济补偿功能不仅可以体现在维护被保险人个人的利益方面，而且还可以体现在为被保险人家属提供经济保障方面。从被保险人的角度来看，为了应对由于年老、失业、疾病、意外伤残等各种因素而引起的收入中断或减少，而向寿险保险公司购买诸如两全、年金等不同种类的寿险产品，其在一定程度上可以保障他们维护正常的生活水平所需；从被保险人家属角度看，为了避免由于被保险人的死亡对家庭收入造成巨大波动，而向保险公司购买诸如定期、终身寿险等寿险产品，进而缓解了家庭因此而产生的巨大经济压力，起到了经济补偿的作用。正是寿险的这种给付功能，可以使被保险人本人及其生活依赖者获得一定的生活保障，从而能够更好地安排未来的消费、储蓄、投资等理财计划。

风险分散和保险金给付是寿险保障功能的具体体现，是寿险本质特征的最基本反映。其中，风险分散是保险金给付的前提和手段，保险金给付是风险分散的结果和目的。在寿险发展的初级阶段，保险公司经营的主要是具有保障功能的寿险业务。寿险的保障功能既保障了居民及家庭一定的经济生活来源，又保障了社会生产的顺利进行，减轻了政府的财政负担，从而有利于社会的安定和发展。

2．政策背景

（1）保监会推进业务结构调整

2008年8月19日，保监会召开全国寿险工作会议，明确指出结构调整是寿险业的重要任务，强调对重点公司加强窗口指导以及加强寿险市场动态监测。2009年2月，保监会发布了《关于加快业务结构调整、进一步发挥保险保障功能的指导性意见》，要求寿险行业加快结构调整，避免系统性风险的传染和蔓延。2009年7月，保监会发布《关于进一步加强结构调整，转变发展方式，促进寿险业平衡健康发展的通知》，通知明确了寿险业落实结构调整的三原则：一是效益原则：坚持重点发展能提高公司价值和效益的业务；二是优势原则：坚持重点发展寿险业核心优势的业务；三是保障原则：坚持重点发展满足消费者保障需求的业务。

（2）新会计准则的出台

为加强企业会计准则的可操作性，财政部于2008年8月发布《企业会计准则解释第2号》，要求同时发行A股和H股的上市公司对同一交易事项，应在A股和H股财务报告中采用相同的会计政策和会计估计进行确认、计量和报告；2009年1月保监会发布《关于保险业实施<企业会计准则解释第2号>有关事项的通知》（下文简称“2号解释”），要求我国所有保险公司编制2009年度境内、境外财务报告时应遵循以下会计政策：“第一，保费收入确认和计量引入重大保险风险测试和分拆处理；第二，保单获取成本不递延，计入当期损益；第三，采用新的基于最佳估计原则下的准备金评估标准”。“2号解释”是对CAS25的补充和完善，但当时并未出台实施细则，仅称“重大保险风险测试标准、保费分拆标准、新准备金评估标准另行发布”。2009年12月，财政部印发了《保险、合同相关会计处理规定》（简称《规定》），就保费收入确认和准备金计量等相关会计处理问题进行了明确，要求保险公司自编制2009年度财务报告开始，执行有关保险混合合同分拆、重大保险风险测试和保险准备金计量等新的会计政策。下文将“2号解释”和《规定》合称为“保险会计新准则”，简称“新准则”。

三、案例分析要点

1．寿险公司业务结构的影响因素

（1）公司发展战略

战略是指企业在竞争环境中为实现预定目标而进行的计划。目标是确定企业所要达到的目的地，而战略则确定如何到达那里。不同的公司有着不同的发展战略，经营模式从一个侧面反映了寿险公司的发展战略。寿险公司在发展中可以采用专业化模式，也可以采用与之相应的集团化模式。专业化模式是指将公司的资源高度集中于一类产品、一种渠道或一个类型，在一段时间内以该业务或渠道为市场切入点，建立公司的市场优势与规模效应。多元化与集团化的发展战略是指在发展寿险业务的基础上，向财产保险、银行证券以及其他业务领域发展的一种战略。

以样本公司为例：国寿、平安、太保都在发展战略中体现了坚持走国际集团公司的发展方向，而新华、泰康等更多地倾向于专业化经营模式。平安坚持以保险、银行、投资为三大支柱，淡化保险业务的主体地位，而为其金融控股集团的全面发展奠定基础。

（2）环境因素

战略因素虽然可以直接决定寿险公司所采用的业务结构，但是战略的制定也不是公司凭空想象，而是应当根据公司内外部环境因素合理制定。环境由外部环境和内部环境组成。外部环境主要包括经济环境、监管环境等。经济环境是指寿险公司在经营过程中面临的各种经济条件、经济特征、经济联系等客观因素，主要有经济制度、经济政策、经济发展水平、居民购买能力、通货膨胀压力等。经济周期的阶段性以及通货膨胀率的变化都会对寿险公司产品结构产生剧烈影响。目前监管机构对保险公司的监管仍然较严格，包括分支机构、销售渠道、产品设计等影响业务的重要方面都需经监管部门批准。内部环境主要表现为保险公司的内控机制等。内控机制薄弱的寿险公司业务经营粗放，单纯追求业务规模、追求短期利益而忽视长远发展，从而导致业务结构不尽合理。

以样本公司为例分析环境因素中经济环境对寿险公司业务结构的影响：2008 年，泰康投连险保费收入为 188.36 亿元，占寿险保费收入的 33.75%，至 2010 年，投连险保费收入 0.01 亿元，占比接近于 0。2008 年，光大永明的投连险保费收入为 10.06 亿元，占寿险保费收入的 76.50%，至 2010 年，投连险保费收入 0.03 亿元，占比接近于 0。其他七家样本公司的投连险保费收入和占比均有不同程度的下降，这里不予一一赘述。2008 年金融危机爆发以后，国际国内经济形势的恶化导致了各家投连险保费收入的快速下降。

（3）公司竞争优势

寿险公司经营的竞争优势主要包括资源优势、能力优势、效率优势这三个方面。

寿险公司资源优势主要包括财力资源、资本金、现金流量、人力资源、无形资产资源等。资源是任何企业在经营发展过程中必不可少的条件，保险公司经营具有长期性、规模性、负债性的特点，所以需要具有充足的财力资源作为正常经营的保证。寿险业也是一个人力资源密集的行业，人力资源也是起重要的资源竞争优势之一，此外寿险公司经营中商誉和信誉的依赖度较强，这些无形资产也是寿险公司的主要资源之一。

寿险公司能力优势主要体现在其业务经营与管理方面的主要能力，主要有产品研发能力、销售能力、偿付能力、获利能力等。寿险公司具有的资源是其经营发展的根本，但若希望公司走上良性经营的道路，仅有资源是远远不够的，更需要在合理利用资源的基础上相互协调，将公司的各种优势发挥出来，而这种优势的发挥就与寿险公司的能力优势有着直接的联系。

寿险公司效率优势是指狭义中寿险公司业务环节上的效率，即处理内部业务的工作效率。从业务角度上讲，寿险公司内部主要业务是为那些投保人服务的环节。工作效率是一个综合的反映，不仅反映一家公司的经营管理水平，而且直接体现公司对客户的服务质量。寿险公司的效率主要通过出单效率、理赔效率与保全效率反映出来。

以平安为例,平安诸多竞争优势中的一个亮点就是平安投资能力较强。2008年，平安投连险占寿险保费收入的比例为 8.48%，而国寿、太保、新华占比分别为 0.06%、0%、0.31%。大力发展投连险业务充分反映了平安对自身投资能力的自信。从渠道结构上来看，2012 年平安个人代理业务保费收入占人身险保费收入的比例为 86.01%,人保寿、恒安标准、光大永明占比分别为 14.01%、28.86%、11.67%。巨大的人力资源优势推动了平安个人代理渠道的快速发展，而人保寿则依托人保集团的资源优势大力发展银邮渠道,2012 年人保寿银邮渠道保费收入占人身险保费收入的比例达 71.04%。

（4）公司文化

寿险公司企业文化是公司软实力的体现，也反映着公司战略实施的方向与目标，所以文化也是影响寿险公司业务结构的重要因素之一。从保险公司文化的内涵和核心而言，主要是指贯穿于寿险公司始终的既有相对稳定的、以保险公司为载体、以保险从业人员为中心形成的，为个体和群体共同认可接受的内控着其行为的思维模式和物质基础等。寿险公司文化对寿险公司的业务结构起着一定的规范和制约作用，不同的企业文化影响形成了公司不同的业务结构。同以三大保险公司为例，国寿与太保同属国家直属企业，具有老国企的背景，国寿更是被称为我国寿险市场的“国家队”，其市场行为不但反映着企业发展方向，也在一定程度上体现着中央对金融企业维稳的思路。太保也有着相似的背景，其业务结构同样呈现稳健而保守的特点。2012 年平安则与国寿、太保不同，深圳蛇口工业区招商局的出身就决定了平安在今后的发展中，企业文化必定会带有改革创新激进大胆的情结。

2．寿险业务结构的合理性分析

2012 年，我国寿险公司保费收入的 80.16%都来源于新型寿险业务（新型寿险包括分红保险、万能寿险和投资连接保险等），意外险和健康险业务占总保费的 12.3%，普通寿险业务（包括死亡保险、生存保险、生死两全保险、年金保险等）占总保费收入的 7.54%。即便在发达国家，传统保障型产品的份额在新型产品的挤占之下也保持在 40%以上。从渠道结构来看，2012 年全国个人代理业务保费收入占比为 48.56%，银邮代理保费收入占比为 41.49%。从期限结构来看，新单业务占比为 51.4%。

以样本公司为例，分别分析各家公司业务结构。

（1）从产品结构分析：2008～2012 年友邦人寿普通险保费占寿险保费收入比例最高，国寿、太保次之，占比均在 13%以上，平安、光大永明则在 10%左右；新华、泰康、人保寿、恒安标准占比都极低，从图 7 中几乎看不到。新华、泰康、人保寿、恒安标准这几家公司的分红险占寿险保费收入的比例均较高，尤其是 2010～2012 年，从图 8 中看，这四家公司分红险占比都接近 100%，四家公司 2010～2012 年分红险占比均在 98%以上。

（2）从渠道结构分析：2008～2012 年平安、友邦人寿个人代理业务收入占人身保险保费收入的比例最高，稳定在 80%左右，银邮代理渠道占比较低；人保寿对银邮渠道的依赖性最为严重，其业务收入的 80%来自于银邮渠道；除人保寿外，新华、泰康、光大永明对银邮渠道的依赖程度也较高，银邮渠道收入占比在 60%～70%之间。

（3）从期限结构分析：2008～2012 年，人保寿新单业务保费收入占比最高，均在 90%，其次是光大永明，年均占比在 80%以上；平安、友邦人寿的新单业务占比最低，稳定在 30%左右。从趋势上来看，六家中资公司新单业务占比总体上均有一个下降的势头，而三家外资背景公司新单业务占比呈现出上下波动的趋势。

目前寿险公司普遍采取以追求保费规模和市场份额为中心的经营模式。由于大力发展保费高的分红产品和趸缴型产品，过度宣传寿险产品的投资功能，用短期投资回报来吸引客户购买，使产品结构呈现出短期业务多、趸缴业务占比大、保障型业务和长期业务占比不高的特点。此外，过多依赖银邮代理渠道在相当大的程度上阻碍了寿险公司个人代理业务的发展。

随着寿险业的发展和人们对寿险产品需求的多样化，寿险功能也在不断地完善，已由最初的单纯保障功能逐步发展成为目前相对成熟的三大功能体系：即保障功能、资金融通功能和社会管理功能。其中保障功能是寿险最基本最重要的的功能，寿险的资金融通功能体现在寿险的投资功能和储蓄功能。从寿险功能的角度分析，保障型产品不仅更多地反映了保险的最基本功能，而且抵抗金融危机的能力较强，受经济周期的影响较小，是寿险公司的优势业务。新型寿险中的分红险更多地反映了保险的储蓄功能，而投连险和万能险则强调保险的投资功能。新型寿险比例过高反映了我国保险公司业务结构在一定程度上偏离了保险最基本的保障功能。

寿险保险公司的内含价值包含两个部分：一是扣除偿付能力额度净资产；二是寿险现有业务未来现金流折现，这由专业精算师根据一些假设条件计算得来。从寿险公司内含价值的角度进行分析，产品结构中的保障型业务内含价值较高而新型寿险业务内含价值相对较小；期限结构中的长期业务的内含价值较高而短期业务的内含价值相对较小；从渠道结构来看，个人代理业务的内含价值较高，而银邮代理业务的内含价值较低。高比例的新型寿险业务和短期趸交业务导致寿险公司的内含价值偏低，不利于寿险公司的长期稳健的发展。

3. 政策因素对寿险业务结构的影响

为度量政策因素对寿险业务结构的影响，选取样本公司 2008 年和 2009 年的数据进行对比分析。

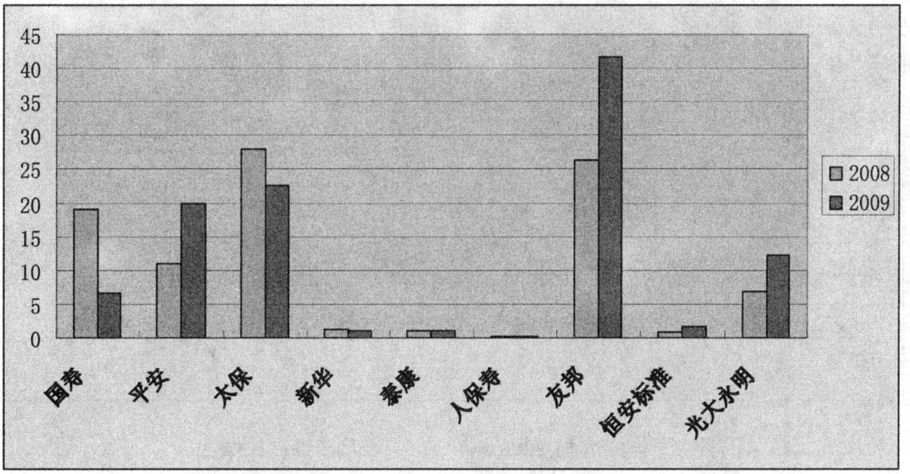

图 7 样本公司 2008 年和 2009 年普通保险占比[①]情况

资料来源：作者依据《中国保险年鉴》2009～2013 年数据整理绘制。

① 普通保险占比是指普通保险保费收入与寿险保费收入的比例，以下万能险占比、投连险占比、分红险占比均表示其与寿险保费收入的比例，涉及寿险产品结构分析时暂不考虑意外险和健康险。

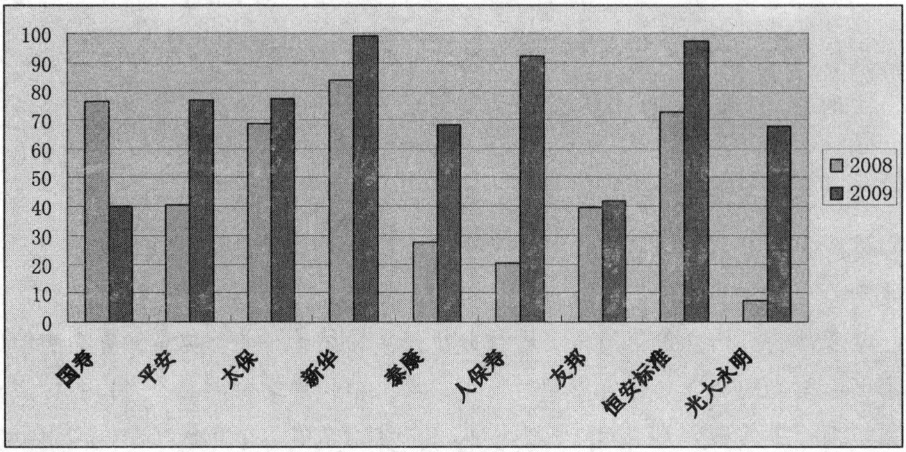

图 8　样本公司 2008 年和 2009 年分红险占比情况

资料来源：作者依据《中国保险年鉴》2009～2013 年数据整理绘制。

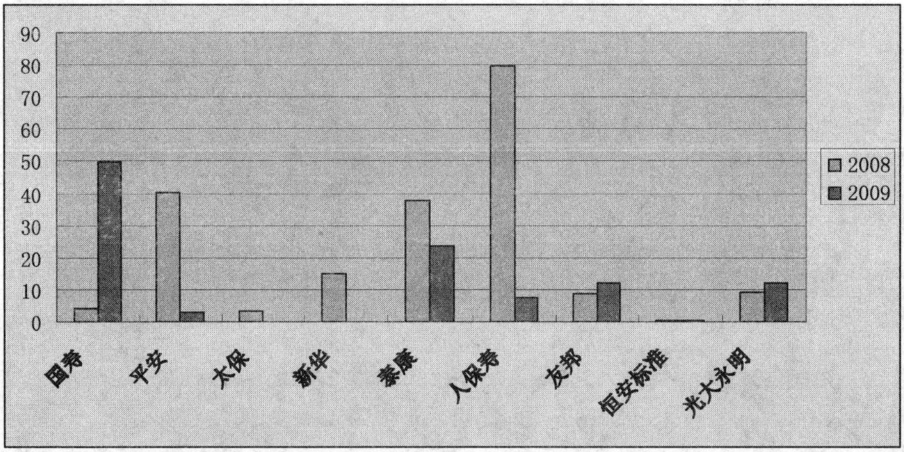

图 9　样本公司 2008 年和 2009 年万能险占比情况

资料来源：作者依据《中国保险年鉴》2009～2013 年数据整理绘制。

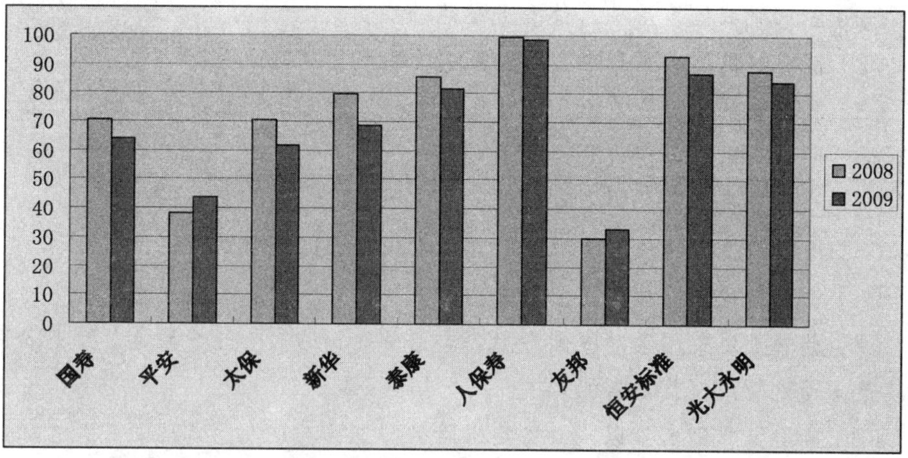

图 10　样本公司 2008 年和 2009 年新单业务占比情况①

资料来源：作者依据《中国保险年鉴》2009～2013 年数据整理绘制。

从图 7、图 8、图 9 可以看出，保监会结构调整政策和新会计准则实施以后，反映在产品结构上，各家公司普通保险占比有升有降，并没有反映出明显的变化趋势；除国寿外，其他公司的分红险占比均有不同幅度的上升，平安分红险占比由 2008 年的 40.45%上升到 2009 年的 70.16%，光大永明的分红险占比由 2008 年的 7.44%上升到 2009 年的 67.54%；万能险方面，除国寿占比大幅上升，平安、太保、泰康、新华、人保寿万能险占比均大幅下挫，平安由 40.06%下降至 2.99%，新华由 15.07%下降至 0.03%，人保寿更是由 79.47%下降至 7.48%；三家外资背景公司万能险占比基本持平。从总体趋势上来看，政策实施以后，分红险表现出良好的上升势头，而万能险则出现急剧下降的趋势。

以新单业务收入占保费收入比例来反映寿险公司的期限结构，可以看出：保监会结构调整政策和新会计准则实施以后，除平安、友邦人寿这两家公司占比小幅上升以外，其他七家公司新单业务占比均显现不同幅度的下降，显示出期限结构趋于优化的势头。

四、教学组织方式

1. 问题清单及提问顺序、资料发放顺序

本案例讨论题目依次为：

① 新单业务占比是指新单业务保费收入占人身险保费收入即寿险收入和意健险之和的比例。

（1）试归纳我国寿险业总体业务结构的现状。

（2）试归纳我国主要寿险公司业务结构的现状及特征。

（3）我国主要寿险公司业务结构在总体一致性与个体差异性方面，哪方面体现得更明显？原因何在？

（4）从中外资寿险公司业务结构的变化来看，二者的差异何在？

（5）业务结构现状反映出我国寿险公司现阶段的经营策略是什么？

（6）试分析我国寿险公司业务结构的主要影响因素。

（7）监管及政策因素对我国寿险公司业务结构的影响是否显著？哪些公司的决策易受监管及政策因素的影响？

（8）新会计准则实施以来，主要寿险公司业务结构发生哪些变化？

（9）哪些寿险产品属于利率敏感型产品，市场利率的变化对寿险公司业务结构会产生怎样的影响？

（10）我国寿险业务的功能定位应侧重哪方面，保障型或投资理财？对寿险公司业务结构会产生怎样的影响？

（11）寿险公司是否存在合理的业务结构；如果存在，合理性的标准是什么？对我国寿险公司业务结构的合理性如何评析？

（12）从提高寿险公司内含价值、促进寿险公司可持续发展的角度，合理的业务结构是怎样的？

本案例的背景参考资料及其索引，将在课堂讲授和小组讨论之前布置给学生，进行前导性阅读；本案例的扩展参考资料及其索引，将在课堂讲授和小组讨论之后布置给学生，进行深入学习和思考。

2. 课时分配

（1）课前前导性阅读：约 4.5 小时；

（2）小组讨论并提交分析报告提纲：约 3 小时；

（3）课堂讲授并提出启发性问题：约 3 小时；

（4）课堂小组代表发言并深入讨论：约 3 小时；

（5）课堂讨论总结：约 0.5 小时；

（6）课后扩展阅读资料：约 3 小时。

3. 教学形式

本案例可以采取“小组讨论为主、课堂讲授与小组讨论相结合”的形式进行组织。

总结

结的关键是：归纳发言者的主要观点；重申其重点和创新点；
卖扩展参考资料对案例的核心问题或有争议的观点进行深入思
入挖掘案例素材，提出新问题，进行探索性研究。

“鑫顺合·宝泰隆旅游度假区”专项资产管理计划

高晓燕　王建

2013年7月，山东泰安鼎诚投资管理有限公司成立，该公司成立的背景，是山东泰安宝泰隆开发公司正在开发一个市重点旅游项目——泰山宝泰隆旅游度假区。该旅游度假区位于泰安市泰山区邱家店镇，距离泰安城约8公里，占地面积为128万平方米，2009年开工建设，总预算15亿元，现已投资8.16亿元。开发以地下漂流观光与地上休闲娱乐为主题，具有溶洞漂流、洞穴探险、休闲度假、温泉疗养、候鸟放飞、石林观展、苗木引进、驯化推广等功能，集吃、住、游、购为一体的大型综合性绿色环保休闲度假区。目前，各项建设已基本完成，已聘请国内一流的运营管理团队，与全国近2000家旅行社达成合作意向或签订合作协议，于2013年9月7日试运营。但是该项目二期工程需要增加投资，鼎诚投资管理有限公司为其发行5000万私募基金，弥补过渡期本项目的资金不足。鼎诚投资管理有限公司的负责人王建为发行此基金，在江苏设置了苏州鑫顺合投资中心（有限合伙），苏州鑫顺合投资中心发行了“风险申明及投资意向书”、“合伙协议”以及投资人需要签署的文件及应提交材料。

一、合伙协议

有限合伙人：
姓名或名称：
证件名称及号码：

（机构委托人填写营业执照注册号及组织代码）

通讯地址：

联系电话：

传真：

普通合伙人：

名称：山东鼎诚投资管理有限公司

法定代表人：王振华

通讯地址：山东省泰安市天龙国际大厦B座704室

联系电话：0538—6999960，0538—6999880

网址：www.sddctz.com

传真：0538—6999960

本协议根据《中华人民共和国合伙企业法》（以下简称《合伙企业法》）及有关法律、行政法规的规定，经协商一致订立。

第一条　入伙人自愿成为苏州鑫顺合投资中心（有限合伙）的有限合伙人，并签署本协议。

入伙人声明：

1．入伙人具有完全民事行为能力。

2．入伙人保证出资资金系自有合法资金。

3．入伙人已经充分了解合伙企业及其投资的相关情况，共同承担合伙企业有限合伙人责任。

4．入伙人知晓合伙企业相关法律规定，并通过非公开方式为特定投资人加入本合伙企业。

第二条　合伙企业基本情况：

企业名称：苏州鑫顺合投资中心（有限合伙）

企业经营场所：苏州市吴中区东创科技园B座430室

企业期限：10年

普通合伙人：山东鼎诚投资管理有限公司

执行事务合伙人：山东鼎诚投资管理有限公司

经营范围：资产管理、投资管理、投资咨询、经济贸易咨询

企业期限：20年

第三条　合伙企业投资方向和投资目的：

合伙企业将资金投资于泰安市宝泰隆泰山地下大裂谷旅游开发有限责任公司开发的位于山东泰安“宝泰隆旅游度假区”项目，用于其后期开发与建设。

第四条　合伙企业的总额、方式、数额和缴付时间：

本合伙企业本次预期发行总额为5000万元（大写：伍仟万元）。由合伙事务执行人山东鼎诚投资管理有限公司发起成立，全体合伙人共同组成。本合伙企业60日内完成资金筹集并转入投资管理运作。普通合伙人可根据需要调整资金筹集或者投资计划，但应及时向全体合伙人进行公告。

第五条　合伙人的出资方式、认缴数额和缴付期限：

普通合伙人以货币出资50万元（大写：伍拾万元），有限合伙人以货币出资4950万元（大写：肆仟玖佰伍拾万元）。合伙人缴付出资后，合伙企业向合伙人开具成立确认函。作为有限合伙人，将从基金投资收益中优先得到本金和预期投资收益，作为普通合伙人将以出资获得劣后资金收益。

第六条　合伙人的出资汇入以下基金专用账户

开户银行：中国建设银行泰安泰山支行

户名：苏州鑫顺合投资中心（有限合伙）

账号：37001696008059699988

行号：105463000021

第七条　有限合伙人预期年化投资收益率（12个月）如下所示：

金额	预期年收益
50万≤认购金额＜100万	11.5%
100万≤认购金额＜300万	12.5%
认购金额≥300万	13.5%

第八条　资金收益及分配：

打款到账后第三个工作日（不含打款当日）开始计息，如遇节假日顺延至下一工作日起息，本基金每6个月为一个利润分配周期。每个分配周期按照有限合伙人出资额预期年化投资收益的50%分配一次，每一利润分配周期结束后7个工作日内完成当期分配，有限合伙人所得收益汇入其指定的以下账户：

户名：

开户银行：

账号：

第九条　风险控制：

1．泰安市重点项目，政府全力支持和保障；

2. 泰安市宝泰隆泰山地下大裂谷旅游开发有限责任公司以 12.5%股权作为抵押；

3. 泰安市宝泰隆泰山地下大裂谷旅游开发有限责任公司以项目的 1 亿门票收益权作为质押，在距离还款日六个月时，开始将门票收入资金纳入基金管理公司封闭式监管；

4．公司法人代表秦玉宝个人为本基金提供不可撤销的无限连带责任担保；

5．黑龙江宝泰隆房地产开发有限公司提供无限连带责任担保。

第十条　本投资期限为 12 个月。在有限合伙经营期内，允许执行事务合伙人根据项目情况在第 6 个月后适当调整，包括允许新的有限合伙人加入，有限合伙人转让份额或者继续持有，需一个月前书面提出并经执行事务合同人确认，否则默认为继续持有。为保证合伙企业的资金稳定，有限合伙人可以随时转让其投资份额。由于经营要求，可以由执行事务合伙人代持其股权，行使合伙人权利。

第十一条　有限合伙人死亡或者被依法宣告死亡，其合法继承人继续取得有限合伙人资格。继承人不愿意成为有限合伙人的，可在最近的退伙开放期按退伙办理。

第十二条　有限合伙人不执行合伙事务，不得对外代表合伙企业。有限合伙人享有以下权利：

（1）对合伙企业的经营管理提出建议；

（2）在合伙协议修改或者补充内容涉及限制有限合伙人权利或者扩大有限合伙人责任时，决定合伙协议的修改或者补充；

（3）在项目运营中有限合伙人可要求普通合伙人对其提供项目进展情况及财务状况等资料；

（4）参与决定对执行事务合伙人的除名；

（5）合伙企业解散时按照本协议约定参与决定清算人；

（6）在合伙企业中的利益受到侵害时，向有责任的合伙人主张权利；

（7）执行事务合伙人怠于行使权利时，督促其行使权利或者为了合伙企业的利益以自己的名义提出建议。

第十三条　有限合伙人的下列行为经普通合伙人同意方可进行：

（1）同本合伙企业进行交易；

（2）将其在合伙企业中的财产份额出质；

（3）向合伙人以外的人转让其在合伙企业中的财产份额。

第十四条　有限合伙人对合伙企业和其他合伙人承担以下责任：

（1）以认缴的出资额为限对合伙企业债务承担责任；

（2）按期足额缴付出资；未按期足额缴付的，承担补缴义务及违约责任；

（3）违反《合伙企业法》和本协议，给合伙企业或者其他合伙人造成损失的，承担赔偿责任。

（4）有限合伙人责任依照《中华人民共和国合伙企业法》执行。

第十五条　有关责任和义务。

合伙企业迟延支付有限合伙人出资或者收益，应承担相应责任。有限合伙人不得提前违约退伙，如果有限合伙人因特殊原因需要退出的，可以选择转让其持有的有限合伙份额，有限合伙企业需配合有限合伙份额的转让。如果有限合伙人份额转让不成功，经协商后依然坚持提前退出的，则视为有限合伙人放弃全部投资收益，并向合伙企业支付提前退出日至合伙企业全体合伙人正常退出日全部投资金额每日千分之二的违约金。

第十六条　争议解决。

因履行本协议发生争议，双方可以通过协商或调解解决。为了保证双方利益，不愿协商、调解解决或者协商、调解不成时，提交项目所在地泰安市仲裁委员会依法仲裁。

第十七条　本协议由普通合伙人代表全体合伙人签署。

第十八条　本协议与合伙企业合伙协议不一致之处，以本协议为准。

本协议未尽事宜，按《中华人民共和国合伙企业法》执行。

第十九条　本协议一式三份，双方各执一份，报政府登记机关备案一份，具有同等法律效力，自双方盖章或签字之日起生效。

第二十条　补充协议及特别约定

----------------------------------（以下无正文）----------------------------------

（本页为签字页）

山东鼎诚投资管理有限公司（盖章）

年 月 日

苏州鑫顺合投资中心（有限合伙）（盖章）

年 月 日

有限合伙人（自然人签字并按手印、机构需盖章）

年 月 日

二、风险申明书

尊敬的合伙人：

感谢您加入山东泰安“鑫顺合·宝泰隆旅游度假区”专项资产管理计划并签署合伙协议。在您签署合伙协议前，请仔细阅读以下内容。

项目公司已与合伙企业执行事务合伙人山东鼎诚投资管理有限公司签订合作协议等协议，进行融资等事宜。合伙企业执行事务合伙人对本项目制定相应风险控制协议，项目责任人个人无限连带责任及担保等全面而完善的风险控制措施。执行事务合伙人承诺管理资金将恪尽职守，履行诚实、信用、谨慎、有效管理的义务，但在财产管理运用和处分过程中，仍存在法律政策风险、经营管理风险、市场风险和其他风险。您的投资既存在盈利的可能，也存在损失的风险。

执行合伙人特别风险提示：由于本投资基金的特定目的，有投资的风险，主要包括：

（1）法律、政策风险

在管理财产过程中，可能面临法律、法规及政府政策的变更，并因此导致财产损失等风险，并可能对有限合伙人造成损害。

（2）经营管理风险

由于本基金资金用于投资，所投资公司可能因公司经营管理不善，及诉讼、仲裁等原因导致利润下滑，造成有限合伙人获得利益较低或不能获得利益的风险。

（3）市场风险

由于市场情况可能发生重大变化，本基金所投资公司的经营发展可能因此产生一定的市场风险。

（4）其他风险

由于战争、地震、火灾、海啸等不可抗力的原因和其他不能预见的原因，导致基金目的不能实现或不能全部实现而造成的风险。

山东鼎诚投资管理有限公司作为执行事务合伙人郑重申明：根据《合同法》、《合伙企业法》等法律法规的有关规定，依据基金合同管理基金财产所产生的风险，由基金财产承担，即由合伙人交付的财产以及由执行事务合伙人对该财产运用后形成的财产承担。执行事务合伙人违背合同、处理事务不当使合伙人财产受到损失的，其损失部分由执行事务合伙人负责赔偿。不足赔偿时，由基金财产承担。

在签署入伙协议前，您应当仔细阅读本申明书及相关项目资料，谨慎做出是否签署入伙协议的决定。您签署了本申明书则表明您已仔细阅读本申明书及入伙协议等相关协议，并已了解合伙人运用财产可能带来的风险和可能造成的损失。

请有限合伙人按照以下文字在空格处抄写。

我已仔细阅读本协议及相关项目资料，并同意签署该协议。

合伙人：

三、承诺书

根据《山东泰安“鑫顺合·宝泰隆旅游度假区”专项资产管理计划合伙协议》相关规定及协商决议，本合伙企业的执行事务合伙人郑重承诺：对有限合伙人按照实际出资金额每6个月支付一次投资收益，该项投资收益为净收益即实际收益，并于到期退出时一次性兑付本金及剩余预期投资收益。

特此承诺！

承诺人：山东鼎诚投资管理有限公司（盖章）

日 期： 年 月 日

四、授权委托书

鉴于本人已经与山东鼎诚投资管理有限公司签订《山东泰安“鑫顺合·宝泰隆旅游度假区”专项资产管理计划合伙协议》，本人已经充分了解合伙协议的内容，并同意遵守上述合伙协议的条款。如山东泰安“鑫顺合·宝泰隆旅游度假区”专项资产管理计划办理工商登记变更事宜（包括但不限于投资人变更、注册地址变更、注册资金变更）需要本人签署文件，本人授权执行事务合伙人全权代表本人，以本人名义进行签署。

特此授权！

授权人：

年 月 日

五、有限合伙人信息登记表

（请有限合伙人务必确保填写的资料详实、正确、有效）

□自然人

有限合伙人

（请在您的选项处画√）

□法人或其他组织

个人姓名/法人名称

及法人代表名

证件类型和号码

有限合伙人及受益人

通讯地址

基本信息

邮政编码　　联系人

联系电话　　手机

传真　　电子邮箱

开户名称

基金收益分配账户　　开户银行

银行账（卡）号

基金类型　　私募投资基金

基金认购金额

基金认购期限　　12个月

出资形式　　现金出资

有限合伙人：自然人或授权代表/法人签字

名称及盖章：

法定代表人或授权代理人（签字或盖章）：

六、调查问卷

1．您对以下哪种投资理财产品最了解：

□外汇　□期货　□股票　□债券　□基金　□国债　□房地产　□其他

2．您是否有投资股票、基金、保险、外汇、商品、结构化投资产品、权证、期权、期货或银行理财产品等金融产品的经验？

□是　□否

3．您目前家庭理财方式主要有：（可多项选择）

□银行储蓄 □外汇投资 □股票投资 □债券投资 □产权投资 □基金

□黄金投资 □邮市投资 □期货投资 □信托投资 □保险投资 □房产投资

4．您以前或现在所做过的投资金额：

□5～20万 □20～50万 □50～100万 □100万以上 □其他

5．您更注意理财产品的哪些方面？（可多项选择）

□安全性 □回报率 □可变现性 □投资周期 □专业团队理财

6．您对私募基金投资概念了解程度：

□不了解 □一般 □了解 □很了解

7．您对以下哪些金融机构了解

□私募基金管理公司 □银行 □信托 □保险 □证券 □证券基金 □其他

8．您是否已经认真阅读、理解并接受本基金产品说明书的内容。

□是 □否

七、山东泰安“鑫顺合·宝泰隆旅游度假区”专项资产管理计划

1. 投资要素说明书

产品名称　山东泰安“鑫顺合·宝泰隆旅游度假区”专项资产管理计划

产品类型　有限合伙制私募投资基金（封闭型）

基金管理人　山东鼎诚投资管理有限公司

产品规模　人民币5000万元

产品存续期　12个月

托管银行　中国建设银行泰安市分行

法律顾问　山东鲁岳律师事务所

用于泰安市宝泰隆泰山地下大裂谷旅游开发有限责任公募集资金投向开发的山东泰安宝泰隆旅游度假区的后期开发建设。

最低认购额度人民币 50 万元（以 10 万元的整数倍递增）及预期年化收益

50 万≤认购金额<100 万　　11.5%

100 万≤认购金额<300 万　　12.5%

认购金额≥300 万　　13.5%

收益分配方式　半年一付利息，到期一次性返还本金及最后一期利息。

打款到账后，第三个工作日（不含打款当天）开始计息，

计息时间：如遇节假日顺延至下一工作日起息。

2. 投资项目简介

泰安市泰山宝泰隆旅游度假区位于泰安市泰山区邱家店镇，距离泰安城约 8 公里，占地面积为 128 万平方米，2009 年开工建设，总预算 15 亿元，现已投资 8.16 亿元。开发以地下漂流观光与地上休闲娱乐为主题，具有溶洞漂流、洞穴探险、休闲度假、温泉疗养、候鸟放飞、石林观展。苗木引进、驯化推广等功能，集吃、住、游、购为一体的大型综合性绿色环保休闲度假区。目前，各项建设已基本完成，已聘请国内一流的运营管理团队，与全国近 2000 家旅行社达成合作意向或签订合作协议，于 2013 年 9 月 7 日试运营。

3. 投资亮点

（1）政府重点项目。政策大力支持。

（2）位置优越。毗邻泰山，游客众多。

（3）项目定位高。为一处集地下漂、地上玩、水中游、天上飞为一体的独特旅游场所。

（4）还款来源充足。门票收入为第一还款来源，政府物价部门预计三年总收入为 181200 万元。其他营业收益作为此项目的第二还款来源，预计开业后前两年的营业额将达到 5 亿元。

（5）安全性高。管理人对项目财务及运营监控完备，各项保障措施齐全。

（6）风险低。项目抵押率低、投资稳健。

4. 风险控制

（1）泰安市重点项目，政府全力支持和保障。

（2）泰安市宝泰隆泰山地下大裂谷旅游开发有限责任公司以 12.5%股权作为质押。

（3）泰安市宝泰隆泰山地下大裂谷旅游开发有限责任公司以项目的 1 亿门票收益权作为质押，在距离还款日六个月时开始，门票收入资金纳入基金管理

公司专户，进行封闭式监管。

(4)公司法人代表秦玉宝个人为本基金提供不可撤销的无限连带责任担保。

（5）黑龙江宝泰隆房地产开发有限责任公司提供无限连带责任担保。

八、参考资料（皆有扫描件）

1. 2013年审计。
2. 抵押担保手续。
3. 发改委审批。
4. 公司章程。
5. 规划许可证。
6. 环保局审批。
7. 基本资料。
8. 价格认定书。
9. 土地审批。
10. 土地证。
11. 物价局审批。
12. 验资报告。
13. 政府审批文件。
14. 宝泰隆旅游度假区推介。
15. 合伙协议常版。
16. 合伙协议简版。
17. 尽职报告。

九、讨论题目

1. 私募股权投资基金发行的全过程描述。

2. 在合伙协议中发行人、管理者、发行托管人、有限合伙人、一般合伙人的权利和义务是什么？

3. 本项目的投资亮点是什么？

4. 本项目如何进行风险控制？

5．政府审批文件在投资项目中的作用是什么？

6．何为有限合伙人？一般合伙人？

7．一般合伙人有哪些职责？

8．有限合伙人是否参与企业经营管理？

9．投资者面临的风险由谁来控制？

10．该项目提供的抵押、担保是否确保没有投资风险？

案例说明书

一、本案例要解决的关键问题

根据我国《信托法》，如果发行基金在 1 亿元以上，可以通过信托投资公司代为发行，但是，本项目发行基金在 1 亿元以下，是 5000 万元，只要各公司工商注册合理，就可以发行。并且在此项目前期已经有在上海发行成功的例子。本项目是合法的。但是，如果项目单位将此基金挪用，即不合乎法规。如果在发行过程中，一笔投资由多个投资者共同承担，则有非法融资的嫌疑。本项目解决的关键问题，是有限合伙制的合法性，合伙协议的合法性，整个融资过程的合法性。

二、案例讨论的准备工作

1．有限合伙制的基本原理

有限合伙制是指：公司由有限合伙人和普通合伙人组成。普通合伙人出资出力，参与经营管理，对经营损失承担无限责任。有限合伙人只提供资金，不直接参与决策和经营，以出资额或承诺出资额为上限，承担有限责任。

中华人民共和国合伙企业法规定：（1）有限合伙企业由两个以上五十个以下合伙人设立；但是，法律另有规定的除外。（2）有限合伙企业至少应当有一个普通合伙人。有限合伙人可以用货币、实物、知识产权、土地使用权或者其他财产权利作价出资。（3）有限合伙人不得以劳务出资。（4）有限合伙企业由普通合伙人执行合伙事务。执行事务合伙人可以要求在合伙协议中确定执行事务的报酬及报酬提取方式。（5）有限合伙人不执行合伙事务，不得对外代表有限合伙企业。

表 1　不同形式私募股权基金的比较

组织形式	公司制	信托制	有限合伙制
出资形式	货币	货币	货币
注册资本额或认缴出资额及缴纳期限	最低实收资本不低于 1000 万元	资金一次到位	承诺出资制，无最低要求，按照约定的期限逐步到位；如需申报备案则最低少于 1 亿元
投资门槛	无特别要求	单个投资者最低投资不少于 100 万元	无强制要求；但如申报备案，则单个投资者不低于 100 万元
债务承担方式	出资者在出资范围内承担有限责任	投资者以信托资产承担责任	普通合伙人承担无限责任，有限合伙人以认缴出资额为限承担有限责任
投资人数	有限责任公司不超过 50 人，股份有限公司不超过 200 人	自然人投资者不超过 50 人，合格机构投资者数量不受限制	2 至 50 人
管理人员	股东决定	由信托公司进行管理	普通合伙人
管理模式	同股同权可以委托管理	受托人决定可以委托投资顾问提供咨询意见	普通合伙人负责决策与执行，有限合伙人不参与经营
利润分配	一般按出资比例	按信托合同	根据有限合伙协议约定
税务承担	双重征税	信托受益人不征税，受益人取得信托收益时，缴纳企业所得税或个人所得税	合伙企业不征税，合伙人分别缴纳企业所得税或个人所得税

2．有限合伙制私募股权基金的核心机制

有限合伙制私募股权基金的核心机制是为专业投资人才建立有效的激励及约束机制，提高基金的运作水平和效率，以实现投资方利益的最大化。主要内容体现在以下几个方面：

（1）关于投资范围及投资方式的限制

私募股权投资属于高风险投资方式，因此约束投资范围、投资方式以及每个项目的投资比例就显得尤为重要。但是，由于投资范围、投资方式的复杂和无法穷尽，实践中往往采用“否定性约束”的方式，以达到控制投资风险的目的。例如，约定不得对某一个项目的投资超过总认缴出资额 20%，不得进行承担无限连带责任的投资，不得为已投资的企业提供任何形式担保，以及合伙企业的银行借款不得超过总认缴出资的40%，等等。

（2）管理费及运营成本的控制

实践中，通常有两种做法：第一种，管理费包括运营成本。好处是可以有效控制运营费用支出，做到成本可控。目前，为了吸引资金，很多国内的私募股权投资资金采取了这种简便的方式。第二种，管理费单独拨付，有限合伙企业运营费用由有限合伙企业作为成本列支，不计入普通合伙人的管理费用。这是国际通行的方式，管理费的数额按照所管理资金的一定百分比，通常为0.5%~2.5%，提取方式可以按季、半年或一年提取。

（3）利益分配及激励机制

有限合伙企业的普通合伙人与有限合伙人可以就投资收益的分配方式进行灵活约定；通常而言，在预期投资收益内的部分，双方可以约定普通合伙人按照较低的比例享有收益，如超过预期收益的部分，普通合伙人可按照较高的比例享有收益，投资收益越高，普通合伙人享有的比例就越高，以作为有限合伙人对普通合伙人的奖励，由此可以促进普通合伙人积极、有效、有力地履行合伙企业事务。在国内的实践中，为了吸引到投资人，有些私募股权投资基金往往采用“优先收回投资机制”和“回拨机制”，确保在有限合伙人在收回投资之后，普通合伙人才可以享有利润分配，以保障普通合伙人与有限合伙人利益的一致性。

①关于“优先收回投资机制”

所谓“优先收回投资机制”，是指在基金期限届满，或某个投资项目进行清算时，合伙企业分配之前首先要确保有限合伙人已全部收回投资，或已达到最低的收益率。例如，可以约定如下收益分配方式：

首先，有限合伙人取回投入基金的全部投资；

其次，核算内部收益率（IRR），如内部收益率低于8%的，则全部投资回报按照出资比例分配给全体合伙人，此时普通合伙人按照出资额享有收益；

再次，如内部收益率高于8%，但低于10%的，其中低于8%的部分按照出资比例分配给全体合伙人，而超过8%以上的部分的20%先分配给普通合伙人，剩余80%部分则按照出资比例分配给全体合伙人；

最后，如内部收益率高于10%的，10%以内的收益按照前述原则进行分配，高于10%收益的部分的25%先分配给普通合伙人，其余75%部分再按照出资比例分配给全体合伙人。

②关于“回拨机制”

所谓“回拨机制”，是指普通合伙人在已收到的管理费，以及所投资的项目退出后分配的利润中，拿出一定比例的资金存入特定账户，在基金或某些投资项目亏损或达不到最低收益时，用于弥补亏损或补足收益的机制。例如，某有限合伙私募股权基金约定，普通合伙人应留存收益的 40%，在基金亏损或未能达到 8%的最低收益时，用于弥补亏损或补足收益。

综上所述，我们可以看出，无论是“优先回收投资机制”或是“回拨机制”均反映了国内普通合伙人在募集资金方面的困境，为吸引资金，在利益分配方面所作出的妥协与让步。

（4）有限合伙人入伙、退伙方式及转让出资额的限制

在有限合伙私募股权基金成立后，仍可以允许新的有限合伙人入伙；通常而言，有限合伙人的入伙由普通合伙人决定，但也会设定一些限定条件，例如，限定新有限合伙人应属于合格机构投资者及相应的资金要求等。此外，还需要明确新入伙的有限合伙人的权益计算方式，或者对原合伙人的补偿方案。关于有限合伙人的退伙，实践中，合伙协议均要求有限合伙人保证在合伙企业存续期间内不得退伙。

为保证有限合伙制私募股权基金的稳定性，通常对有限合伙人转让合伙企业的出资进行一定的约束。有限合伙人转让合伙企业的出资可以分为自行转让和委托转让两种形式。“自行转让”是指有限合伙人自行寻找受让方，由普通合伙人审核并协助办理过户的方式。“委托转让”是指有限合伙人委托普通合伙人寻找受让方，由普通合伙人协助办理过户的方式。一般情况下，有限合伙人转让出资，普通合伙人均要求支付一定的手续费，而且根据转让形式的不同，手续费的费率也不同；自行转让的手续费费率较低，如可为所转让出资额的 1%，委托转让的费率较高，如可为所转让出资额的 5%；通过收取一定转让手续费，可以控制有限合伙人频繁转让对合伙企业的出资影响。所收取的手续费可以作为合伙企业的收入，如普通合伙人提供居间服务的，还可以提取一定比例的居间报酬。

（5）对普通合伙人的约束

在有限合伙制私募股权基金中，由普通合伙人执行合伙事务，有限合伙人不参与有限合伙企业的运作，因此需要防范普通合伙人侵害合伙企业的利益。除本文已表述的约束机制外，对于普通合伙人还存在以下的约束措施：

①关联交易的限制。有限合伙企业协议均禁止普通合伙人从事关联交易，以及自营及与他人合作经营与本合伙企业相竞争的业务，除非得到全体合伙人大会的批准。但允许有限合伙人同本合伙企业进行交易。

②新基金募集的限制。为保证普通合伙人有足够的注意力执行合伙企业的业务，私募股权投资基金一般限制普通合伙人再次募集基金的速度。

③跟随基金共同投资的限制。为了防止普通合伙人基于自身利益，不能客观地进行项目投资或退出，私募股权基金均限制普通合伙人跟随基金进行投资，或者限制跟随基金退出。

④关于基金运作情况及财务状况的定期汇报制度。对题述事项，私募股权基金均要求执行合伙事务的普通合伙人定期向有限合伙人进行报告，有限合伙人有权查阅及复印有限合伙企业的会计账簿等财务资料，有权得到投资项目的估值报告等。

（6）次级合伙人首先承担亏损机制

为了满足风险厌恶型投资者的偏好，有些私募股权的基金在亏损分担上，约定由普通合伙人或者具有关联关系的有限合伙人作为次级合伙人，并以其对合伙企业认缴的出资额先承担亏损。例如：其风险承担方式如下：

首先，以次级合伙人以对合伙企业认缴的出资额承担亏损；

其次，如次级合伙人的出资额不足以承担亏损的，再由其他合伙人按照出资份额分担。

（7）委托管理机制

有限合伙制私募股权基金的合伙事务一般由普通合伙人执行，但普通合伙人也可以将合伙事务委托第三方机构执行。目前，由于我国对于外资参与设立合伙企业尚未放开，同时囿于资本项目外汇管制的限制，造成外资直接作为普通合伙人设立私募股权基金存在一定的障碍。因此，由外资参与设立基金管理公司，并通过垄断贸易安排获得普通合伙人的利润，即成为一种变通的解决方案。

普通合伙人将合伙事务委托第三方机构执行，应当遵照《合同法》关于委托合同的相关规定。但在《合同法》环境下，委托管理机制存在以下不足之处：

其一，委托关系可随时解除，法律关系不稳定。但是，如单方解除委托合同，给另一方造成损失的，应当赔偿损失。

其二，只有在基金管理公司存在过错的情况下，才承担投资失败的法律责任，这与普通合伙人承担无限责任相比，责任较轻，约束不够。

三、案例分析要点

1. 有限合伙制、信托制、公司制各自的特点是什么？并进行比较分析？

2. 有限合伙制有哪些优点？

3. 什么是“回拨机制”？

4. 对有限合伙人入伙、退伙方式及转让出资额的限制有哪些？

5. 对普通合伙人的约束有哪些？

6. 为什么有限合伙制更适应私募股权基金？

四、教学组织方式

1. 问题清单及提问顺序，资料发放顺序

本案例讨论题目依次为：

（1）该基金发行的完整过程是何种程序？

（2）该基金发行涉及多少当事人？

（3）该项目的特点是什么？

（4）在该项目基金发行过程中存在哪些问题？

（5）该项目风险控制手段是否完善？如果你是投资者该如何看？

2. 课时分配

（1）课后自行阅读资料：约 3 小时。

（2）小组讨论并提交分析报告提纲：约 3 小时。

（3）课堂小组代表发言，进一步讨论，约 3 小时。

（4）课堂讨论总结：约 1 小时。

3. 教学形式

本案例可以采取小组形式进行讨论。

4. 课堂讨论总结

课堂讨论总结的关键点是：归纳发言者的主要观点；重申其亮点；提醒大家对焦点问题或有争议观点进行进一步思考；建议大家对案例素材进行扩展研究和深入分析。

华为公司人力资源的培育与管理

周苹

民营企业华为公司是我国在电讯领域的跨国公司，是世界500强之一，有中、外员工15万人。人力资源是华为公司走向世界，获取成功的第一宝贵财富。为了强化产品开发与技术人员的协调配置，华为移植了国际管理方式，却遭到失败。华为聘请国际专业公司为华为量身定制了集成产品开发流程，才使问题得到解决。员工的自身经济利益则按照股权激励制度和认知资格体系得到保障。公司企业文化奉行“以客户为中心，以奋斗者为本”，将公司生存与员工发展凝聚在一起。培训、使用、重用先进，辞退懈怠者等一系列管理措施保障了华为保持高素质员工队伍的要求。

2000年1月，华为公司总裁任正非在“集体辞职”4周年纪念讲话中，对1996 年发生的那一事件给予了高度的评价：“市场部集体大辞职，对构建公司今天和未来的影响是极其深刻和远大的。任何一个民族，任何一个组织只要没有新陈代谢，生命就会停止。如果我们顾全每位功臣的历史，那么就会葬送公司的前途。如果没有市场部集体大辞职所带来对华为公司文化的影响，任何先进的管理，先进的体系在华为都无法生根。”任总裁此番一席话，表达着他经常思考和致力于变革的一个问题：华为的目标是成为世界通信行业的领先企业。华为的员工如何才能快速成长为有创新才能、敢打会拼的优秀的队伍呢？

1996年，华为发动了一场干部任职观念的变革：市场部所有中层以上干部一律辞职，重新竞聘任职。能者上，懈怠者下。由此开始了持续的人力资源科学化管理序幕。

一、公司简介

华为技术有限公司（以下简称华为，或华为公司）是一家生产销售通讯设备的民营通讯科技公司，于1987年在中国深圳正式注册成立。华为的产品主要涉及通信网络中的交换网络、传输网络、无线及有线固定接入网络和数据通信网络及无线终端产品，为世界各地通讯运营商及专业网络拥有者提供硬件设备、软件、服务和解决方案。

公司创立人：任正非。华为公司现任总裁：任正非；董事长：孙亚芳。

（一）华为在世界电讯领域的地位

华为是一个全球化经营的世界知名电讯企业。华为的产品和解决方案已经应用于全球150多个国家，全球排名前50名的电讯运营商中，已有45家使用华为的产品和服务。受众规模为全球1/3的人口。国际市场已成为其销售的主要领域。2013年在《财富》世界500强中，华为公司排行全球第315位，与上年相比上升三十六位。

2013年底该公司共拥有来自156个国家和地区的15万名员工，其中，研发和技术人员占总员工人数的45.36%。员工中，有近3万人为外籍员工。海外员工本地化比例达到73%。

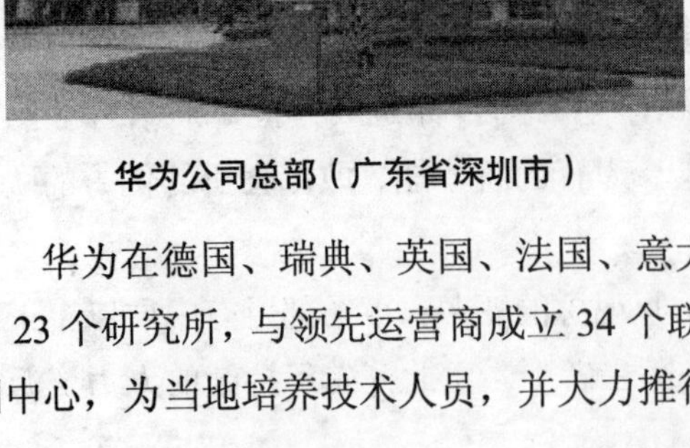

华为公司总部（广东省深圳市）

华为品牌标识

华为在德国、瑞典、英国、法国、意大利、俄罗斯、印度及中国等地设立了23个研究所，与领先运营商成立34个联合创新中心，在全球设立了36个培训中心，为当地培养技术人员，并大力推行员工的本地化。以领先技术转化为客户的竞争优势，获取商业成功。

（二）华为公司历史追溯

比起国际著名的通信行业的大企业，1987 年注册成立的华为公司绝对是一个年轻的企业。华为的发展可分为三个阶段：

阶段一：1987 年～1997 年

成立之初，华为是一家有 6 名员工，2.1 万元资产的民营企业，是一家生产用户交换机（PBX）的香港公司的销售代理。1989 年开始自主研发 PBX，在此后的 5 年内将研发的 PBX 用于酒店、小企业和农村数字交换系统。1995 年销售额达 15 亿人民币，主要来自中国农村市场。随后，华为成立了知识产权部，成立北京研发中心，与若干个国际著名的电讯跨国公司成立了联合研发实验室。

1997 年以来，华为陆续聘请了 IBM，Towers Perrin，The Hay Group 等多个跨国公司作为华为在流程变革、员工股权计划、人力资源管理、财务管理和质量控制方面的顾问，以使华为可以随时了解行业的最新动态。

阶段二：1998 年～2006 年

1998 年，产品数字微蜂窝服务器控制交换机获得了专利。1999 年成为中国移动全国 CAMEL Phase II 智能网的主要供应商，该网络是当时世界上最大和最先进的智能网络。2000 年合同销售额超过 26.5 亿美元，其中海外销售额超过 1 亿美元。2002 年公司海外销售额 5.52 亿美元。华为通过了 UL 的 TL9000 质量管理系统认证。为中国移动部署世界上第一个移动模式 WLAN。

2003 年至 2005 年，在世界各地部署了 1 亿个 C&C08 端口，创造了行业国际记录。与国际数个知名通讯巨头分别成立合资企业，专注于企业数据网络解决方案的研究和生产企业数据网络设备，移动通信技术研究与制造；赢得我国国家骨干网优化合同，成为英国电信等来自多个国家的电讯公司网络和通信设备的供应商。至 2005 年年底，华为共有 10 所国际联合研发实验室，为海啸受灾国提供了 500 万美元现金和设备的捐赠。

2006 年华为移动软交换用户数突破一亿户，移动软交换出货量居全球第一。在美国、日本和西班牙承建无线接入网络和 3G 网络。

阶段三：2007 年以来

在 2007 年底成为欧洲所有顶级运营商的合作伙伴。2008 年提交了 1737 项国际专利申请，名列当年全球《专利合作条约》申请量榜首。2008 年和 2009 年被商业周刊评为全球十大最有影响力的公司。2009 年，无线接入市场份额位于全球第二。2010 年，华为成为仅次于爱立信的世界第二大通信设备制造商；在英国成立安全认证中心；与中国工业和信息化部签署节能自愿协议；加入联合国世界宽带委员会。同年，华为首次进入美国《财富》杂志世界 500 强企业，成为继联想集团之后，闯入世界 500 强的第二家中国民营科技企业，也是 500 强中唯一一家未上市公司。

四川省汶川大地震发生后，华为公司及员工向灾区捐款现金 2630 万元和价值 5800 万元的应急通信设备。

2011 年，华为入选首批“国家技术创新示范企业”。2012 年，华为成为国内第一家推出自主研发手机移动中央处理器的手机厂商。从此，打破了国际通讯大公司对手机 CPU 的垄断。2013 年，推出了新一代视频会议产品，以及当年全球最薄智能手机（Ascend P6，厚度 6.18mm）。

二、研发团队的形成与管理

华为，“她的崛起，是外国公司的灾难”。这是英国一份经济周刊对华为集团的评价。国际同行巨头企业对华为集团的在技术领域里不断创新、贴近客户服务的能力既佩服又头痛——“一个来自中国的强有力的竞争对手！”一位国际通讯公司的高级经理不得不服地感叹道。

华为的国际竞争力来自哪里？来自于“华为人”的拼搏精神、技术能力和为客户服务的宗旨。《华为基本法》写明：华为的可持续成长，从根本上靠的是组织建设和文化建设。因此，人力资源管理的基本目的，是建立一支宏大的高素质、高境界和高度团结的队伍，以及创造一种自我激励、自我约束和促进优秀人才脱颖而出的机制，为公司的快速成长和高效运作提供保障。

成就出这样的队伍始终是总裁任正非和董事长孙亚芳紧抓落实的一项重要工作。

（一）应该移植先进经验吗

1996 年，华为员工已经发展到近万人。市场对产品开发的水平要求越来越高，华为遇到了人力资源有效管理问题：从创立之日起，华为一直奉行：“敏锐、争强、团队合作、奋不顾身”的企业精神。任正非总裁采取了军事化管理的方式管理下属：为抢占市场，从事强度劳动、严格纪律、无情淘汰不胜任员工。在 20 世纪 90 年代中期前，华为这样管理员工队伍是有成效的。但是随着国内市场逐渐饱和，华为开始向国际化发展。战略管理和项目管理之间运行失衡。一位老员工说：“当时就是乱。生意好得不得了。订单像雪片一样飞来。产品经理对客户需求满口答应，最后研发部门却没办法按时完成。生产部门发错货更是家常便饭。”

任正非思考着：国外先进企业是如何管理的？为什么不将他们行之有效的管理方式引入华为呢？他看准了杰克·韦尔奇的“六西格玛”管理模式[①]。1997年，将它引入到华为。但是经过一段时间的实施，未能达到预期的效果。为什么在国外是成功经验，到华为却难以产生良好的效果呢？任正非和高层管理人员进行反思发现，“六西格玛”更适合高端制造业的大批量产品的质量控制，对于定制化、技术极为复杂的大型通信系统产品类，并不适用。

至此，乱象仍在。怎样才能有效地提高“大军团”作战的绩效呢？掌舵人任总裁还在殚精竭虑地思考良策。

（二）研发团队的“技术创新”机制的建立

“技术创新”的诀窍何在，怎样掌握新产品开发的规律？这是总裁任正非和研发部门在长期践行中，力图攻破的一道难题。任总裁引导公司上下，要具备持续高效的研发能力，就必须建立一套先进的、规范的技术创新管理机制，通过这套机制形成具有凝聚力的研发团队来保障产品开发源源不断地取得成功。

20世纪90年代，技术强大的IBM也存在华为所遇到的缺乏系统性科学性管理的问题。IBM的CEO郭士纳上任后引入集成产品开发（Integrated product development，以下简称IPD[②]）的管理模式，成功地推动了IBM技术向市场转化的商业路径，使企业各个环节形成一个有机的整体。

IBM的成功变革，让任正非看到未来华为业务流程管理变革的出路。1997年，华为开始“照着葫芦画瓢”，为自己设计IPD。任正非坚持以“先僵化、再固化、再优化”的路子推行实施。但是由于公司自己设计的IPD方案缺陷较多，流程在业务运行中难以奏效。

基层部门认为IPD太难实施了。华为的产品线宽，系统复杂，技术含量高，

---

①“六西格玛”（6σ）管理模式：σ，是希腊文的字母，在统计学中称为标准差，用来表示数据的分散程度。摩托罗拉公司的比尔·史密斯于1986年提出“六西格玛”概念，用于提升产品品质。如果企业不断追求产品质量提升，达到6σ，即每一百万个机会里，只有3.4个瑕疵，则质量接近完美。在通用公司实践的基础上，杰克·韦尔奇于20世纪90年代将“六西格玛”品质管理发展成为提高企业业绩与竞争力的管理模式。

② 集成产品开发（IDP）是关于产品开发（从产品概念产生到产品发布的全过程）的一种理念和方法。它强调以市场和客户需求作为产品开发的驱动力。在产品设计中，就构建产品的质量、成本、可制造型和可服务性等方面的优势。由于IDP是将产品开发作为一项投资进行管理。所以在开发的每一个阶段，都从商业的角度而不是从技术的角度进行评估，以确保产品投资回报的实现或尽可能地减少投资失败造成的损失。

不少人对 IPD 的流程改进和落实缺乏信心，也不用心执行。但是任正非态度坚决：IBM 运用这一模式使产品缩短上市时间，降低费用，提高质量，盈利能力提升。为了企业未来的生存和发展，华为也必须实施 IPD！为了尽快建立符合华为情况的 IPD，任正非决定：聘请 IBM 的流程设计专家为华为量身定制 IPD。

1998 年这项工作开始了。华为曾经实施了自己设计的 IPD，结果失败了，所以不少员工并不热心学习 IPD 流程。当 IBM 的流程专家为员工进行 IPD 概念导入培训时，一些人在下面睡觉，一部分领导干部也经常借故迟到或早退。有些人质疑 IPD 流程是否适合华为，有的人竟然直接告诉专家，我们的流程比 IBM 的还要先进。

针对员工的情况，流程设计家们将华为 IPD 项目分为三个阶段：关注、设计和推行。在关注阶段，对相关部门和人员进行反复的培训、展开研讨和沟通，使他们真正理解 IPD 的思想和方法；设计阶段的主要工作是流程方案设计和实验，选择三个项目为试点。在试点成功的基础上，在 50%的项目中推广，然后扩大到 80%，最后在全部项目中实行。

IPD 转变了华为人的企业发展路径：从技术驱动型转变为市场驱动型。在 IPD 的流程中，以项目为单位形成技术开发团队，由不同的部门的人组成，从市场到财务，从研发到服务支持，目标只有一个：满足市场需求并快速盈利。

技术研发团队的运作流程是：市场营销部从市场获得信息——营销工程部系统工程师对需求进行分解分配——需求分析进入相应产品部门并形成方案——进入投资决策委员会（IPD 的最高管理层）审核部门和集成组合管理团队——立项、确定目标值——返回开发部。

IPD 的理念已经转化为华为人的自觉行动。“IPD 强调的是产品开发第一天所有的人都要参与进来，产品上市后，就要注意对它的市场维护，技术人员随时配备。让市场成为技术的导向。”一位研发人员说。

为寻求开发技术的规律并建立技术创新机制，华为公司耗时 5 年，花费 10 亿元，终于获得成功。

三、对员工的业绩评估与激励制度

具有产品高度开发特色的机制形成后，团队成员的综合素质的提升问题，又摆在任正非和人力资源部门的面前。人才是支撑企业发展，获得核心竞争力的关键因素。任正非说："华为唯一可以依靠的是人，认真负责和管理有效的员工是华为最大的财富，员工在企业成长中处于重要的主动位置。"为此，任正非坚持人力资源资本的增值一定要大于财务资本的增值。工资水平与在华跨国公司相当，业绩优秀的员工奖金高于工资，工作三年以上的员工有资格认购股权，获得股权分红，为所有员工提供在职进修、培训等，为员工智力"资本"增值。在精神层面上以企业文化和相应的措施褒奖员工。华为人看重对员工在物质和精神双重层面的激励和回报。

（一）股权激励制度

华为员工的薪水包括工资、奖金、股权或期权，以及福利共四个部分。工资分配实行基于能力的职能工资制；越是艰苦的边远的地区，工资越高。奖金的分配与部门和个人的绩效改进挂钩；医疗保险按贡献大小，对高级管理和资深专业人员与一般员工实行差别待遇，高级管理和资深专业人员除享受医疗保险外，还享受医疗保健等健康待遇；安全退休金等福利分配，依据工作态度的考评结果而定。

任正非认为，华为人需要的是兼备企业家与职业化管理的新型企业文化。它应既有长久的激励功效，又要对工作懈怠者有促进转变的作用。2002 年下半年，华为召开了全公司中高层参加的人力资源大会，专门研究解决当时包括干部在内的部分员工存在的不思进取的问题。在会上，任正非发表了题为"我们必须用内心之火、精神之光点燃部属的必胜信念"的讲话。要求中、高层干部从自身做起，带领员工重新焕发往日的激情，一起挺过最艰苦的几年。2003 年，华为又在薪酬制度方面做出了一项重要决定，以贷款方式，再次给予 80%以上员工大量的公司股票认购权，将员工利益与公司利益更加紧密地捆绑在了一起。

10 年过去了。2012 年华为员工发展到 15 万人。薪酬制度要更加符合建设有能力、有激情、有绩效的组织的要求。2012 年做出了一项改革：员工奖金和薪酬由自上而下的"授予制"，变为自下而上的"获取制"，不再是平均分配，体现"多劳多得"的导向。

（二）任职资格体系

在华为，年轻人多、高学历人多，业务上积极进取。员工渴望自己的职业发展能得到企业的认可，也期待着有晋升的考核标准、有努力进取的具体目标。然而，在 1996 年以前，华为在岗位考核和晋升的评定标准上还是空白。

这项工作对最大可能地发挥和稳定员工队伍，防止人员的流失、工作的懈息等有直接的关系。华为员工人数庞大，岗位众多。仅秘书就有500位。工作一段时间后，他们中一些人认为，自己工作内容主要是一些文件收发、资料录入等琐碎的工作，不再安心本岗工作了。

1998年，时任华为副总裁的张建国赴欧洲考察，了解当地企业对员工资格管理的经验。在考察中他发现，英国NVQ企业行政管理资格认证的方式很适合解决华为的岗位任职标准问题。华为就将秘书岗位作为试点，开始了对文秘人员实行英国NVQ企业行政管理资格的认证工作。

刚开始时，不少文秘对考评认证工作比较消极，觉得认证标准的内容很简单，都是一些平常的工作指标，对自己的能力提高没有什么作用。有的人还误认为考评员和自己过不去。但是随着认证考核工作的深入，秘书们开始转变了认识。按秘书王欣的话说，“参加几个单元的考核后，觉得好像有一个素质全面的优秀秘书指引着自己工作一样。按照标准对照自己工作，才发现自己存在的不足。当达到标准时，自己就挺开心的。考评员是帮助自己达标。”

一年后，通过普考阶段参评文秘有300多人，一级考评的文秘有180人。按照任职标准工作，华为秘书的职业能力相当于别的单位两到三个秘书的工作效率。考评优秀的人可以获得晋升。根据公司的双重职业发展原则，企业按工作需要调整员工的岗位，员工可以为自己设计业务发展目标。例如，王欣为自己设计的发展目标是人力资源经理。

之后，在文秘岗位的试点经验的基础上，人力资源部开始设定其他岗位资格认定标准，并逐步在全公司内部实行。

每隔两年，华为要进行一次资格认证。公司根据认证结果决定员工继续留任、晋升，还是降级使用。

（三）华为公司的企业文化

企业文化代表企业在精神层面的追求，精神可能变为物质。华为以企业文化的力量支配着全体员工的工作作风，面向全球市场，为客户服务，勇于开拓未来。

华为2012年总结“以客户为中心，以奋斗者为本”的企业文化。它传承了华为人长期奉行的许多优秀品质。其具体内容如下：

1. 成就客户：为客户服务是华为存在的唯一理由，客户需求是华为发展的原动力。

2. 艰苦奋斗：华为没有任何稀缺的资源可依赖，唯有艰苦奋斗才能赢得客户的尊重和信赖。坚持奋斗者为本，使奋斗者获得合理的回报。

3．自我批判：只有坚持自我批判，才能倾听、扬弃和持续超越，才能更容易尊重他人和与他人合作，实现客户、公司、团队和个人的共同发展。

4．开放进取：积极进取，勇于开拓，坚持开放与创新。

5．至诚守信：诚信是华为最重要的无形资产，华为坚持以诚信赢得客户。

6．团队合作：胜则举杯相庆，败则拼死相救。

每一条理念，都与具体的标准相联系。以“团队合作”为例，个人的绩效与团队绩效和公司绩效联系在一起考核，形成对个人的分配制度。同时考核团队在公司所做的贡献。

团队合作强调工作效率。在研发解决方案上，国外同行需要三个月才能完成的项目，华为团队往往一个月搞定，价格还比同行的要低。原因很简单：一是靠连续作战，拼抢市场；二是靠 IPD 流程对成本的控制系统。

从一件小事上看华为员工的整体素质。华为有一条纪律：公司在开会的时候，关掉手机。有一次，在一个体育馆召开 6000 人的大会，开会的时候，没有出现一次手机响，散会的时候，全场干干净净，连一片纸屑都没有。

华为的国际化进程，不能不提到亚洲和非洲地区的市场开拓。在非洲，华为的青年工程师们凭借企业文化的教育，以其高度的忍耐力抗衡艰苦环境；在亚洲，他们又以“本地化”的贴身服务化解了文化差异劣势，终于赢取了竞争对手的市场份额。

（四）荣誉部

这样的企业文化怎样促成持续不断的贯彻落实，并成为所有员工的自觉行为，是开发和爱护员工心智发展和精神风貌方面的又一项工作。为了将这项有关“心灵”的升华的“工程”落到实处，取得实效，华为人力资源部创新设立了一个新部门——“荣誉部”。它专门做两件事情：（1）经常发荣誉奖。每个业务领域都可以申报。获奖者或团体获得一张奖状，200 元钱。张强获奖后说，“得到奖励后，自己特别高兴。在工作上对自己提出更高的要求，也更有自信了。”小小奖状是对获奖人的成绩肯定，还赢得同事们的赞许的目光。（2）先进典型事件报道。任正非在一篇讲话中说：“什么是华为的英雄，是谁推动了华为的前进？不是一两个企业家创造了历史，而是 70%以上的优秀员工，互动着推动了华为的前进，他们就是真正的英雄……英雄就在我们的身边，天天和我们相处，他身上就有一点值得您学习。”典型报道对象往往是普通的员工。

四、知识型员工队伍的打造

企业发展需要有源源不断的新生力量的加入，而且要把所有的员工凝聚成具有共同价值观、有强大业务创新能力和强烈责任心的团队，因此必须用科学的管理制度对员工进行再造。

华为吸引人才、留住人才的主要措施是：对人才要“争抢”——培训——使用及竞争——高端培育——承担重任；对未来的人才的吸纳和储备要“挖渠”在先。

（一）争抢人才

华为每年都会推出人才招聘计划，在大城市重要媒体做招聘广告，招募数以千计的应届毕业生和社会英才。举办校园招聘专场，其最基本的条件是要专业对口。华为主要招聘的职位有研发、市场、管理、外语、法律、财务六大类，只要有能力，硕博研究生、本科生不限。新员工薪金与在华的著名跨国公司的水平相当，还有奖金以及工作一定年限后的股权认购。提供在职培训，也是应聘者们特别看重的一个择业条件。这个信息领域里的快速发展的本国民营企业吸引着大批学子的加入。

（二）华为大学培训

如何使进入华为的校园学子转化为真正符合华为在国际通讯领域的开拓型人才呢？华为主要使用两种办法：一是导师制。新员工成为正式员工的三个月里，为每人配备一名老员工作为其导师。导师要帮助新员工完成相应的工作，这是考评导师工作的一项内容。二是培训制度。华为学习国际著名跨国公司培养员工的方式，在 2005 年成立了华为大学，为员工及客户提供培训课程。对新员工培训包括企业文化、产品知识、营销技巧以及产品开发标准等多个方面。针对不同的岗位和工作性质，新员工经过一个月到六个月的培训后，方可上岗。

华为在国外的合资企业的招聘流程与在国内招聘是相似的。同样实行导师制和严格的岗前培训，严格执行信息安全保密制度。华为在人力资源管理上标准相同，但在文化差异上，尊重本地员工的需要。中外员工之间工作关系比较融洽。华为在海外的企业重要的管理岗位和高层管理人员，则由公司总部从国内直接委派。这是总裁任正非制定的华为全球化战略得到执行的根本条件。

建立华为大学以及在国内外各个公司和基地成立数十个培训中心，仅培训中心硬件投资就达 10 亿元。先后聘请了三家国际优秀的人力资源管理咨询公司。在华为公司的《基本法》中明确规定："人力资本增值的目标优先于财务资本增值的目标"。人力资本才是创造财务资本的源泉和动力。华为在盈利不佳的时候，也坚持这一对人力资源投资的原则。

（三）人才使用和"归零"竞聘

在任何有人群的地方，都存在着优秀和落后的人，华为也不例外。华为的用人原则是：重用先进员工，不迁就落后者。从 2003 年开始，华为对总监级以上的干部进行"换血"，将一批 2000 年左右进入华为的新生力量提拔到中高层岗位。辞退少数丧失斗志、整日碌碌无为的"沉淀阶层"。2007 年的华为万人大辞职运动，要一切"归零"。能者上、庸者下。每人需根据自身能力和意愿申请竞聘岗位，通过任职资格体系的考核，由公司选聘上岗。这是由任正非在我国《劳动合同法》法律框架下探寻新的双向激励模式：一方面"不让雷锋吃亏"，另一方面"末位淘汰永无止境"。

"知识经济时代是知识雇用资本，知识产权和技术诀窍的价值和支配力超过了资本，资本只有依附于知识，才能保值和增值"，这是总裁任正非的理论。他认为，青年学生好学、有热情、不保守，接受新事物快；可是他们有个最大弊病是理想太大，这往往阻碍他们脚踏实地地从基础工作做起。因此，任正非制定了一项铁律：反对空洞理想，做好本职工作，没有基层经验不提拔。任正非说到做到，刚毕业的学生，进入华为后学历便自动消失，凭个人的实践去获取机会，这样的人才升级制度也被称作"博士当工人"："让他们真正理解什么叫商品，从对科研成果负责转变为对产品负责。"当过工人的博士仍然有机会获得与学历匹配的职位，但首先得通过任职资格评定。

（四）高端培育、委以重任

在高科技领域里，知识更新非常迅速，稍一放松，就会落后。华为深知再学习的重要，他们在人才培养上不惜投入大量资金，以保证长远发展。公司不断地成批派出优秀人才到美国、欧洲和日本等国去考察、学习。回国后，担任项目团队的领导者。

（五）建"渠"引"水"

公司坚持向中国科技大学、华中理工大学、北京邮电大学等 10 多所著名大学提供奖教金、贷学金或特殊津贴，给优秀毕业生的推荐者以伯乐奖；每年为

100 名全国各高校优秀大学生举办科技夏令营，为他们提供从事实际科研工作，接触生产实践的条件和机会。公司早在 1999 年就出资 3000 万元在上述院校设立教育和研究基金，还加大了对重点学科研究的资助。华为公司及其产品品牌的人气很高。这些院校的应届毕业生以进入华为为荣。与相关高校建立助学和研发关系，成为华为能够长期地引入所需人才的通道。

（六）吸纳"外脑"，壮大科研队伍，抢占技术高地

华为进行产品与解决方案的研究开发人员有 70000 多名（占公司总人数 45%），并在德国、瑞典、美国、法国、意大利、俄罗斯、印度及中国等地设立了 16 个研究所。每个研发中心的研究侧重点及方向不同，采用国际化的全球同步研发体系，聚集来自多个国家的技术、经验和人才来进行产品研究开发，使产品一上市，技术就与全球同步。

外籍员工的大量加入，特别是高素质外籍员工的加入，是华为拓展欧洲市场的另一个秘密武器。荷兰代表处无线业务高级商务经理 Johan Vorgers 先生就是这样一位外籍员工。他原先是瑞典某电信设备公司的资深技术专家。谈及来华为工作的原因，Johan 说："华为是一家非常优秀的大公司，在欧洲地区的业务正在高速发展。能够为这样优秀的公司服务，我感到很荣幸。"

华为还在全球设立了 36 个培训中心，为当地培养技术人员，员工的本地化程度在 2013 年时已经达到 73%。当地的一些民众就是从他们在华为工作的亲朋好友处了解华为品牌和产品、购买华为产品。在全球范围内实行的本地化经营，完成和提供适应当地人审美、思维、工作习惯的技术设计和产品解决方案，赢得客户。华为持续以客户需求为创新研究的指向。长期坚持不少于销售收入 10%的研发投入，并坚持将研发投入的 10%用于预研，对新技术、新领域进行持续不断地研究和跟踪。

华为的员工中，研发和技术人员占 45%，市场营销和服务人员占 33%，管理及其他人员占 9%，其余的是生产人员。企业创建以来，华为基本保持这样的比例。人力资源的配置呈"研发和市场两边高"的"微笑曲线"。

管理学大师彼得·德鲁克指出："21 世纪最重要的管理将是对知识员工的管理。"华为公司紧紧抓住了对知识员工的人才培养、使用和合理的配置。大批英才的智慧和技术创新使华为在国际竞争中持续地走在国际电讯领域的前列。

五、决策方式

（一）顶层管理者的个人决断难以为继

按照任正非的说法，华为历史上一系列的战略决策基本上号准了市场发展的脉搏，因此才能一路走到今天。但与其说这是华为的战略，还不如说是任正非一个人的战略。华为的历史其实就是任正非的创业史，华为的任何一次重大决策都是任正非亲自参与并决定的，这在华为的早期历史中表现得更为明显。

2001年冬天的一个下午，华为坂田基地的一间会议室里聚集了杨汉超、徐直军、徐文伟等公司高级副总裁，大家在一起对华为未来5年的销售收入进行预测。对于数据产品的未来市场，大多数人认为前景依然不乐观。就在大家还在为此争论时，徐文伟突然接到一个电话，他非常恭敬地听完后说，我们还是把预测数据再调高2亿元吧。看到大家还是不同意，他便略显无奈地说道："就这样吧，这是老板定的。"

毋庸置疑，任正非具有非凡的战略眼光。许多华为高层都认为，他们经常会认为老板的一些决策是错误的，但是后来的事实都能证明，实际上恰恰是自己对企业发展的理解不够。长此以往，高层都形成了一个基本惯性——听老板的话没错，他们需要做的只是坚定不移地执行。

进入21世纪后，电讯数码产品市场变化莫测。按以往的经验预测，不灵了。2001年初，任正非认为中国电信市场会出现"井喷"式发展，当时他给光网络部门下达了160亿元的销售目标。但是，几个月过去后，大家期盼的"井喷"并没有出现。这时，任正非告诉大家，虽然没有"井喷"，但还是会出现"浪涌"，他将光网络产品的销售目标调整为120亿元。而实际上，当年的光网络市场持续低迷，几个月之后，公司又再次将销售目标下调到60亿元。

类似的情况还有很多。随着公司规模的不断扩大，特别是华为国际化步伐的加快，任正非纵有天大的本领也难以完全把握环境与市场的变化。

由于长期习惯于被动执行，华为高层领导普遍缺乏战略思考能力，这就出现了一个恶性循环：由于下属无法做出良好的决策，任正非就需要不断地做出各种决策，而什么事情都需要自己亲自决策的他也就陷入了事务的汪洋大海，无法留出更多的时间思考各种战略问题。华为从国外大公司招聘来的一位高管就曾评价说，任正非不知道要比国外的CEO辛苦多少倍。

一个人的决策机制造成的另一个问题，就是华为的战略决策缺乏透明度。不论是推行集成产品开发的 IBM 顾问，还是做供应商认证的英国电信（BT）专家都不约而同地指出，华为内部缺乏自上而下和自下而上的双向沟通交流机制，上司的意图，经过几层传递后就会完全走样。

任正非开始着手改变这个局面。他的第一个举措是任命洪天峰为公司的 COO[①]，具体负责公司的日常业务，而他自己则可以有更多的时间用来思考华为的未来，以及华为的国际市场等重大问题。

任总裁观点明确：华为不走家族企业发展道路，不会一个人决定公司命运。从 2003 年开始，华为公司开始尝试建立集体决策的机制。

任正非总裁和公司高层管理班子经过反复酝酿确定了，遵循民主决策，权威管理的原则。建立了公司高层管理委员会。委员会成员由各部门首长和资深专家组成。公司重大事项需经高层管理委员会充分讨论后决定。决策的原则是，从贤不从众。让不同意见存在和发表，一经形成决议，就要实行权威管理。

各部门的日常管理，由部门首长决策，应遵循部门首长办公会确定的原则，对决策后果承担个人责任。各级首长办公会的讨论结果，以会议纪要的方式向上级呈报。报告上必须有三分之二以上的正式成员签名，报告中要特别注明讨论过程中的不同意见。

公司总裁有最后的决策权，在行使这项权力时，要充分听取意见。

华为高层决策完成了从总裁个人拍板决定到按照“民主决策，权威管理”方式的转变。经过委员会民主讨论、分析论证后，做出的决定提高了决策的正确性和透明度，降低了决策失误的风险。

（二）基层内部的竞争决策机制

华为公司旗下的无线网络部有“红军”与“蓝军”之间的竞争决策机制。这种对垒主要是在研发新产品线时，相关团队之间对不同的方案进行讨论、提出质疑、甚至“争吵”。按照无线网络部朱浩冰的话说，“我们的新项目涉及了多个产品、平台，为什么这个性能由产品来做，而不是平台；为什么要选用这个方案，而不是另外一个？在‘吵架’的过程中，把目标、计划、方法、执行都讨论清楚，顶着压力和挑战，最终完成了似乎是不可能完成的任务。”这就叫“团结奋斗，敢于‘吵架’。任正非希望通过这种红蓝军的 PK，塑造出华为的集成团队之间在技术和智慧竞争上形成持续创新的决策机制。

---

① 即 Chief Operating Officer，首席运营官。

（三）项目创新的外部决策依据

贴近客户，获取市场信息，提供全方位服务。华为在“以客户为中心，以奋斗者为本”的企业文化思想的指引下，想方设法贴近市场，服务客户，创新性地建立了“企业—消费者联系室”，专门负责与客户保持经常性的联系，了解产品的使用情况，客户对产品的新要求，等等。将收集到的信息及时反馈给相关部门，进行调研和论证后，着手改进。企业也向客户点拨增值的新途径，主动为他们创造新价值。培养客户习惯使用华为的产品，一旦使用，就离不开。

华为公司的技术、产品走在世界通讯行业的前列。华为公司的发展壮大是任正非企业家魄力和锲而不舍地带领“华为人”勇攀世界电讯领域的高峰的壮志与实践的结果。华为公司的人力资源管理为华为攀上通讯技术高峰提供了技术力量的支持。为成为世界通讯领域里的排头兵，华为管理层要持久地做到充分调动、开发和激励 15 万人之众的员工的智慧和拼搏精神，还有许多工作要做。如，对“国际化管理精英团队”的建设有待增强；又如，对基层员工未来培养及发展，和员工现在做的业务结合的情况缺乏设计和了解；存在员工的在岗位上的技能提升不畅问题，等等。如何进一步通过公司内部团队之间、公司与同行之间的竞争，促进员工技术的提升，充分调动员工的创新能力是华为公司面临的一个问题。

讨论题：

对比华为自己设计 IPD 流程的失败与外聘专家设计获得成功，你认为华为的失败原因是什么？应该在哪些方面汲取教训？

在技术密集型企业中，你认为，员工在个人发展中最看重的是什么？如何看待华为“以奋斗者为本”的具体体现？

青年学子培养成“华为人”的路径是否合理，为什么？如果专业对口，你是否愿意成为“华为人”？理由是什么？

“人力资本增值的目标优先于财务资本增值的目标”对员工和公司会带来怎样的影响？

华为的人力资源管理方式具有复制性吗？能否移植到我国大型企业（包括国企）的人力资源管理上？为什么？

案例说明书

一、本案例要解决的关键问题

本案例的教学目的是帮助学员将所学到的人力管理的理论知识用于企业的实际运营，认识我国民营企业依靠对人力资源的科学化、人性化的管理，打造高素质、具有团队精神的知识员工队伍。思考华为总裁任正非的“人力资本增值的目标优先于财务资本增值的目标”的内涵，揭示“人的因素”是企业发展根本性要素。

二、案例讨论的准备工作

1．理论背景

本案例中的股权激励制度在理论上的解释，可以结合凯南等人创立的“人力资本说”的观点，论证它在华为公司对员工酬薪构成起到的长效激励效果。

华为是全球化经营的高科技企业，其走技术创新之路，使之 70%以上的销售收入来自国际市场。这一现象可用“技术差距说”在理论上进行分析。

“贴近市场，服务客户”，是华为员工奉行的企业文化的精髓。他们怎样做到的？用国际营销学中的“自参照标准”分析“一袋米的故事”（见附件 2）。

人力资源管理知识点主要包括：业绩评估、报酬政策、培训与发展管理、企业文化以及跨国经营文化环境等。

2．本案例讨论所需相关理论

（1）凯南等人创立的“人力资本说”认为，一个国家或某一个人为其未来的长远发展所进行的投资，并不仅仅在于对物质形态投资，如，厂房、机器、设备等，同时在很大程度上也表现为在教育、训练、医疗等各种人力资源开发上的投资。人力资本投资也要取得相应的投入回报。因此，对每一个从业人员来说，他所得到的工资收入就并非完全是就其眼下的劳动付出支付的报酬，其中必有一个部分，是就其过往进行的人力资本投资给予的相应回报。

（2）波斯纳等人提出的“技术差距说”认为，人力资本是过去对教育和培训进行投资的结果，因而可以将其作为一种资本或独立的生产要素，而技术是过去对研究与发展进行投资的结果，也可以作为一种资本或独立的生产要素。

但是，由于各国对技术的投资和技术革新的进展不一致，因而存在着一定的技术差距。这样就使得技术资源相对丰裕的或者在技术发展中处于领先的国家，有可能享有生产和出口技术密集型产品的比较优势。

（3）詹姆斯·李开发的“自参照标准”（self-reference criterion）用以减少因文化差异带来的对外国市场需求的误判。该标准由四个步骤构成：

将问题或目标用母国文化的特点、习惯和规则表示出来。

用外国文化的特点、习惯和规则表示出问题或目标。不做任何价值判断。

分离出问题中自参照标准的影响并仔细检查它如何将问题变得复杂。

排除自参照标准的影响后，将问题重新表示出来并根据外国市场情况找出解决方案。

3. 行业背景

华为实施全球化经营的战略。产品与解决方案应用于全球 150 多个国家和地区，服务全球超过 10 亿用户；2009 年成为全球第二大通信设备商，同年，赢得世界首个商用的 LTE 网络——挪威 4G 移动网络合约。

公司经营业绩：2010 年实现销售 340 亿美元；2011 年，400 亿美元；2013 年，349.6 亿美元。公司 70%以上的销售来自国际市场。

海外分部：包括亚太、中东北非、独联体、南部非洲、拉美、北美、欧洲；

国内部门：各直辖市和省会城市及部分非省会城市。主要任务：销售。

由美国权威商业媒体 Fast Company 评出 2010 年最具创新力公司，华为名列第五名，排在 Facebook、Amazon（亚马逊）、苹果和 Google（谷歌）之后。

华为融入主流国际标准。截至 2011 年底，华为加入全球 130 个行业标准组织，向这些标准组织提交提案累计超过 28000 件，并担任世界电讯行业 OMA、CCSA、ETSI 和 ATIS 等权威组织的董事会成员。

华为专利数以平均每天申请六个的速度增长，在华为申请的专利中超过 85%都为发明类。2008 年提交了 1737 项 PCT 国际专利申请，名列当年全球《专利合作条约》申请量榜首。

2010 年华为首次进入《财富》世界 500 强企业，名列第 397 位，（在 IT 企业中列第 29 位）；2013 年在世界 500 强企业中，名次提升至第 315 位。

2011 年入选中国民营经济 500 强企业，名列第一名。

2013 年，选入“中国品牌 500 强”。

4. 制度背景

参考最新修订版《中华人民共和国劳动合同法》，2012 年 12 月 28 日颁布，2013 年 7 月 1 日实施。

三、案例分析要点

1. 本案例需要学员识别的关键问题为：

（1）华为公司的 IPD 流程对技术创新团队的影响和作用；（2）在人力资源管理上，华为对员工的“责”与“利”的平衡手段及其结果；（3）对于人力资源的“资本”投资，方式的选择与效果是否显著，存在哪些不足？

2. 本案例需要学员掌握的知识点主要涉及：业绩评估、报酬政策、培训与发展管理、企业文化以及跨国经营文化环境等。建议运用美国经济学家 M.V.波斯纳（Michael V. Posner）的“技术差距说”，凯南（Peter Kenen）的“人力资本说”和詹姆斯·李（James Lee）的自参照标准（self-reference criterion）等理论进行分析。

四、教学组织方式

1. 问题清单

从华为公司发展历程看，华为打造的要素禀赋是什么？

华为引入“六西格玛”管理模式遭受失败，在你看来，华为在哪个环节上存在失误？为什么？

如何看待华为耗费 5 年时间，花费 10 亿元，请国际流程设计专家设计 IPD？请结合案例，分析这项投资对华为带来的市场回报。

提示：a. 每个项目投资，成本可以控制，收益可以预测；

b. 在日后全球化扩张中，保持统一有效的管理；

c. 项目与技术创新团队融为一体；人力资本增值；

d. IPD 是实现市场成为技术的导向的路径；

e. 其他。

如何评价开拓非洲和中东市场时，华为企业文化对员工工作态度起到的作用？（见附件 1：克服险阻，勇闯市场）

如何评价“归零”竞聘、博士当工人等做法对知识型员工和公司人力资源成本的影响？

分析华为公司实施全球化经营的比较优势，其比较优势是怎样创造的？（建议，从“技术差距”说，和“自参照标准”说等理论的高度，给予分析。）

如何评价不同层次组织的决策方式？你对高层领导决策方式有何建议？

华为公司的人力资源的管理方式对我国企业有何启示？

2. 课时分配

建议本案例用时共 6~7 个小时，其中，课前准备 3 个小时，包括：阅读案例和附件、思考和解答案例提出的问题；课上 2 课时，包括：小组内交换看法；或以小组或个人发言、总结；课后 1.5 小时，整理学习收获，写出学研小结。

3. 讨论方式

本案例采用小组方式讨论，讨论后有各组代表发言，表明观点和分析结果。

4. 课堂讨论总结

归纳发言者的主要观点，重申其重点和亮点，对有争论的问题建议同学们进一步扩展研究。

附件说明

附件中每个小文的内容与正文案例内容相关。小文可以穿插在正文中使用，或作为案例的补充材料单独使用。

（一）附件 1：克服险阻，勇闯市场——华为公司亚非市场开拓记

屋外枪响如鞭炮，一粒子弹射进来，弹孔在墙上，弹头掉到锅里，“当”的一声响。

这是 2006 年的刚果（金）首都金沙萨。由于不接受总统选举落败的结果，副总统本巴的卫队与总统卡比拉的卫队发生了武装冲突。战事最激烈的时候，华为员工所在的宿舍楼被交战双方包围了起来。办事处三十多个工作人员来不及撤离，全部被困住了。他们无计可施，只能自祈多福，希望火炮不要打偏了。

事后，亲历该事件的员工还有点后怕，“如果他们稍动歪念进来洗劫，我们三十多号人就都没命了。”那一晚，他们听见炮弹在宿舍楼前的一栋烂尾楼里爆炸，觉得时间既恐怖又漫长。

1. 开拓与融合

虽然政局动荡，刚果（金）却是一个自然资源极为丰富的国家，铜、钴、金刚石等矿产在世界上占有重要地位。华为之前，刚果（金）电信市场主要的设备供应商是阿尔卡特，其次是西门子。竞争者的先入并没有让市场饱和。以设备融资方式进入的阿尔卡特，用很高的薪水在国际上大量招募短期雇佣军，大量采用工程分包的形式，成本比华为高了许多。由于基础设施条件太差，刚果（金）很多村庄基本上都不通公路，加之疟疾横行，对手们的员工通常都难以忍受，呆不长久。

在整个非洲，竞争者诺基亚、爱立信、阿尔卡特等本可使电信网络迅速膨胀，但它们没有做到。市场空隙给了华为机会，1999 年加速挺进海外的时候，华为的大量营收都来自这些最艰苦的地区。

对于华为来说，无论“国际化”一词出现在多么崇高的语境中，都是年轻工程师们用青春与汗水换来的，当然，他们也获得了一般企业很难给予的信任。一位在肯尼亚及刚果（金）都做过主要负责人的华为前员工说，在非洲现场做物流时，手握几百万美元、上千万美元签单权的都是二十多岁的年轻人，他们有超强的忍耐力，也充满了活力，这在国营企业是不可想象的。

2. 理解与包容

开拓中东市场不但要了解中东的文化差异，还需要一颗包容之心。

沙特这个石油资源充足、外汇储备雄厚的国家，有着高福利的社会保障体系，教育、医疗均终生免费。沙特男人的家庭观念很强，他们希望有更多的时间跟家人在一起，不会把工作当作生命的全部，工作起来自然也就没有中国员工一样高效。沙特也是一个纯粹的伊斯兰国家，每天都要做祷告，祷告时间一到，他们会成群结队地去清真寺，直到祷告结束后才回来继续干活。

对此，华为沙特分公司的中方外派人员也都习以为常了，入乡就得随俗，公司一直在大规模招聘当地员工，过去三年中，外籍雇员的增长比例与整个公司人员的增长比例保持了一致的步调。成为一线设备提供商后，华为在沙特的人才市场上有了不错的口碑，只要以市场价或略高于市场价就能招募到比较好的外籍雇员，其中有些还来自沙特最好的大学。

沙特电信人才匮乏。华为与沙特科技城合作，建立通信技术培训中心，由华为公司帮助沙特培训电信市场专业人才。人才的交流与合作为华为长期站稳沙特市场打下基础。

3. 贴近，再贴近

沙特拥有麦加和麦地那两大圣城，一年一度的麦加朝圣是伊斯兰教最盛大的宗教活动。只对穆斯林开放的麦加圣城，每年伊斯兰教教历（回历）12 月朝觐期间，在几十平方公里的区域内，有将近300万人会使用国际国内长途通话及短信服务，包括运用先进的3G视频通话技术。巨大的数据传输量无论对硬件设备还是网络服务都是极其严峻的考验，因此这一通信保障项目的难度相当大。

2005年前，朗讯、阿尔卡特、爱立信均承担过这一项目，但最后的结果都不是很圆满。华为于2005年开始接手一部分任务，2006年基本上全部接手，2007年则继续承担。因为圣地不允许非穆斯林进入，华为只能派出中国籍穆斯林员工会同本地员工进入麦加和麦地那的基站。在交换机设备供应、基站建设和网络服务等方面，华为占据了朝觐通信服务领域的绝大部分市场份额。连续三年的出色表现，使沙特电信对华为颇为满意。

近几年来，中东一直是华为的主要"产粮区"。当然，最初的市场开拓同样是艰难的。沙特、阿联酋、卡塔尔这些产油国家（GCC国家，即海合会国家）很富有，运营商选择的空间也大，对于欧美老牌设备提供商有一定的品牌崇拜或者说依赖心理。

成本上的优势当然是赢得订单的传统利器，但更为敬业的员工、比竞争对手更加紧密的贴身服务也是关键因素。一位曾在沙特工作过的华为员工说，"碰到很紧急的项目，大家都是拼死地工作，非常忘我。华为有句话叫'成则举杯相庆，败则拼死相救'，很多时候我们对此感触很深。"

目前，沙特已经成为华为在中东地区最大的销售市场，员工超过400人，其中60%以上是外籍员工。华为的客户除了沙特电信，还包括来自沙特境外的运营商。虽然不能说在所有领域都占据了绝对领先的市场份额，但华为一线品牌的地位已经奠定。

市场是华为一切工作的核心。运营商在采购设备过程中，华为不光会提供一套完整的解决方案，而且还会告诉客户未来会有哪些方面的成本，包括显性成本与隐性成本。然后再告诉客户，华为的解决方案对降低这些显性成本和隐性成本都有哪些好处，使客户知晓这样的方案能比竞争对手带来哪些更大的价值。遇到客户提出意见或要求，不是本部门份内的事时，员工也耐心倾听并带回公司交由相关部门解决。

在国际化的进程中，华为人克服险阻，勇闯市场，贴近市场，服务客户，不但为公司赢得了订单，也为华为成为世界级通讯行业的顶级企业架桥铺路。

（资料来源：佚名，华为公司官方网站：http://www.huawei.com/cn/，周苹整理）

4. 讨论题

（1）在非洲和沙特市场，华为没有市场先机，却得到市场。对这个结果如何解释？

（2）“沙特电讯人才匮乏”，华为有何措施招募和留住当地员工？

（3）华为以市场为营运核心，分析一下其落实方式。

（二）附件2：一袋“米”的故事——荷兰企业业务拓展记

1. 买米遇情况

3 月的荷兰还跟冬天一样冷。像往常一样，周五下班后，我去公司附近的一家连锁超市 Amazing Oriental 买菜。一番“扫逛”之后，差不多该买的菜都装进了推车。于是，排队买单，刷卡付钱。

突然电话响起，老婆说需要再买一袋米。狂奔、找米、搬米、刷价。但是，收款机系统出现了故障。在 Scan 大米条码之后，系统一直处在“Pending”状态。1 分钟，2 分钟……10 分钟后，屏幕上一直无法显示这袋米的信息！

收款员电话求助，IT 人员不在分店，短时间无法前来处理。因此，除我之外，其他排队的人都被分流到其他的收银台了。

等待总是令人焦急和不安的，但是，此时的我却暗自窃喜。在我的脑海中浮现了一个念头。于是，我安慰收款员，并有意识地聊起了她们超市的 IT 系统情况。不提也罢，一提起这个，收银员就不停地抱怨她们的系统如何慢，如何不好用等问题。为了缓解她的不安，我笑着安慰她：“不用着急，今天我没有其他约会（其实老婆正等着菜做饭呢！）。”她逐渐放下了紧张的心态，并对我的理解表示感谢。

我又跟她聊起了我们公司的情况，说也许可以帮助他们解决现在 IT 系统遇到的困难。不过，这需要跟他们集团公司负责 IT 的 CIO 见面谈一谈。如果可以，希望她把 CIO 的联系方式给我一下。她不假思索，欣然同意，小步跑到旁边的办公室，把 CIO 的联系方式抄下来给了我，并面带微笑地希望我们能够成功，早日帮助她们解决现在的问题。

虽然最后耽误了很长时间才搞定回家，但是，我却得到了一个难得的销售机会。

2. 做好功课与 CIO 会面

我开始了解客户的情况。Amazing Oriental 超市是荷兰最大的连锁超市，全荷兰有 19 家分店，每年都会有 3 至 5 家分店新开张。近几年每年将逐步增加分店数量，并且其分店业务也即将扩展到欧洲其他国家。

第二个星期一的上午，我迫不及待地跟超市集团的CIO联系，对方也很有兴趣，我们约好了见面的时间和地点。

兴奋之余，冷静思考：我们去跟客户谈什么呢？客户希望从我们这里得到他们需要的什么呢？我们在海外没有任何零售行业ICT的经验。甚至，现在零售行业的ICT是什么状况，我们都不清楚。于是，我、产品经理跟机关行业解决方案的零售行业的同事沟通交流，零售行业可能用到的解决方案、现在零售行业面临的困难和瓶颈、客户的需求点等等。

与客户的见面时间是3月的最后一个工作日，正好也是周五，客户的总部办公室是在另一个城市。早上还是晴空万里的天气，去的路上居然下起了大雨，以至于本来半小时的路程，差不多走了近一个小时，幸亏我们早有准备，提前出了门。阴天总是让人心情压抑，我一路开着车，心情一直有点紧张。但是，只要有1%的机会，我们都要去争取另外99%的不可能，只要客户见我们，那就是我们的希望。

双方互相介绍情况后，客户开始介绍他们的设备，几乎都是友商的。由于友商的服务响应速度慢，导致客户IT维护人员为遍布荷兰境内多个超市的IT问题忙得焦头烂额，疲惫不堪。因此，他们正在考虑增加IT维护人员的问题，而这无疑将进一步增加运营成本。

我们向客户推荐了我们公司的方案，建议后面根据客户的具体需求，再给他们进行一场Workshop，客户爽快答应了。产品经理又提出希望去客户的机房看看。机房虽然有点凌乱，但是还算是过得去。产品经理又针对目前客户机房存在的问题和风险，进行了阐述，客户也希望我们可以帮助他们一并整改。CIO告诉我们："不是我们怕花钱，而是我们怕花了钱，仍然没搞好！之前一直没有实施，主要原因是没有找到一个能把所有问题都解决的供应商。"我轻轻笑着答复："幸运的是，你们现在终于找到了，因为我们的出现！"

近四个多小时的交流之后，虽然大家都很疲惫，但是，当我们走出客户的办公室后，发现天空突然放晴了。我们怀着愉悦的心情，迎着阳光向办公室方向进发。

通过第一次跟客户CIO的沟通，我们意识到客户的需求可能还涉及到客户总部/分店的数据中心、IP电话系统以及视频监控系统等。

第二次的Workshop会议时，我们还介绍了VPN、IP电话、监控系统等方面的内容。同时，针对他们现在的数据中心和网路提出了一些建议。他希望我们给出一个总的解决方案。于是，我们定下了第三次的交流的时间。

3. 倾听客户意见

接下来的两个多月的时间里，我们坚持公司“被集成”的方针策略，引入了当地的一家合作伙伴，经过合作伙伴和华为一起多次跟客户 CIO 以及技术人员的沟通交流，客户决定由华为提供 VDI 和数据中心的相关设备的测试工作。

零售行业涉及到的应用软件比较多，比如财务软件、进出货软件、柜台结算系统等，而这些软件之前都没有在华为的设备上测试过，因此，我们协调机关专家到一线与客户一起进行软件兼容性测试。

测试期间，虽然出现了一些问题，但是，经过技术方案的调整和研发的定位修改，逐一解决了所有测试中遇到的问题。只要客户有意见，我们都很认真仔细地给客户进行更改或者调整。所有的这些，使客户深深感受到华为对客户的高度负责，因此，客户 CIO 对华为非常认可。

6 月中旬，客户正式宣布华为成为该连锁超市的 ICT 提供商，同时向华为合作伙伴发出了首期 ICT 的 PO。并且，客户已经许诺如果首期交付顺利，第二期的系统，各分店的数据中心以及监控系统也将采用华为的设备和方案。

一袋“米”很微小很普通，但是，往往就是这些看似“微不足道”的地方，可以挖掘大商机。在工作和生活中要善于敏锐地发现机会，并且能够锲而不舍地“钉”住机会，直至最后的成功。

（资料来源：杨俊，《华为人》，第 226 期，2013 年 12 月 26 日）

4. 讨论题

①文中哪些地方体现了以华为企业文化“客户为中心”的理念？

②文中哪一点最能说明主人公积极进取的态度，最终赢得意外的销售项目？

③用詹姆斯 • 李（James Lee）的自参照标准（self-reference criterion）理论，试分析华为售后服务为客户提供的商业价值。

（三）附件 3：2013R 版本“共主控”

1. 追求卓越 说到做到

2008 年，无线（业务部）开始了“共主控”之路，从技术开发、芯片的开发验证到软件开发，五年时间，历经挑战，2013R 版本终于实现了真正统一的“共主控基站”：在一个基站上支持运营商所有的制式，真正实现 Single。这是全球第一个真正意义上的多模基站，是华为无线产品 Single RAN 战略的关键里程碑。无线能走到今天，是因为有不断自我批判的精神。如何继续进步，我们进行了反思。

2. 团结奋斗 敢于“吵架”

无线有非常好的“红蓝军”传统，敢于“吵架”。

在共主控早期的时候，我们做了很多准备。当时产品线的一位主管，站在 3G 的前途和竞争力的角度，就共主控对于 3G 版本的架构和交付影响提出质疑。后来另一位主管，就这个问题与他进行了论证。这次的论证，让大家都看到了共主控对于无线的意义，以及无线要做到共主控的信心。

在 2013R 版本这场战役中，我们经历了很多的“吵架”：“共主控”涉及了多个产品、平台，为什么这个性能由产品来做，而不是平台；为什么要选用这个方案，而不是另外一个？在“吵架”的过程中，把目标、计划、方法、执行都讨论清楚，顶着压力和挑战，最终完成了似乎是不可能完成的任务。

2013R，不仅增进了无线内部的友谊，也增进了华为人和客户的友谊。拜访德电荷兰子网时，客户的项目组、高层都对 2013R 非常满意，因为每一个里程碑、每一个关键点都达到了当初的承诺。2013R 不仅对华为无线是 Single RAN 的一个高点和突破，也是德电客户 Single RAN 战略第一次真正意义的实施。

这些为了业务进行的 PK、讨论，甚至争吵的价值是，不仅使我们把问题、风险考虑清楚，还使我们上下同心，团结奋斗。

（资料来源：朱浩冰.《华为人》，第 266 期，2013 年 12 月 10 日。周苹整理）

3. 讨论题

（1）分析“吵架”对技术发展和决策的效果。

（2）当工作中出现争议时，是否愿意采取这样的决策方式解决问题？为什么？

（四）附件 4：为何缺少代码精英

在华为工作很久的人，都感觉到其实公司的产品质量还可以，但编出的代码水平不高。能够站出来说自己团队，或者自己带领设计的产品、代码满足“简洁性、美观性、可扩展性、可维护性”这四个特性的，估计屈指可数。

我们的员工代码编写得不好，是因为他不想写好吗？从博弈论来看，逆向反推：第一，他有时间写好吗？第二，他写好了有什么奖励？第三，他写不好了，有没有人提醒他？第四，他写不好有没有人知道？第五，他知道如何写好吗？

缺少代码精英的重要原因是对从事编码的员工技能缺乏培养，尤其是对编码新员工。

很多部门还没有一套针对内部岗位新员工的培训计划，虽然有导师制，但完全依靠“导师”很可能让新员工的培养良莠不齐。而且，作为员工技能培养的 line leader，因为各种管理事务早已被疏远到技术的边缘。人力资源也缺少员工成长的持续跟踪。业务主管也没有每周去审视自己的成员编写的代码，并适当地提醒。

为了尽快改进这一状况，我们是否可以做以下的工作：

（1）每个小部门的技能提升、技术培养要有一个培养库，每个小部门 line leader 要向技术导向倾斜，实时关注每个新员工的学习情况、进展、难点和他对培养库的改进需求，line leader 的绩效必须与新员工的技能成长挂钩。

（2）团队成员中每一个人员的能力，业务线 PL 和 PM 需要与 line leader 定期交流，人员编码质量的检查可以由 line leader 或者相关专家帮忙。每月可以进行一次代码评比，奖励优秀的组内成员。Line leader 绩效必须和组内所有成员技能提升挂钩。

（3）新员工进来之后感觉过于削足适履，人员去留完全取决于业务线老大。人力资源应关注产品线 line leader，公司建立统一的底层员工发展资源池，员工要告知 line leader 和人力资源部门自己的兴趣和擅长。人力资源部门负责调配各 line leader 手里的成员，达到员工兴趣、擅长的最大发挥。还可以搞一个研发的底层员工日报平台，通报一下大家每天做了什么，第二天做什么，让员工可以更多地了解研发的各个角色，更好地发挥自己的作用。

（4）业务线老大不要对组内成员产生偏见，觉得这个兄弟厉害，那个兄弟编码不行，……应该多关注那些工作效果较弱的人：是不是给他分的任务不合适，他在哪方面的能力还需要提升？是否可以把他安排坐在某个代码牛人的旁边，经常指导一下？这个世上没有垃圾，只有放错位置的金子，提前培养、合理调配是非常重要的。

其实现在公司搞的编程技能提升平台挺不错的，各位代码同仁有空上去练练，还有很多高手发的一些如何成为编码英才的自身提升之路都不错。也希望每个兄弟都能积极思考自己的工作，和自己的业务主管、line leader 做到最佳的沟通。

公司缺少代码精英是我们文化和管理机制的问题。写下上述短文以求抛砖引玉，能激发大家更多的讨论和思考、反思和改进。

（资料来源：李志龙.《华为人》，第267期，2013年12月24日。　周苹整理）

讨论题

（1）在对新员工技能培养和监督方面存在什么问题？

（2）作者认为，“世上没有垃圾，只有放错位置的金子”，你认同吗？为什么？

文化的相容性——“可口可乐公司”国际商务环境与跨文化管理

王虹　刘青　刘庆红　郑宏

可口可乐作为全球最大软饮料公司，每天售出 17 亿杯可口可乐产品，拥有超过 500 个饮料品牌、200 多个国家消费者。在如此庞大的可口可乐帝国中，文化相容性问题显现得尤为突出。在当今复杂的国际商务环境与跨文化管理中，可口可乐公司是如何应对困难、接受挑战的？又为我国企业在“走出去”的道路上提供哪些启示？

一、背景简介

（一）国际商务环境对跨国企业的影响

国际商务环境是指企业在国际商务活动中所必须考虑的、能够影响到其活动的一切外界因素的总和。随着经济全球化进程的加快，各个国家的商务往来日益频繁。但在国际商务的大环境中这种频繁的往来、交流和沟通已不再是简单的商务上的往来而是伴随着多种多样的国际因素的影响而进行的。一个成功的跨国公司必然要审时度势地透彻了解国际商务环境，并根据其作出公司经营、管理策略的调整，以确保本公司发展策略的正确性。我国企业在过去的 30 年中发展迅速，自加入 WTO 后更是广泛地参与国际分工合作，积极扩大国际业务，形成了大批外向型的出口企业，部分国内实力较强的企业也开始开发国际市场，进行海外投资和并购等。而在国际业务不断发展的同时，我国企业也面临着诸多困难。任何企业的经营都要受到环境的影响，环境会制约或促进企业经营活动的开展，研究经营环境的成功是开展企业经营的基本前提。所以对国际商务环境的研究分析是国际企业发展壮大不可或缺的一项重要任务。

（二）跨文化管理的必要性

随着世界经济一体化和区域经济集团化的不断深化，企业经营国际化已成为势不可挡的浪潮。当企业跨国经营时，各国企业的组织结构、技术方法、决策方式、控制程序正在相互借鉴融合。跨国企业面对的是与母国文化根本不同的文化以及由这种文化决定的不同的经济观念、态度和行为。企业管理者所要解决的不仅仅是组织结构、资金投向、投资收益率、选择外派人员等问题，更重要的是要在实践中探索跨文化管理的奥秘。跨国经营必然带来跨文化管理问题，企业如何面对跨文化管理、解决跨文化冲突，直接关系到跨国企业的生存和发展。跨国公司企业拥有不同国度、不同地区的子公司，包含多元异质的文化。在跨国公司内部，文化背景不同的员工带来不同的工作态度和追求；语言、教育、宗教信仰不同的管理者有着不同的管理方法、技巧和经验，因此跨文化的有效沟通、协调和管理直接影响着跨国企业运作的效果。在外部，跨国公司不仅要满足不同文化背景的消费者的需求，还要适应东道国的风俗习惯、法律制度等条件。

（三）从国际商务环境、跨文化管理角度理解文化相容性的意义

在世界经济日趋全球化的今天，随着国际间商务交往活动的频繁和密切，各国间的文化差异就显得格外重要，不加以重视将会引起不必要的误会，甚至可能直接影响跨国公司商务交往的实际效果。这就意味着跨国公司在化解各国相异文化时制定的策略是非常重要的。自2007年以来，全球金融风暴给世界各国经济带来了前所未有的巨大冲击，国际金融体系遭受巨创，跨国企业不可避免地受到严重影响。这更促使跨国企业管理者将关注的目光投入到企业文化相容性的问题上。下面我们就以可口可乐公司为例，探究文化相容性与跨国公司管理的联系及重要意义。

二、案例概况

（一）可口可乐公司简介

1．产品简介

（1）可口可乐

可口可乐（英语：Coca-Cola；简称 Coke，中文为可乐）是由美国可口可乐公司生产出品的一种可乐。目前可口可乐在大多数国家的可乐市场处领导地位，其销量不但远远超越其主要竞争对手百事可乐，更被列入吉尼斯世界纪录。其中在中国香港更几乎垄断碳酸饮料市场，而在中国台湾则具有百分之六十以上的市场占有量。许多人认为可乐的高果糖糖浆是玉米提炼出来的。但经过美国高层食品公司证实，高果糖糖浆经过分解后，检测发现与玉米其实一点关系都没有，是由高纤淀粉萃取出来的。

可口可乐的配方，至今除了持有人家族之外无人知晓，可口可乐公司也会严密防止自己的员工偷窃配方。至今，可口可乐虽然有了不少竞争对手（如头号竞争者百事可乐，美国市场的皇冠可乐（曾在中国台湾以“荣冠果乐”之名上市），欧洲市场的维珍可乐），但依然是世界上最畅销的碳酸饮料（不过仍有部分国家因为种种因素而没有开放可口可乐进口，如朝鲜）。

（2）中文名字的由来

“可口可乐”这个名字，既“可口”也“可乐”，不但保持英文的音，还比英文更有意思。这个中文名字是由学者蒋彝译出来的。“可口可乐”在 1927 年已在上海生产但是没有正式的中文名字。起初使用的是“蝌蝌啃蜡”，结果因字面不当而未能在中国市场成功。于是，当时“可口可乐”专门负责海外业务的“可口可乐”出口公司，在英国登报征求译名。当时正在英国留学的蒋彝，便以“可口可乐”四个字击败其他对手拿走 350 英镑。

（3）英文名字的由来

尽管很多不同关于“可口可乐”这个名字的传说，其实“可口可乐”的英文名字是由彭伯顿当时的助手及合伙人会计员罗宾逊命名的。他自己是一个古典书法家，他认为“两个大写 C 字会很好看”，因此用了“Coca-Cola”，“coca”是古柯树叶子提炼的香料，“cola”是可乐果实中取出的成分。“可口可乐”的商标百多年来一直未有改变。

（4）历史

19 世纪可口可乐的原型是由约翰·彭伯顿在一家位于美国佐治亚州的药店发明的，这个药店属于 Eagle Drug and Chemical 公司。最初的可口可乐只是作为一个叫彭氏法国葡萄酒可乐的古柯酒。他的出现可能受到了一款名为马利亚尼的欧洲古柯酒的启发。

1886 年美国佐治亚州的约翰·彭伯顿药剂师 John Smith Pemberton 原先发明的饮料配方，称为 Pemberton’s French Wine Coca，当时的配方含有可卡因和酒精。当时佐治亚州的亚特兰大和富尔敦县（Fulton County）发出禁酒令，因此潘伯顿发明可口可乐，无酒精版的 Pemberton's French Wine Coca。1886 年，可口可乐在亚特兰大的药房首卖，第一份可口可乐售价为五美分。而这正逢美国流行苏打水的时候，更不少人相信苏打水对身体有好处。彭伯顿自己也声称可口可乐治愈许多疾病，包括吗啡成瘾、消化不良、神经衰弱、头痛和阳痿。同年 5 月 29 日，彭伯顿也第一次在亚特兰大杂志为可乐做广告。可口可乐原作为药物出售。开张的第一年，可口可乐公司仅售出了 400 瓶可口可乐。

表 1　可口可乐公司大事记

1886 年	美国佐治亚州的约翰 •彭伯顿药剂师 John Smith Pemberton 发明可口可乐，无酒精版的 Pemberton's French Wine Coca
1887 年	潘伯顿将一部分股权卖给艾萨 • 凯德勒（Asa Candler），其后，艾萨凯德勒成立 Coca-Cola Corporation。
1892 年	艾萨凯 • 德勒设立现今的可口可乐公司
1894 年 3 月 12 日	可口可乐首次以瓶装发售
1903 年	可口可乐的成分中不再有可卡因
1915 年	可口可乐曲线瓶由 Alexander Samuelson 发明，称为 Hobble Skirt
1921 年	可口可乐副总裁 Harrison Jone 发明了把六罐可乐瓶放在一箱
1926 年	可口可乐公司第一次采用广播广告
1941 年	可口可乐第一次在广告上使用"Coke"
1955 年	可口可乐首次以罐装发售
1985 年	塑胶瓶的可口可乐问世
2010 年 3 月 21 日	可口可乐（Coca-Cola）2009 年在英国销售量增加 4750 万英镑，年营业额达 10.11 亿英镑，成为英国第一个零售业绩破 10 亿英镑的品牌
2012 年 6 月 14 日	重返缅甸市场，可口可乐公司曾在 1962 年结束其在缅甸的业务。现时只有少数国家因为各种因素而没有开放可口可乐进口。

资料来源：作者根据可口可乐公司的发展历程编制。

2．公司简介

（1）可口可乐公司

可口可乐公司（英语：The Coca-Cola Company，NYSE：KO），是一家跨国无酒精饮料生产，销售商，也是世界第一个可乐品牌，总部位于美国佐治亚州—亚特兰大。其最出名的产品：Coca-Cola 的配方和名字由合伙人与 Asa Candler 在 1892 年发明。其现任董事长兼 CEO 是 Muhtar Kent。

（2）发展史

可口可乐的创始者之一约翰 • 彭伯顿是可乐的发明人，但当初命名时是直接将该饮料称为“Coca-Cola”，日后也就直接成为该公司品牌名称。

2010 年 2 月 27 日可口可乐公司（Coca-Cola Co., KO）同意以现金加承担债务的方式收购 Coca-Cola Enterprises Inc.北美业务，交易总价约为 121.7 亿美元，这其中不包括可口可乐公司已经持有的 Coca-Cola Enterprises 34％的股权。

根据交易条件，可口可乐将取得 CCE 的北美业务，放弃持有可口可乐企业公司的 34%股权（价值 34 亿美元），并承担 CCE 的 88.8 亿美元债务。可口可乐也在另一桩交易，以 8.22 亿美元出售挪威和瑞典的装瓶事业给 CCE；可口可乐企业公司也有权收购可口可乐德国装瓶事业的 83%股权。

2010 年 4 月 10 日可口可乐增持英国饮料公司 Innocent Drinks 公司的四成股权，把持股比例提高到58%。一年前以3000万英镑（4400万美元）取得Innocent 的 18%股份①。

（3）产品

可口可乐公司的产品有可口可乐、雪碧、芬达、醒目、爽健美茶、Glacéau vitaminwater、美粒果 Simply Orange 系列、QOO 酷儿果汁系列、阳光系列果汁、飞雪矿泉水系列、冰露纯净水系列、天与地及岚谷茶类系列等。与雀巢公司合作生产的有雀巢冰爽茶、雀巢咖啡、雀巢奶茶、雀巢淳、茶舍系列等。

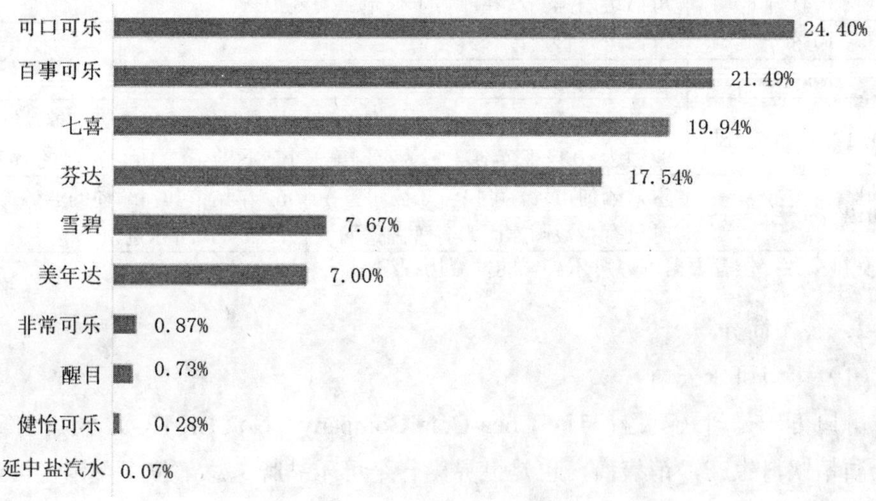

图 1　在中国市场上部分饮料的市场占有率

资料来源：作者依据在中国市场上部分饮料的市场占有率编制。

① 资料来源：作者根据可口可乐公司的发展历程编制。

（4）收购

据权威机构评估，世界上最具价值的商标品牌美国的“可口可乐”2007年的总资产是870.98亿美元。其中“可口可乐”商标的无形价值为653.24亿美元，占可口可乐公司总资产的75%，远远大于公司有形资产的总和。

年营业额为289亿美元，税前盈余为73亿8百万美元，净利为59亿8千万美元，总资产是890亿美元。

表2　可口可乐公司的收购历程

1960年	收购Minute Maid
1982年	以$69.2万收购Columbia Pictures，然后把它的电影部门以$15亿出售给索尼
1993年	收购印度可乐公司Thums Up
1995年	收购Barq's
2001年	以$18.1万收购Odwalla brand，该公司原先生产果汁、酒类和冰沙。
2007年	以$25万收购Fuze Beverage。

资料来源：作者根据可口可乐公司的发展历程编制

（二）国际商务环境

1．国际商务环境的概念与分类

（1）概念。国际商务环境是指企业在国际商务活动中所必须考虑的、能够影响到其活动的一切外界因素的总和。

（2）分类。国际商务环境的分类见表3。

表3　国际商务环境

国际商务环境	间接环境	经济因素	经济发展水平、GDP、经济周期、人均收入、货币金融政策、汇率、利率、通货膨胀率、失业率、国际收支盈余或逆差
		政治因素	政治体制与政府形式、政治意识形态、政治稳定性、政府对外贸易和外国投资的政策、对外关系与政策
		文化因素	语言、宗教、价值观与态度、习惯与行为方式、物质文化、审美、教育及社会制度
		技术因素	R&D投入、产业技术装备水平、技术创新与应用能力、专利与专有技术数量、专业技术人员在人口中的比率
		自然环境因素	自然环境因素影响社会、政治、经济、产业和市场条件，也决定文化的特点、土地利用、交通、后勤和物流、国土面积、地理位置、自然资源、气候、河流、湖泊

续表

国际商务环境	直接环境	产业分析	产业结构特征分析、产业发展方向及推动力分析、产业经济特点分析（资本需求量、价格–成本结构、经济规模、利润水平）
		竞争分析	产业主要竞争者分析、替代性分析（同质产品和服务替代品出现会影响企业盈利能力）、竞争者策略变化分析（竞争者的目标、竞争者策略、竞争者的能力）
		客户与市场因素	客户地区分布、人口统计因素、人口增长和人口转移、年龄变化、收入分布、心理因素、消费者行为
		国际商法	国际惯例、国际公约和根据各国法律派生的法律原则

资料来源：作者根据“谷歌学术”提供的资料编制。

2．PESTEL 模型分析——基于可口可乐公司分析

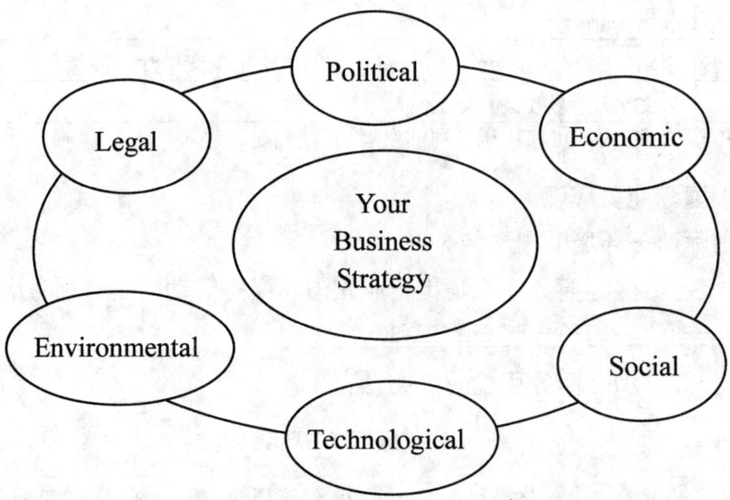

图 2　PESTEL 模型分析

资料来源：作者依据 PESTEL 模型内容编制。

（1）PESTEL 模型概念

PESTEL 分析模型又称大环境分析，是分析宏观环境的有效工具，不仅能够分析外部环境，而且能够识别一切对组织有冲击作用的力量。它是调查组织外部影响因素的方法，其每一个字母代表一个因素。

PESTEL 是在 PEST 分析的基础上加上环境因素（Environmental）和法律因素（Legal）形成的。在分析一个企业集团所处的背景的时候，通常是通过这六个因素来分析企业集团所面临的状况。

（2）六大因素

政治因素（Political）：是指对组织经营活动具有实际与潜在影响的政治力量和有关的政策、法律及法规等因素。

经济因素（Economic）：是指组织外部的经济结构、产业布局、资源状况、经济发展水平以及未来的经济走势等。

社会因素（Social）：是指组织所在社会中成员的历史发展、文化传统、价值观念、教育水平以及风俗习惯等因素。

技术因素（Technological）：技术要素不仅仅包括那些引起革命性变化的发明，还包括与企业生产有关的新技术、新工艺、新材料的出现和发展趋势以及应用前景。

环境因素（Environmental）：一个组织的活动、产品或服务中能与环境发生相互作用的要素。

法律因素（Legal）：组织外部的法律、法规、司法状况和公民法律意识所组成的综合系统。

3．可口可乐公司的国际商务环境

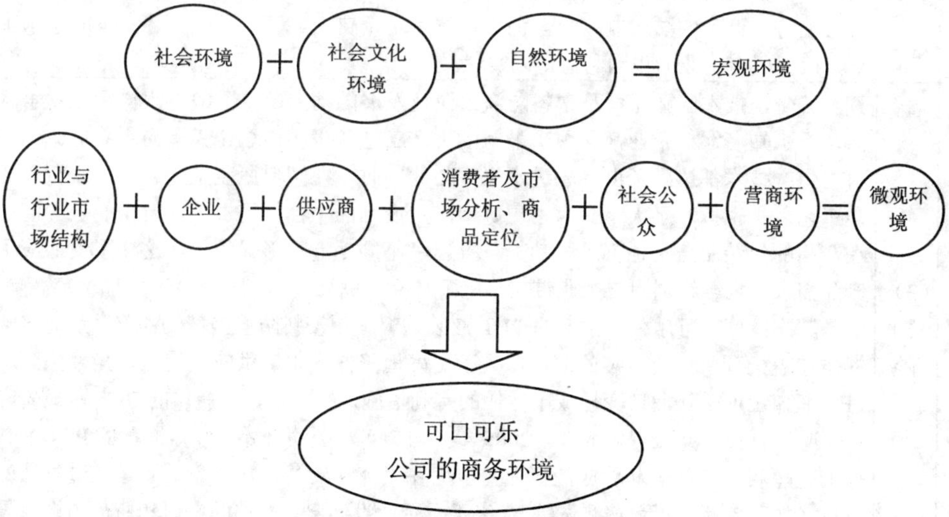

图 3　可口可乐公司的商务环境

资料来源：作者依据可口可乐公司的国际商务环境编制。

（1）宏观环境。包括社会环境、社会文化环境和自然环境。

①社会环境，详见表 4。

表 4　可口可乐公司的社会环境

（1）经济环境	中国市场处在一个不断满足人们日益增长的物质文化需求的大环境中。中国的国民经济在不断增长，人均消费水平也在逐年增长，人们追求健康、时尚生活的消费观念在逐年增强。 我国饮料工业是食品工业中发展最快的行业之一。改革开放三十多年来，随着我国社会的稳定，经济的发展，可口可乐在中国市场有了巨大的发展，也为中国的社会进步和人民生活水平的提高做出了自己应有的贡献。可口可乐以行业的巨无霸和领跑者的身份带领着我国饮料业的发展。一个企业的发展，无论是战略的选择还是战略的实施都离不开环境的影响，这些影响有企业外部的，也有企业内部的，它们都是企业制定战略和实现战略的基础。
（2）政治法律环境	可口可乐在改革开放的初期重返中国。几十年来，我国政治环境稳定，民族团结统一，经济环境相对稳定，人民生活水平逐步提高。借着我国改革开放吸引外资，支持外资企业来中国投资的春风，可口可乐公司在中国有了巨大的发展。加之我国政府对外资的支持，尤其是支持国际知名品牌在中国发展的政策一直相对稳定，政府的产业政策和税收政策也相对稳定，这给可口可乐在中国的发展壮大提供了良好的政治法律环境。 另外，中国加入 WTO，国家政策鼓励开放性市场，政府有关部门尊重市场发展规律，对饮料市场给予正确引导、合理监督，在竞争中求发展成为市场经济锐不可挡的趋势。健全的法律制度向全世界提供了一个自由、开放、稳定、竞争的中国市场，确保所有企业的正当利益得以实现。
（3）技术环境	首先，技术创新无疑是塑料防盗盖快速发展的动力，由于国内饮料行业竞争激烈，不少知名饮料企业都采用了最新的生产工艺和设备，这使我国的制盖机械和塑料盖生产技术都达到了世界先进水平。与此同时，在塑料瓶盖生产领域，注塑和压塑工艺之争也拉开了大幕，为了更好地满足产品的个性化需求，饮料企业供应商们在产品的包装瓶盖上也下足了功夫，推出了不同功能和形式的盖，这样不仅适应了产品需求，也给终端用户企业带来了更多选择的机会。 其次，可口可乐公司生产的 PET 瓶装饮料使用塑料防盗盖替代铝盖，从而将塑料防盗盖推到了饮料包装的前台。为了更好地降低成本，供应商们将目光聚焦到了 PET 瓶口上面。让瓶口变短成了他们的有利措施，在欧洲，短瓶口的 PET 瓶最先应用于啤酒行业，并获得了成功。2005 年，可口可乐公司开始关注短瓶口的 PET 瓶，他们也想将这种瓶子和相应的短瓶盖应用在果汁和碳酸饮料产品上面。经过复杂的测试（如跌落测试、运输测试等），终于有企业设计出了最佳的瓶口和瓶盖的螺纹设计，能够满足饮料产品的密封要求，饮料行业 PET 包装迎来了它的重要革命。

资料来源：作者依据《可口可乐公司战略分析报告》编制。

另外，可口可乐有着独特的配方，习惯了可口可乐的味道，就会觉得它非常解渴，就会使人们养成一种嗜好。可口可乐可使鼻孔有发痒的感觉，能解渴，还有一点咖啡因的效果。有些人认为它能治疗头痛、恶心和胃痛等。而这种独特技术曾一度成为它的秘密武器，据中华工商时报报道可口可乐将在上海新建一个全球创新及技术中心，以拓展其研发能力。据可口可乐新上任的中国区总裁戴嘉舜介绍，可口可乐在全球目前只有五个新的研发中心，而在中国即将建的是第六个，因为中国的市场越来越大，所以在中国建立研发中心是非常重要的。而这个技术中心将是可口可乐除美国总部外，全球最好的技术中心。据称，可口可乐美国总公司将很大的精力都下在设备、碳酸饮料方面，而中国区大部分的精力都在亚太区，很多的研发方向会放在非碳酸饮料上面，另外，由于一些历史和地理方面的因素，其实，在其他的研发中心也都是针对当地的特点来发展的。

②社会文化环境

随着我国居民生活水平的提高，人们更加关注自己的生活质量，希望拥有“自然、健康”的生活方式。这使饮料市场不断细分，饮料企业推陈出新，果蔬饮料和茶饮料贴近消费者生活理念，满足消费者的口味。消费者追求更健康、更天然、更好喝的饮品。

③自然环境

温室效应使得全球的气温变暖，这在一定意义上促进了人们对饮料的需求量。

（2）微观环境。包括行业与市场结构、企业、供销商、消费者及市场分析与商品定位、社会公众、营销环境等。详见图4。

1.行业与行业市场结构	2.企业	3.供应商	4.消费者及市场分析与商品定位	5.社会公众	6.营销环境
在市场营销中百事可乐在行业市场结构中承载了很大一部分的市场份额，是可口可乐的最大竞争对手。而其他的饮料竞争产品有汇源、王老吉、雪碧、酷儿等。	产品形象描述：有实力的、广告不错、国际化、一成不变、历史悠久、口碑好、品牌多、市场全方位、有竞争力、市场占有率高、规模大；产品清爽、有些甜、汽足；所代表的个性感受是快乐、时尚的、沉稳的、富有活力。	总体来说可口可乐拥有比较稳定和坚固的供应商及规模中间商，供应链相对清晰，而且根据实际的情况不断调整自己的供应链、价值链。由于种种原因，目前可口可乐更朝新的方向继续发展。（1）扩大消费者范围。（2）成为价值链的管理者。（3）对销售渠道进行重组。（4）关键业务的确定与拓展。（5）进军国际市场。（6）努力增加股东的价值。	可口可乐不断创新的手段加强与消费者的联系，激发年轻人的共鸣，点燃他们对自由表达自我和追寻人生梦想的无限热情。一次，可口可乐六位代言偶像演绎的炫目个性秀主题电影，彰显了当代年轻人的个性才情，生动地诠释了可口可乐倡导的新消费。可口可乐饮料产品属于清凉型，适销的空间与时间范围大，适用各种场合。	处理好公共关系，以树立企业良好的信誉和公众形象。可口可乐有着百年的发展历史，在这百年当中所树立的形象是不能轻易毁掉的。通过市场环境调查，发现可口可乐公司能有今天的业绩与它的环境分不开。	可口可乐首席执行官穆泰康（Muhtar Kent）对英国《金融时报》表示，中国就像一家管理有方的公司，你只需与中国的外资管理机构打交道，地方政府争着招商引资。穆泰康同时指出，在中国以及世界各地的其他市场，你会看到对细节的关注：商业如何运作，企业如何创造就业。

图4　可口可乐公司的微观环境

资料来源：作者依据可口可乐公司的微观环境编制。

（三）跨文化管理

1．理论基础

跨文化管理（inter-cultural enterprise management）是指与企业有关的不同文化群在交互作用过程中出现文化矛盾和冲突时，有效地解决这种矛盾，达到文化的理解、沟通、协调和融合，从而高效地实现企业管理。其目的在于如何在不同形态的文化氛围中设计出切实可行的组织结构和管理机制，最合理地配置企业资源，特别是最大限度地挖掘和利用企业人力资源的潜力和价值，从而最大化地提高企业的综合效益。

（1）跨文化管理的必然性

跨文化管理中必须降低文化差异的负面影响——跨文化冲突。跨文化冲突（inter-cultural shock）是指不同文化、亚文化之间的相互对立、相互排斥、相互矛盾、相互否定的状态。

（2）跨文化管理的手段

树立正确的跨文化观念：客观看待文化差异；树立全球文化意识；充分认识到跨文化管理是人的管理。包括建立统一的价值观；实行管理本地化策略：人员本地化、语言文字本地化；学习异质文化；营造学习气氛；加强跨文化培训。

（3）策略选择

表 5　跨文化管理策略选择

本土化策略	即根据“思维全球化和行动当地化”的原则来进行跨文化的管理。全球化经营企业在国外需要雇用相当一部分当地员工，因为当地员工熟悉当地的风俗习惯、市场动态以及其政府的各项法规，并且与当地的消费者容易达成共识。雇用当地员工不仅可节省部分开支，而且更可有利于其在当地拓展市场、站稳脚跟。
文化相容策略	1．文化的平行相容策略。这是文化相容的最高形式，习惯上称之为“文化互补”。 2．隐去两者主体文化的和平相容策略。
文化规避策略	跨国公司派往东道国工作的管理人员，基于其母国文化和东道国文化的巨大不同，并不试图在短时间内迫使当地员工服从母国的人力资源管理模式。而是凭借母国强大的经济实力所形成的文化优势，对于公司的当地员工进行逐步的文化渗透，使母国文化在不知不觉中深入人心，使东道国员工逐渐适应这种母国文化并慢慢地成为该文化的执行者和维护者。

续表

文化创新策略	将母公司的企业文化与国外分公司当地的文化进行有效的整合，通过各种渠道促进不同的文化相互了解、适应、融合，从而在母公司文化和当地文化的基础之上构建一种新型的企业文化，以这种新型文化作为国外分公司的管理基础。
借助第三方文化策略	跨国公司在其他的国家和地区进行全球化经营时，由于母国文化和东道国文化之间存在着巨大的不同，而跨国公司又无法在短时间内完全适应由这种巨大的“文化差异”而形成的完全不同于母国的东道国的经营环境。这时跨国公司所采用的管理策略通常是借助比较中性的，与母国的文化已达成一定程度共识的第三方文化，对设在东道国的子公司进行控制管理。
占领式策略	是一种比较偏激的跨文化管理策略，是全球营销企业在进行国外直接投资时，直接将母公司的企业文化强行注入国外的分公司，对国外分公司的当地文化进行消灭，国外分公司只保留母公司的企业文化。

资料来源：作者依据《跨文化冲突与跨文化管理》编制。

2．可口可乐公司的跨文化管理

（1）企业文化

可口可乐一直被认为是美国文化的象征。可口可乐公司在向世界各地扩张的过程中，不仅获得了丰厚的利润，而且传播了美国的文化和价值观（其海外子公司企业文化的建设影响因素如图 5）。可口可乐核心能力的真正体现，是它对消费趋势的把握能力与行业结构的塑造能力。可口可乐在塑造品牌时，背后是对不同国家消费者生活形态与消费观念的把握能力。当可口可乐强调从“买得到”转为“无所不在”时，实际上是在强调销售渠道要更加广泛和接近顾客；从“买得起”转为“顾客心中首选”，实际上是在更加强调产品的文化内涵；“乐得买”转为“物有所值”，实际上是在强调产品的增值价值以及对消费者的尊重。为此，可口可乐所到之处均采用本地化策略，加强突出本地化特征的公关活动，把公司产品与当地文化结合在一起，把当地人的利益和美国人的利益捆在一起。

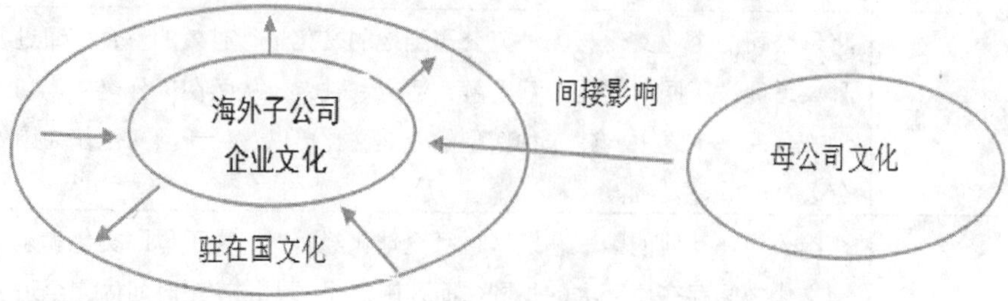

图 5　子公司文化与驻在国文化、母公司文化的关系

资料来源：作者依据《国际企业跨文化管理》编制。

表 6　可口可乐公司跨国经营进程

战略性地打开海外市场	可口可乐大规模地走出美国本土，始于第二次世界大战。1941 年，日本偷袭珍珠港，美国对日宣战，大批的参战美军被源源不断地派遣到硝烟弥漫的战场。当时的可口可乐公司总裁伍德鲁夫从中看到了公司发展的机会：如果这些美军官兵能够在战场上喝到可口可乐，将是一个多么巨大的市场。于是他果断地宣布，可口可乐公司将在全世界任何地方为美军三军人员生产 5 美分一瓶的可口可乐，并展开了强有力的宣传，进而使当时的美国陆军部深深地相信，可口可乐是提高士气的佳品饮料。此后，可口可乐的产量达到了世界饮料生产的最高纪录。从太平洋东岸到易北河边，美国士兵们沿途一共喝掉了一百多亿瓶可口可乐。在美国军人的影响下，当地人也开始喝可口可乐。到 20 世纪 40 年代中期，即第二次世界大战末，可口可乐的年销量已达 50 多亿瓶，仅在世界各地的可口可乐装瓶厂就增加到 64 家，从此可口可乐公司成了世界知名的大企业。
富有先见的当地主义	第二次世界大战结束以后，随着大批参战的美军回国，可口可乐公司在海外铺下的大摊子，原来是靠国防部的人力和财力作为军需生产维持的，现在要独立支撑，简直无法应付，海外市场面临着迅速萎缩的危险。伍德鲁夫经过一番调查，一个新的设想出现了：在海外利用当地的人力来开拓可口可乐的市场，这也是伍德鲁夫的所谓的当地主义。伍德鲁夫当地主义的主要原则是：（1）在当地设立公司，所有员工都用当地人；（2）由当地筹措资金，总公司原则是不出钱；（3）除了可口可乐秘密配方的浓缩原汁以外，一切设备、材料、运输、销售等，都由当地人自制自办，总公司只提供技术服务；（4）销售方针、生产技术、人员培训由总公司统一负责。 在当时营销科学还没有完整的体系来论述本土化战略的思想，而可口可乐的总裁伍德鲁夫已经如此富有先见地提出当地主义，也可以说是本土化的初步应用，可见可口可乐公司的巨大成功与其正确先进的营销方式有极大的关系。

续表

深谙文化影响营销	伍德鲁夫的设想提出以后，自然遭到了董事会里一些人的反对，他们认为这样做恐怕难以保证可口可乐的质量。伍德鲁夫向他们解释说："技术和质量控制完全由我们教给当地人，只要他们掌握了就不会有什么问题。重要的是我们必须这样办，外国人对美国货不会永远迷信。他们的爱国之心会逐渐加强，像饮料这样的消费品，如不借助当地人的力量，很难在海外长期立足。只有让当地人来掌握生产和销售，才能永久立于不败之地。以后的事实无可辩驳地证明了把美国货的概念淡化，融入各个市场国之中，让本地人产生内心的认同感，使可口可乐的海外市场得到了奇迹般地扩大。可口可乐公司只提供每瓶可口可乐仅 0.31%的原浆，其他的 99.69%的水、碳酸、砂糖、香料都在当地调配。据统计，近几十年来，可口可乐已经在全球借别人之力建起 1200 多家装瓶厂，可口可乐公司收入的 63%来自海外市场。

资料来源：作者依据《"让全世界的人都喝可口可乐"——美国可口可乐公司海外市场营销策略》编制。

（2）典型案例：本土化在中国的成功运用

1927 年"可口可乐"在上海及天津设厂生产，稍后更在青岛及广州生产。1933 年，在上海的可口可乐生产厂是美国以外最大的"可口可乐"厂，在 1948 年，更是美国境外第一家年产量超过一百万箱的工厂。1979 年可口可乐重返中国，至今已在中国投资达 11 亿美元。经过十几年的发展，可口可乐公司已经在中国建立了 23 家罐装饮料厂，形成了辐射全国的生产基地和销售网，年销售额近百亿元，取得如此辉煌业绩与品牌本土化战略运用是分不开的，北京可口可乐饮料有限公司副总经理韩承平先生介绍说，可口可乐的本土化包括各个方面，从工厂、原料、人员、产品、包装、营销，99%都是中国的[①]。

①人员配备本土化

纵观可口可乐公司中国销售策略，其最为独特的就是本土化。2000 年，可口可乐将中国区总部从香港迁移到了上海，从而为更近距离的感受中国本土的气息创造了条件。在人才的本土化上，2002 年首次认命了三位中国本土人士担任副总经理，可口可乐产品的销售网络延伸到哪里，就在哪里选人用人。可口可乐公司管理层认为当地具体操作人员具有得天独厚的条件：一是熟悉商情，包括街区、商家情况、购买习惯等，能使可口可乐饮料的销售工作尽快融入当地环境；二是影响范围大，当地具体操作员工的亲戚朋友都会受其工作影响，

① 资料来源：作者依据分布在中国的可口可乐生产基地编制。

对其工作拓展提供帮助；三是队伍稳定，当地员工在本地安家，无后顾之忧，工作心态稳定，可集中精力投入工作。这些先天优势是外来人员无法比拟的。所以，在中国的可口可乐公司的所有办事机构，里面的具体操作人员全都是本土人士。

图6　分布在中国的可口可乐生产基地

资料来源：作者依据分布在中国的可口可乐生产基地编制。

②品牌命名本土化

由于不同的国家长期形成了各自的文化，品牌命名将影响着市场对产品的接受程度。可口可乐起初在中国的译名为“蝌蝌啃蜡”，此名称在市场上反应不佳，更使消费者摸不到头脑，对产品也失去兴趣。为了顺应中国本土化文化，重新命名为“可口可乐”。新名称朗朗上口，易读易记，为可口可乐在中国市场的经营打下了良好的基础，也避免了由于对中国语言文化的不了解带来的再次损失。

③产品本土化

可口可乐的董事长杜达富曾经说过：“只有本地化的饮料才是畅销的饮料。”

相比美国人对碳酸饮料的喜爱，由于历史文化的影响，亚洲人特别是中国人更喜欢果汁和传统的茶饮料。可口可乐公司看到中国饮料市场上独特的文化，对产品做了相应的调整。自 2002 年成功推出第一款非碳酸饮料“冰露水”之后，又相继推出了酷儿、天与地、美汁源、果粒橙、茶研工坊、健康工坊等一系列非碳酸饮料，甚至是本土特色的饮料，深受市场欢迎。可口可乐公司成功地理解中国饮品文化，新开发的产品与母国已经开发的可口可乐在中国市场上形成了互补和平行相容的局面。

④广告宣传本土化

广告是可口可乐营销策略的重要组成部分。据调查：82.12%的消费者对可口可乐的品牌认知是通过广告获得的。百年品牌历史的可口可乐以其巧妙的广告创意锻造了亲切的产品形象。如可口可乐从 1999 年开始在中国春节推出的贺岁广告——风车篇，其广告中展现的全部外景是在黑龙江省附近的一个小村庄内拍摄的，而且广告中的全部任务角色也全部来自这个村庄；在 2000 年，可口可乐推出其广告新作——舞龙篇，由于龙是中国传统的吉祥物，舞龙更是中国传统节日的庆典节目之一，随即就受到了广大公众的好评；2005 年可口可乐以亚洲飞人刘翔为主角，以刘翔回家为主题，传递一个更为深入人心的情怀——回家团圆，实现了国家化与本土化春节民俗的完美结合。

⑤包装本土化

节日、活动特别包装设计：A. 春节版包装：春节版包装是可口可乐为了拓宽中国市场而采用的本土化战略的重要体现，每年年末可口可乐为了迎合中国传统文化，不断为春节版可口可乐更换中国服装，包括 12 生肖、春节剪纸和其他春节元素和图案。B. 奥运纪念罐：从 2001 年中国北京申奥成功起，可口可乐公司便抓住了奥运主题的各方面机会，推出设计精良、极具收藏价值的奥运纪念罐。这两个例子体现了可口可乐公司在实行全球扩张的同时也十分注重东道国国家的人文风俗和社会文化背景，为该公司实行成功的跨文化管理奠定了有利基础。

⑥员工培训本土化

可口可乐的员工培训——培养人才是主业，生产饮料是副业。拥有 121 年历史的可口可乐公司，2006 年被美国《商业周刊》以 696.4 亿美元的价值列为世界品牌之冠，连大名鼎鼎的微软也只能屈居其后。

图 7　可口可乐公司在中国本土化策略中相关联的客体

资料来源：作者依据可口可乐公司本土化策略编制文化渗透策略。

重视员工培训是可口可乐这家传统饮料公司之所以能够长盛不衰的一个重要原因。可口可乐人事部经理克罗迪亚说得好：“可口可乐是一家培养人才的公司，生产碳酸饮料不过是我们的副业。”在可口可乐公司，培训计划除了看一个人的表现如何，还要看他的发展潜力，因为可口可乐公司认为，有时表现和潜力并不完全是一回事。有的人虽然表现很好，但没有多少发展潜力，这也是不行的。除了表现和潜力外，个人自我确定的发展目标也很重要。一般来说，员工总是期望和考虑公司给自己提供更多机会，但有时机会并非外人给予，是靠自己设计和创造的。因此，个人首先应确定一个清楚的目标和计划，然后一步步走下去，这才会得到更好的发展。可口可乐公司的培训分为两种，一种是员工的“自我培训”，这种培训主要是针对外语和计算机等基础知识；另一种是企业提供给员工的“内部培训”，即由总部提供的相关管理培训。可口可乐公司每年年底都会让公司的高、中层管理人员和一般员工填报自己想要参加的培训内容，公司则将这些培训内容加以分类，并在月度计划中逐步执行。公司也会对员工的业绩及工作表现和员工的潜能进行预测，分析其未来的发展方向，确定其岗位调整以及应参加的培训。

在可口可乐公司，培训也分为高、中、低三种：高层员工的培训主要是以总部培训发展所提供的培训项目为主；对中层员工的培训则主要侧重于他们掌握新的管理知识、新的技能；至于一般员工则侧重于本职岗位的专业技能培训，在培训中主要抓住潜力好、能力强的员工进行重点培训。这些培训主要是多提供给他们一些新领域的知识与技能，以达到升职后工作岗位的需求；而企业中层与基层的重点员工，一般来说是企业培训的重点，公司会集中资源对他们进行强化培训。

此外，在可口可乐基础培训中，就有一项是公司企业文化培训。通过这些经常性、全员性、广泛性的培训，既能让员工了解到可口可乐发展的历史、企业精神、可口可乐管理系统、可口可乐人文文化、可口可乐营销文化等，又促进了来自不同地区的员工建立相同的价值观和经营观，从而更好地应对文化冲突和地区差异。

在中国，可口可乐公司的员工培训更是细致全面。整体性、连续性的业务培训既保证了业务员通过培训后成为一名合格的“可口可乐人”，又营造了公司的学习气氛。使可口可乐公司文化在不知不觉中深入人心的同时也让中国的员工逐渐适应了这种母国文化并慢慢地成为该文化的执行者和维护者。

（3）可口可乐的经营理念

虽然已经有以上这些成功的管理经验，但还是有点美中不足，所以可口可乐公司又改善了其策略，内容如下：

经营理念：从 3AS 到 3PS 可口可乐全球经营哲学原来被人称作 3AS，即买得到、买得起、乐得买。最近几年明确改为 3PS，即无处不在、物超所值、心中首选。这一改动并不是简单的词句变化，而是代表着可口可乐将以更积极、更主动的经营思想指导全球业务的开展。可口可乐 3PS 经营哲学，说易行难，要做到尽善尽美，更要面对不少挑战。现在全球 98%的人已认识可口可乐品牌，这就体现出可口可乐无处不在的威力。无论你身处地球哪个地方，只要一想起可口可乐，就能唾手可得，这就是无处不在的含义；可口可乐所蕴含的巨大的品牌价值和文化价值，给人已不是一瓶汽水那么简单的感受，这就是物超所值的真谛；而只要你想饮用汽水，就首先想到去买可口可乐，而且不仅仅购买一次，这就是心中首选的魅力。如今，可口可乐公司所有大小决策，都紧紧围绕 3PS 进行。为了更好地贯彻无处不在、物超所值、心中首选，可口可乐公司对广告宣传极为重视。伍德鲁夫曾说：我们的可口可乐中 99.7%是糖和水，如不把广告做好，可能就没有人喝了。

据统计，1911 年，可口可乐的广告费是 100 万美元，1941 年为 1000 万美元，1948 年为 2000 万美元，10 年后又增加到 4000 万美元。据说，现在的广告费已经超过了亿元。可口可乐公司在其国际经营计划中还有一条原则，即所有的广告，不论是在海外哪个国家做广告，都由总公司统一负责制作。至今世界各地的可口可乐广告、商标，甚至标有可口可乐标志的红色冰箱，都是地道的美国货。所有这些，虽然不能使我们完全解开可口可乐雄霸世界市场之谜，但是仍然能给我们很多启迪。

三、总结

面对复杂的国际商务环境，可口可乐公司能够成功运用各方面策略，实现跨国公司的文化相容性，成功解决跨文化冲突，是一笔值得我们挖掘整理、开拓创新的宝贵财富。以下是可口可乐公司在中国的战略取得成功的原因：

（一）强化本土化概念

本土化的实质是跨国公司将生产、营销、管理、人事等经营诸方面全方位融入东道国经济中的过程。可口可乐公司从进入中国开始，无论在区域开发、建装瓶厂、与合作伙伴进行无隙合作，还是新产品推广、本土管理人员聘用、广告宣传和本土化等方面都为国际品牌企业做出了表率。可口可乐公司在中国的迅速发展，也印证了本土化经营能为跨国公司的发展插上翅膀。

（二）宣传内容入乡随俗

可口可乐公司在中国的广告宣传成功与中国传统民俗完美结合。无论是从广告的拍摄地点，还是每一阶段的广告主题，还是广告主角都与中国文化和传统习俗紧密联系在一起。这就为可口可乐公司迅速被中国大众了解奠定了良好基础，从而促进其在中国市场的发展和壮大。

（三）注重产品创新

在产品上，打破传统，使公司的产品跨出碳酸饮料的领域，以迎合当地人的口味。根据中国人喜好，开发“芬达”、“果粒橙”等新产品。只有不断进行产品创新才能满足复杂多变的市场需求，也才能赢得消费者的青睐。

（四）建立合作伙伴关系

可口可乐公司与三个重要装瓶伙伴（中粮、嘉里、太古）紧密合作，在中国共同投资了 12 亿美元，建立了多家工厂。目前有 600 多家批发商与北京可口可乐饮料有限公司结成了合作伙伴关系，与当地企业建立合作伙伴关系使得可口可乐在华市场拓展速度不断加快。

（五）与东道国合作共赢

可口可乐公司为中国提供了41400多个就业机会，每年为税收部门直接或间接增加利税16亿元人民币。同时，建立了一个庞大的供货和销售网络，还极大地拉动了包括糖业、运输业、塑料加工业、仓储物流业等在内的众多行业的发展，促进当地经济健康发展。

（六）建设公益事业

可口可乐公司有一个明确的长期承诺：就是让每个可口可乐的业务单位都成为当地模范企业公民，让可口可乐业务所及的每一个人都能受益。

（七）培养出专属的企业文化

通过独有的品牌故事得到消费者的认可和赞同。从经济角度来说，我国企业应利用好当地的法律政策，在一定经济环境下根据市场的需求合理整合好企业的内外部资源，并运用好诸如金融机构等商务基础设施；可口可乐公司的成功经验也启发了我国企业在生产中注意好产品的开发和创新，开创属于本企业的独特技术，并在保证质量的基础上科学合理地降低成本；此外，在产品的生产和开发过程中要秉承可持续发展原则，绿色经营，生产符合当地各项标准的环保产品。

总之，可口可乐公司采用“全球一体化”与“本土化”相结合的理念，在打开中国市场的同时，合理、成功地应对了文化差异、文化冲突等跨文化管理问题，是值得我国企业实行“走出去”战略学习和借鉴的宝贵财富。

四、启示

目前，我国大力实施企业“走出去战略”，开展境外投资。企业开展境外投资，没有一个固定的模式，必须因地制宜。虽然我国企业“走出去”所面临的环境与可口可乐进入中国市场不尽相同，但是进入中国的一些方式、在中国成功的经营经验仍值得我国企业“走出去”时参考和借鉴。

（一）跟着市场走，选择适当的经营方式

可口可乐公司在华经营方式的选择，始终根据它对中国饮料市场脉络变化的把握，先后经历了许可贸易、合作生产、合作改合资、特许经营等。

目前，我国企业“走出去”总体上处于起步阶段，各方条件尚不完备，选择经营方式，切忌盲目，更不可好大喜功。要知己知彼，从本企业的实际情况出发，从企业的内部、外部环境出发，根据不同国家经济发展水平和市场状况，采取相应的“走出去”方式和策略，以便在复杂的国际商务环境中实现母公司与东道国的相容，实现双赢。

（二）树立“全球一体化”与“本土化”相结合的理念

可口可乐公司成功进入中国，其“全球一体化”结合“本土化”的理念起至关重要的作用。我国企业在实行“走出去”战略的同时，一定要明白“全球一体化”不是与“本土化”相悖，而是不同地区文化相碰撞相融合的结果。在不失母公司品牌内涵和特质的前提下，通过科学缜密的市场调研，实施一定的本土化策略，是成功面对跨文化管理，解决跨文化冲突的基础和保障。

（三）全局考虑，注重长远效益和综合效益

我国企业“走出去”，不能急功近利，必须要有计划有步骤地稳步实施。可口可乐公司开拓中国市场并不强调短期利润目标，占领具有潜力的市场或者研发新技术等同样也是他们开展中国市场经营的目的。其进入中国都是基于这样的认识，把赢利的期望放在较远的未来。我国企业在开拓一些有潜力的市场时，必须要有充分的思想准备和市场考察。

（四）“择木而栖”，建立良好的合作关系

可口可乐公司的主要合作伙伴都是具有投资实力、有经营管理经验的公司。用这些企业投入的资金，建成了具有先进生产水平和一定规模的灌装厂，利用他人的资金，快速占领中国市场，实现“少投入，多产出”的目的。我国企业在“走出去”时，一定要积极和东道国企业合作，建立良好的合作关系，为自己的跨国进程插上翅膀。

（五）需关注的问题

可口可乐在中国市场上取得战略成功的同时，我们也需关注一下要点：

1. 避免一味迎合当地文化。可口可乐公司在世界各地的跨文化营销中展现出了其完美的适应性，但如果在进入任何市场时都极力迎合当地的文化，可口可乐恐怕会丧失自身的文化价值。跨文化管理过程中最主要的问题是追求不同文化的融合和互动，而不是在跨越文化障碍的同时，放弃自身的文化内涵。在中国市场，可口可乐的研发、原材料采购以及灌装全部在中国完成，已经成为了彻头彻尾的中国制造，在很多消费者的心目中，那喜庆的产品包装颜色也总是跟春节、庆功活动联系在一起。可口可乐在中国市场的这几十年，主要精力都放在了如何迎合中国文化、如何融入中国文化。自身的品牌特质似乎变得越来越模糊，或许这是可口可乐在中国市场的战略上需要面对的另一个难题。

2. 警惕产品本土化的可口可乐在中国市场推出的最主要的产品仍然是可乐、雪碧、芬达等，这些产品都表现不俗。但是其他的产品可以说是乏善可陈，比如冰爽茶、原液茶、茶研工坊系列产品都不算成功。可口可乐在激励满足目标市场消费者口味需求的过程中遭遇了这样的挫败，其背后的原因值得深思。如果可口可乐今后仍然盲目跟风，可能会在这个陷阱中越陷越深。

案例说明书

一、本案例要解决的关键问题

本案例要实现的教学目标在于：引导学员进一步关注跨国公司的国际商务环境和跨文化管理在跨国公司运营中的作用。即：一方面，学员通过学习可口可乐公司这一成功案例，借鉴挖掘该公司如何运用跨文化管理的策略来处理跨文化管理中的问题，解决跨文化冲突；另一方面，学员重点掌握可口可乐公司的成功为我国企业“走出去”带来的启示和经验，进一步促进我国的对外开放和可持续发展战略。

二、案例讨论的准备工作

为了有效实现本案例目标，学员应该具备下列相关知识背景：

1.理论背景

案例所涉及到的主要理论点是运用国际直接投资理论和战略管理理论，主要有：

（1）国际生产折衷理论（the eclectic theory of international production），又称“国际生产综合理论”，通过企业对外直接投资所能够利用的是所有权优势、内部化优势和区位优势，只有当企业同时具备这三种优势时，才完全具备了对外直接投资的条件。

（2）垄断优势理论（monopolistic advantage theory）又称所有权优势理论或公司特有优势理论，是最早研究对外直接投资的独立理论，是由对外直接投资理论的先驱，美国麻省理工学院教授海默（Stephan Hymer）于1960年在他的博士论文中首先提出的，由麻省理工学院C.P.金德贝格在70年代对海默提出的垄断优势进行的补充和发展。它是一种阐明当代跨国公司在海外投资具有垄断优势的理论。此理论认为，考察对外直接投资应从“垄断优势”着眼。

（3）竞争战略理论是企业战略的一部分，又称为业务层次战略或者SBU战略，它是在企业总体战略的制约下，指导和管理具体战略经营单位的计划和行动。企业竞争战略要解决的核心问题是，如何通过确定顾客需求、竞争者产品及本企业产品这三者之间的关系，来奠定本企业产品在市场上的特定地位并维持这一地位。

（4）核心竞争力理论。核心竞争力即企业相较于竞争对手而言所具备的竞争优势与核心能力差异。企业的核心业务是指能够为企业带来最大效益的、企业在行业内占据优势的业务。

2. 行业背景

首先，可口可乐公司的发展历程，即：可口可乐产品的起源发展；可口可乐公司的建立、海外扩张、营销策略以及可口可乐公司在中国市场上的战略计划。除此之外，改革开放后，中国饮料市场的发展以及中国“打开国门”后为可口可乐这样的跨国企业提供的便利和支持——可口可乐公司在中国获得特许经营和在华的三个重要伙伴为其打开中国市场奠定了十分重要的基础。可口可乐公司与三个重要装瓶伙伴（中粮、嘉里、太古）紧密合作，在中国共同投资了12多亿美元，建立了多家工厂。目前有600多家批发商与北京可口可乐饮料有限公司结成了合作伙伴关系，与当地企业建立合作伙伴关系使得可口可乐在华市场拓展速度不断加快。

3. 制度背景

（1）市场准入制度：市场准入一般是指货物、劳务与资本进入市场程度许可。

（2）外资准入制度：我国改革开放以来，市场不断打开，对外资的投资和建设提供了方便和支持。

（3）特许经营（franchise）是指特许经营权拥有者以合同约定的形式，允许被特许经营者有偿使用其名称、商标、专有技术、产品及运作管理经验等从事经营活动的商业经营模式。

三、案例分析要点

1．需要学员识别的关键问题

本案例需要学员识别的主要知识点包括：国际商务环境、跨文化管理、文化相容性、本土化策略、产品 4PS 原则、PESTEL 模型。

2．解决问题的可供选择方案及其评价

（1）关于国际商务环境的分类

根据可口可乐公司目前所处的国际商务环境，在该公司的海外市场扩张过程中应该怎样去利用有利的国际商务环境和规避不利的国际商务环境。

（2）关于跨文化管理

根据现有的文献资料，无论企业从属哪类行业，规模大小如何，在进行海外市场扩张时都会遇到不同程度的跨文化冲突。解决跨文化冲突的策略办法主要有以下十种：①树立正确的跨文化观念；②树立全球文化意识；③充分认识到跨文化管理是人的管理；④建立统一的价值观；⑤实行管理本地化策略；⑥人员本地化；⑦语言文字本地化；⑧学习异质文化；⑨营造学习气氛；⑩加强跨文化培训。

关于本案例中可口可乐公司之所以能够成功解决跨文化管理中的种种难题，实现文化的相容性，正是因为有效运用了以上涉及的策略方法。

本案例还想提醒学员的问题是：在可口可乐公司取得中国市场的战略成功的背后，存在哪些问题和隐患。也就是说，我们如何从保持母公司文化的角度来看，我国企业在“走出去”时，既要因地制宜，因时制宜，成功应用跨文化管理策略，又要不失本公司原有的特色和特质。只有这样才能在“大浪淘沙”的国际环境中处于不败之地。

3．推荐解决问题的方案

（1）关于本案例跨文化管理策略的判断

如果从所掌握的资料来看，可口可乐公司在处理跨文化冲突时，更多是运用“本土化策略”因地制宜，而不是仅凭母公司自身鲜明的美式文化“运筹帷幄”。从这个意义上来说，跨文化管理实际上既是“全球一体化”和“本土化”相互碰撞、相互磨合的结果，又是这二者融合的必要条件。

这里关键的问题是跨国公司想要获得海外市场乃至全球成功，一定要树立“全球一体化”与“本土化”相结合的思想，才能实现文化的相容性，为跨国经营插上翅膀。

（2）关于本案例解决问题的方案及具体措施

本案例旨在从跨文化管理的角度挖掘分析可口可乐公司在中国市场上取得成功的原因，从而指导引领我国企业在实行“走出去”战略时应该汲取的经验教训，即：取可口可乐利用跨文化管理成功促进不同文化的相容性之精华，去可口可乐公司在跨文化进程中为了赢得市场可能失去特质之糟粕。同时，也要注意分析我国企业所面临的国际商务环境，根据不同的行业，本国企业应该做好充分的准备，取长补短，在国际竞争中赢得一席之地。

四、教学组织方式

1. 问题清单及提问顺序、资料发放顺序

本案例讨论题目依次为：

（1）可口可乐公司的背景及其发展；

（2）国际商务环境的内涵和分类；

（3）国际商务环境对跨国公司的影响；

（4）跨文化管理的必要性；

（5）跨文化管理的内涵和策略；

（6）可口可乐公司在华跨文化管理策略；

（7）可口可乐公司的成功带给我们的启示。

2. 课时分配

（1）课前自行阅读资料：3 小时；

（2）小组讨论并提交报告提纲：5 小时；

（3）课堂小组代表发言，进一步讨论：2.5 小时；

（4）课堂讨论总结：0.5 小时。

3. 讨论方式

本案例可以采用小组式进行讨论，分组发言，阐明各自观点。

4. 课堂讨论总结

课堂讨论总结的关键是：归纳发言者的主要观点；重申其重点及亮点；提醒大家对焦点问题或有争议观点进行进一步思考；建议大家对案例素材进行扩展研究和深入分析。

5. 其他

（1）计算机及视听辅助手段支持；

（2）建议的板书计划，如本案例的标题所示。

附　录

附表 1　可口可乐公司现金流量表

现金流量表				
单位:百万美元	2012-12-31	2011-12-31	2010-12-31	2009-12-31
净利	9086.00	8646.00	11859.00	6906.00
折旧	1982.00	1954.00	1443.00	1236.00
摊销	0.00	0.00	0.00	0.00
递延税项	632.00	1035.00	617.00	353.00
非现金项目	123.00	-48.00	-4112.00	298.00
营运资本变动	-1178.00	-2113.00	-275.00	-607.00
经营活动产生的现金流量	10645.00	9474.00	9532.00	8186.00
资本性支出	-2780.00	-2920.00	-2215.00	-1993.00
其他投资现金流项目总计	-8624.00	396.00	-2190.00	-2156.00
投资活动的现金	-11404.00	-2524.00	-4405.00	-4149.00
筹资活动产生的现金流量项目	100.00	45.00	50.00	0.00
总现金支付的股息	-4595.00	-4300.00	-4068.00	-3800.00
净发行（赎回）股票	-3070.00	-2944.00	-1295.00	-856.00
净发行（赎回）债务	4218.00	4965.00	1848.00	2363.00
筹资活动产生的现金流量	-3347.00	-2234.00	-3465.00	-2293.00
外汇影响	-255.00	-430.00	-166.00	576.00
现金净增减额	-4361.00	4286.00	1496.00	2320.00
现金支付利息	574.00	573.00	422.00	346.00
现金支付税款	981.00	1612.00	1766.00	1534.00

数据来源：新浪财经。

附表 2　可口可乐公司资产负债表

可口可乐公司（CCE）资产负债表					
单位：百万美元	2013-09-27	2013-06-28	2013-03-29	2012-12-31	2012-09-28
现金及现金等价物	11118.00	9406.00	9162.00	8442.00	9615.00
短期投资	9341.00	9807.00	9266.00	8109.00	8468.00
现金及短期投资	20459.00	19213.00	18428.00	16551.00	18083.00
净应收账款	5116.00	5516.00	5007.00	4759.00	5083.00
其他应收款	0.00	0.00	0.00	0.00	0.00
应收账款总计	5116.00	5516.00	5007.00	4759.00	5083.00
库存总额	3321.00	3643.00	3607.00	3264.00	3447.00
待摊费用	2433.00	2610.00	2918.00	2781.00	3099.00
其他流动资产合计	247.00	1590.00	1559.00	2973.00	0.00
流动资产	31576.00	32572.00	31519.00	30328.00	29712.00
财产/工厂/设备总资产	24401.00	24151.00	23938.00	23486.00	24516.00
累计折旧	-9853.00	-9602.00	-9395.00	-9010.00	-9128.00
商誉	12412.00	12657.00	12291.00	12255.00	12381.00
无形资产	15091.00	15049.00	15098.00	15082.00	15394.00
长期投资	11535.00	10829.00	11077.00	10448.00	10150.00
其他长期资产	4270.00	3855.00	3922.00	3585.00	3629.00
总资产	89432.00	89511.00	88450.00	86174.00	86654.00
应付账款	0.00	0.00	0.00	0.00	0.00
预提费用	0.00	0.00	0.00	0.00	0.00
应付票据/短期债务	18840.00	18314.00	16322.00	16297.00	16208.00
长期负债/融资租赁	3194.00	3193.00	4505.00	1577.00	341.00
目前其他债务总计	564.00	1077.00	931.00	1267.00	656.00
流动负债合计	33042.00	32469.00	31102.00	27821.00	27008.00
长期负债	14173.00	14179.00	14291.00	14736.00	16181.00
资本租赁债务	0.00	0.00	0.00	0.00	0.00
长期负债合计	14173.00	14179.00	14291.00	14736.00	16181.00
总债务	36207.00	35686.00	35118.00	32610.00	32730.00
递延所得税	5307.00	5298.00	5214.00	4981.00	5197.00
少数股东权益	333.00	408.00	414.00	378.00	380.00
其他债务总计	4445.00	4934.00	4949.00	5468.00	4678.00

续表

单位：百万美元	2013-09-27	2013-06-28	2013-03-29	2012-12-31	2012-09-28
负债总额	57300.00	57288.00	55970.00	53384.00	53444.00
总可赎回优先股	0.00	0.00	0.00	0.00	0.00
净不可赎回优先股	0.00	0.00	0.00	0.00	0.00
普通股	1760.00	1760.00	1760.00	1760.00	1760.00
额外实收资本	12122.00	11990.00	11664.00	11379.00	11280.00
未分配利润（累计亏损）	61187.00	59978.00	58549.00	58045.00	57320.00
库藏股票——普通股	-38238.00	-37422.00	-36282.00	-35009.00	-34209.00
其他权益	-4699.00	-4083.00	-3211.00	-3385.00	-2941.00
总股本	32132.00	32223.00	32480.00	32790.00	33210.00
总负债及股东权益	89432.00	89511.00	88450.00	86174.00	86654.00
发行股票——普通股首发	0.00	0.00	0.00	0.00	0.00
已发行普通股	4416.00	4434.00	4448.00	4469.00	4486.00

数据来源：新浪财经。

附表 3　可口可乐公司利润分配表

可口可乐公司（CCE）利润分配表					
单位：百万美元	2013-09-27	2013-06-28	2013-03-29	2012-12-31	2012-09-28
收入	12030.00	12749.00	11035.00	11455.00	12340.00
其他收入	0.00	0.00	0.00	0.00	0.00
总收入	12030.00	12749.00	11035.00	11455.00	12340.00
成本总计	4793.00	4989.00	4324.00	4628.00	4853.00
毛利	7237.00	7760.00	6711.00	6827.00	7487.00
卖出/常规/行政费用总计	3120.00	3087.00	2969.00	4430.00	4630.00
研究与发展	0.00	0.00	0.00	0.00	0.00
折旧/摊销	0.00	0.00	0.00	0.00	0.00
利息费用（收入）-净营业	0.00	0.00	0.00	0.00	0.00
一般性费用（收入）	164.00	275.00	0.00	141.00	9.00
其他营业费用合计	1491.00	1295.00	1314.00	99.00	55.00
营业费用合计	9580.00	9648.00	8627.00	9298.00	9547.00
营业利润	2450.00	3101.00	2408.00	2157.00	2793.00
利息收入（费用）	0.00	0.00	0.00	0.00	0.00
出售资产的收益（亏损）	0.00	0.00	0.00	0.00	0.00
其他收入	647.00	171.00	-226.00	7.00	23.00

续表

单位：百万美元	2013-09-27	2013-06-28	2013-03-29	2012-12-31	2012-09-28
税前利润	3380.00	3525.00	2344.00	2377.00	3084.00
税后利润	2455.00	2694.00	1769.00	1890.00	2329.00
少数股东权益	-8.00	-18.00	-18.00	-24.00	-18.00
附属公司权益	0.00	0.00	0.00	0.00	0.00
未扣除特别项目前的净利	2447.00	2676.00	1751.00	1866.00	2311.00
会计变更	0.00	0.00	0.00	0.00	0.00
已终止经营业务	0.00	0.00	0.00	0.00	0.00
特别项目	0.00	0.00	0.00	0.00	0.00
净利润	2447.00	2676.00	1751.00	1866.00	2311.00
优先股股利	0.00	0.00	0.00	0.00	0.00
扣除特别项目收入	2447.00	2676.00	1751.00	1866.00	2311.00
普通股股东可获收益（含非经常性项目）	2447.00	2676.00	1751.00	1866.00	2311.00
基本加权平均股数	0.00	0.00	0.00	0.00	0.00
扣除非经常性项目的基本每股收益	0.00	0.00	0.00	0.00	0.00
包含特别项目的基本每股盈利	0.00	0.00	0.00	0.00	0.00
摊薄调整	0.00	0.00	0.00	0.00	0.00
摊薄加权平均股	4498.00	4527.00	4530.00	4557.00	4587.00
扣除非经常性项目的每股摊薄盈利	0.54	0.59	0.39	0.41	0.50
包括非经常性项目的每股摊薄盈利	0.00	0.00	0.00	0.00	0.00
每股股息——普通股首次发行	0.28	0.28	0.28	0.26	0.26
总股息——普通股	0.00	0.00	0.00	0.00	0.00
扣除股权报酬后的净利润	0.00	0.00	0.00	0.00	0.00
扣除股权报酬后的基本每股收益	0.00	0.00	0.00	0.00	0.00
扣除股权报酬后的每股摊薄收益	0.00	0.00	0.00	0.00	0.00
贬值，追加	0.00	0.00	0.00	0.00	0.00
特别项目总计	0.00	0.00	0.00	0.00	0.00
正常化税前收入	0.00	0.00	0.00	0.00	0.00
特殊项目对所得税的影响	0.00	0.00	0.00	0.00	0.00
扣除特殊项目影响的所得税	0.00	0.00	0.00	0.00	0.00
正常化税后收入	0.00	0.00	0.00	0.00	0.00
普通股股东可获标准收益	0.00	0.00	0.00	0.00	0.00
基本标准收益	0.00	0.00	0.00	0.00	0.00
摊薄每股标准收益	0.57	0.64	0.39	0.43	0.51

数据来源：新浪财经。

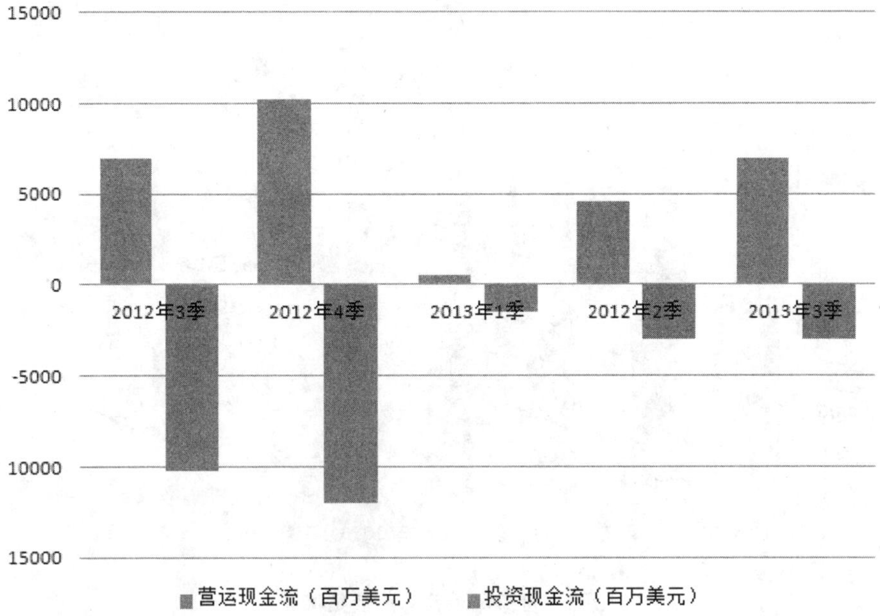

附图 1　可口可乐公司现金流量

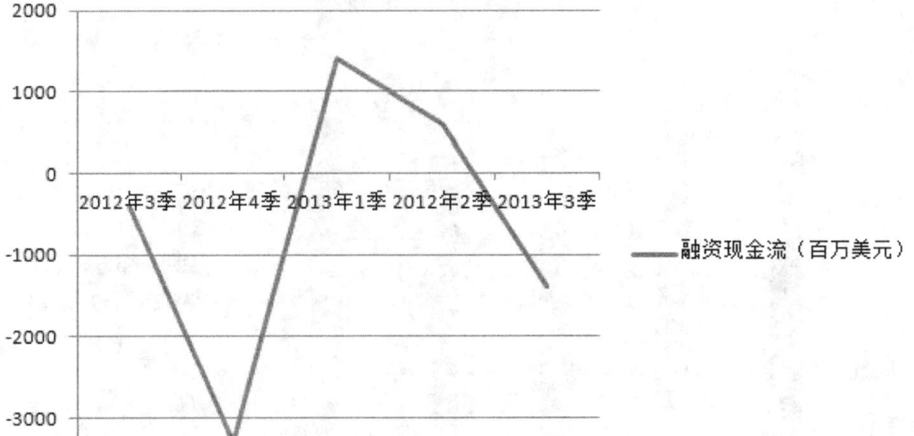

附图 2　融资现金流（百万美元）

数据来源：新浪财经。

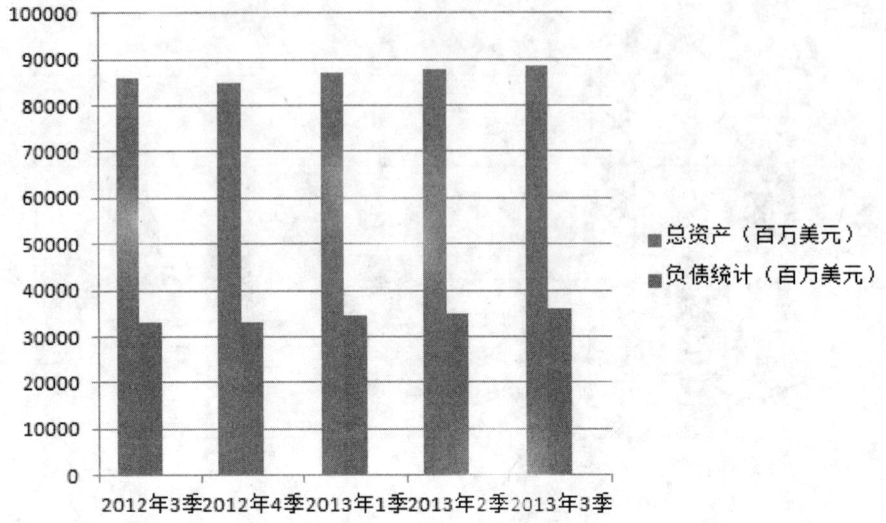

附图 3　可口可乐公司资产负债图

数据来源：新浪财经。

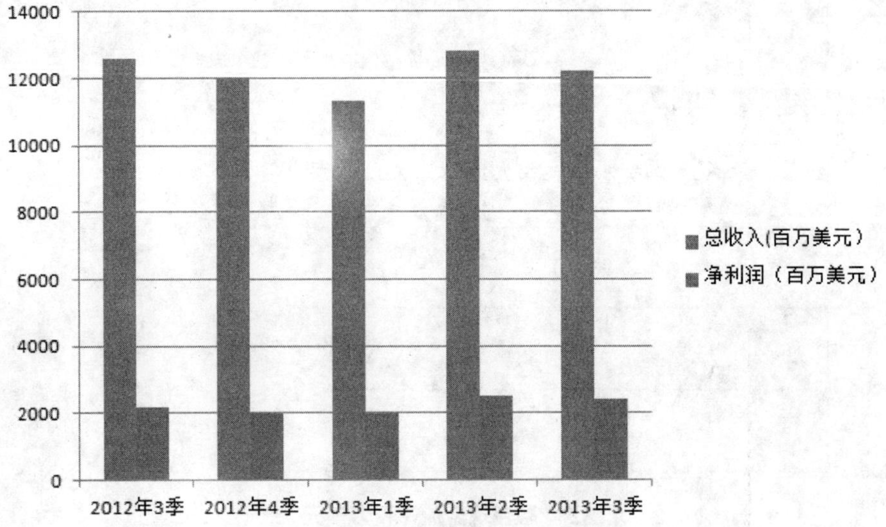

附图 4　可口可乐公司利润分配

数据来源：新浪财经。

从北京H集团转让土地使用权看资产转让的税收筹划问题

黄凤羽　邢晓晅　刘珊

2006年6月天津K公司和T公司合资成立天津M房地产公司，随后M房地产公司两次增资并进行了资产重组，到2010年9月H集团已通过增资成为M房地产公司的最大股东，并于同年10月与K公司和T公司签订协议享有和行使K、T公司的股东权益，至此，H集团完全控制M房地产公司。随后，天津K公司将自己的R1土地的使用权转让给M房地产公司，H集团因完全控制M公司而同样享有该土地的使用权。随后，H集团将M公司的全部股权转让给了F集团，同时也将R1土地的使用权转移给了F集团。在整个过程中，虽然是M公司的股权转让，但实质却是转让土地使用权，H集团在整个转让中获得巨大的利益，但是却未缴纳营业税和土地增值税，那么H集团为什么能够避免缴纳大量的营业税和土地增值税？该公司究竟是如何对转让土地使用权这一行为进行税收筹划的？

一、案例概况

（一）股权转让情况

天津M房地产公司于2006年6月成立，注册资金1000万元。K公司出资900万元，持90%股权；T公司出资100万元，持10%股权。K和T公司均为国有独资企业。

2007年12月，M房地产公司进行第一次增资，增加注册资金760万元，全部由G公司（北京H集团的全资子公司）认缴。增资后，持股比例变更为：K公司900万元，占51%股权；G公司760万元，占43%股权；T公司100万元，占6%股权。

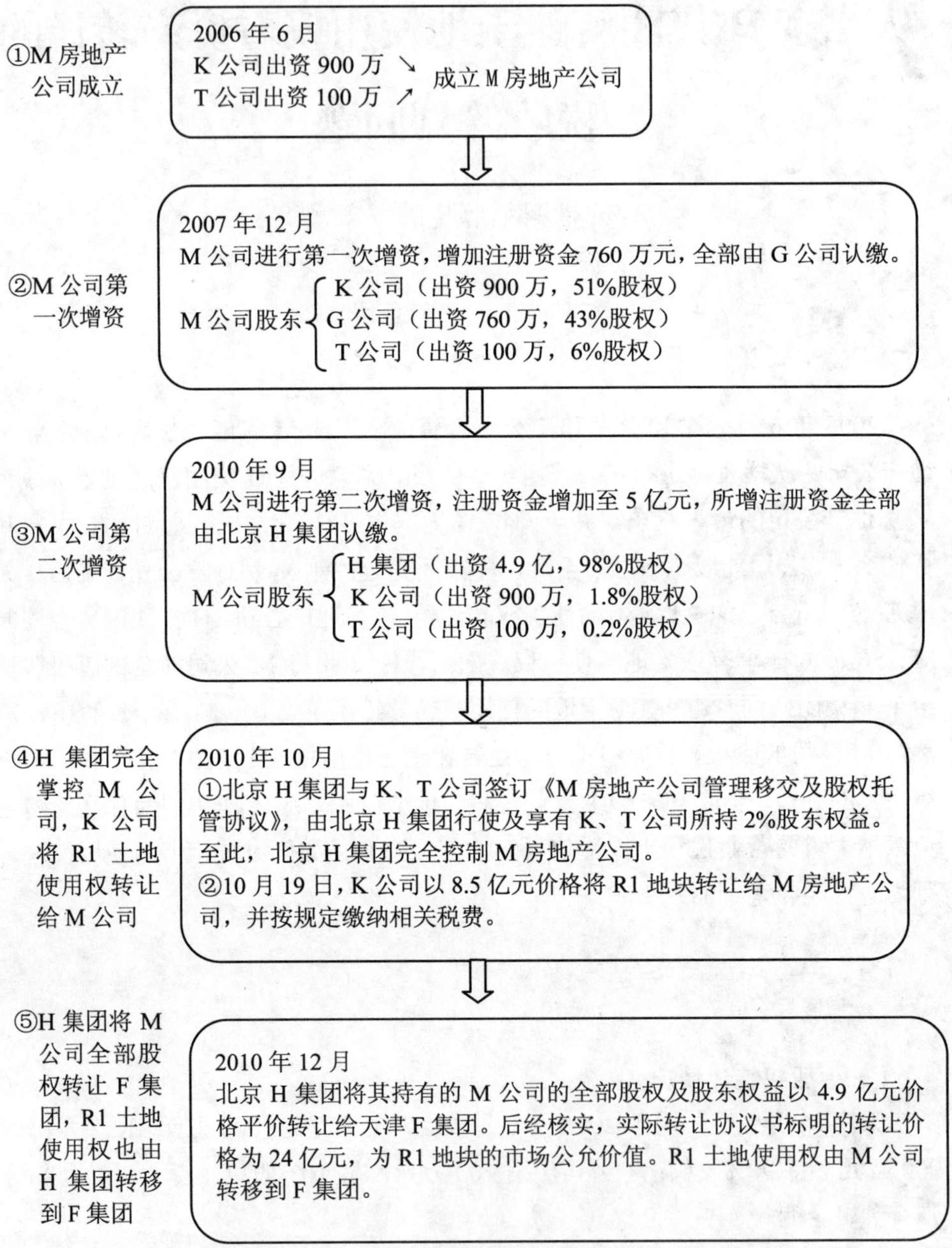

图1　交易过程示意图

2010 年 9 月，M 房地产公司进行第二次增资，注册资金增加至 5 亿元，所增注册资金全部由北京 H 集团认缴。此前，北京 H 集团已经收购 G 所持 43%的股权。第二次增资后，实际持股比例变更为：北京 H 集团 4.9 亿元，占 98%股权；K 公司 900 万元，占 1.8%股权；T 公司 100 万元，占 0.2%股权。2010 年 10 月，北京 H 集团与 K、T 公司签订《M 房地产公司管理移交及股权托管协议》，由北京 H 集团行使及享有 K、T 公司所持 2%股东权益。至此，北京 H 集团完全控制 M 房地产公司。

2010 年 12 月，北京 H 集团将其持有的 M 房地产公司的全部股权及股东权益以 4.9 亿元价格平价转让给天津 F 集团。后经核实，实际转让协议书标明的转让价格为 24 亿元。

（二）R1 地块土地使用权转让情况

R1 地块土地面积 93645 平方米，规划开发面积 299664 平方米。2004 年，K 公司取得 R1 地块土地使用权，并根据有关政策办理了契税免征手续，契税计税价格为 4.3 亿元（含拆迁费、土地出让金、配套费）。2005 年 6 月，取得土地使用权证。

2010 年 10 月 19 日，K 公司以 8.5 亿元价格将 R1 地块转让给 M 房地产公司，并按规定缴纳相关税费。此前 1 个月，北京 H 集团已经通过股权收购和第二次增资完全控制 M 房地产公司，原属于国有资产的 R1 地块土地使用权已经成为北京 H 集团（私营企业）控股子公司的资产。

2010 年 12 月，北京 H 集团与天津 F 集团签订股权转让协议书，转让价格 24 亿元，为 R1 地块的市场公允价值。

根据上面的简述，我们看到从最初的 K 公司和 T 公司合资成立 M 房地产公司，M 房地产公司增资重组被 H 集团完全控制，到 K 公司把 R1 土地使用权直接转让给 M 公司，再到 H 集团将 M 公司的股权全部转让给 F 集团，R1 土地的使用权完成了从 K 公司转移到 H 集团再到 F 集团。在整个过程中，K 公司直接将 R1 土地的使用权转让给 M 房地产公司，这属于资产转让的行为，应按照现行的税收规定要缴纳营业税和土地增值税。对 H 集团以股权转让的方式将 R1 土地的使用权转移给 F 集团，表面上是公司股权的转让，但实质上是对土地使用权的转让，但是根据《财政部国家税务总局关于股权转让营业税问题的通知》（财税〔2002〕191 号）文件规定，对于股权转让不征收营业税，单纯股权转让也不征收土地增值税，所以 H 集团利用了股权转让的方法避免了资产转让——

土地使用权转让应缴的营业税和土地增值税。

近年来，房地产行业的税收筹划一直是个热点，企业、财税中介机构和学术界都热衷于讨论这个问题，这说明其中确实存在着很大的筹划空间，认真分析各类筹划方案可以看出，最主要的筹划点在于：以股权交易行为实现房产、土地使用权等资产转让目的，规避资产转让应当缴纳的各项税费。以上案例便是房地产行业税收筹划的一个典型案例。

二、相关制度梳理

利用股权转让完成土地使用权、房地产等资产转让是最近几年转让土地使用权、房地产等资产常用的税收筹划手段，本案例将介绍我国在关于股权转让上计征营业税和土地增值税究竟是如何规定的、国家政策是如何变化的，并对计征营业税和计征土地增值税的政策进行梳理。

（一）股权转让计征营业税问题的政策梳理

从 1994 年 1 月 1 日施行《营业税税目注释（试行稿）》（国税发〔1993〕149 号）算起，我国针对不动产和无形资产的转让或投资行为，已陆续出台了二十余项法规或批复。按照对相关交易行为是否征税进行判别，也历经了多次变化。对这些制度的演变进行梳理，有助于理解制度变化的内在逻辑，并可优化今后的税制设计。

对于资产转让营业税方面的税收规定一直是比较明确的，即无形资产或者不动产的转让需要缴纳营业税，而股权转让的营业税征缴问题却经历了一系列的税收政策的调整。从时间上来看，营业税总体上经历了从征税到不征税的过程，而在实践操作中因为经济形势变化、交易方式日渐繁多或者保障重点工程建设，营业税的征税范围从笼统的股权转让演变到具体的企业交易行为。

1. 制度沿革

以时间作为划分标准，营业税税收政策在股权转让方面经历的系列变动，大致可以归纳为“股权转让征收营业税→股权转让不征收营业税→个案批复产权转让不征收营业税→资产重组过程中涉及产权转让不征收营业税”四个阶段。

（1）股权转让征收营业税

在国家税务总局《营业税税目注释（试行稿）》（国税发〔1993〕149 号）

的通知中，第八、九条明确规定，以无形资产、不动产投资入股，参与接受投资方的利润分配、共同承担投资风险的行为，不征收营业税，但转让该项股权，应按转让无形资产和销售不动产税目征税。

可以说，此时税收上实际是将股权转让与资产转让等同看待，但是文件中提到的“转让该项股权”的行为，指的是以无形资产、不动产投资入股形成的股权，这时候的转让才需要缴纳营业税，但是对于多次投资形成的股权，其股权构成是很难判断是否符合规定的，并且文件中并未明确提出股权转让行为是否应该征税。

随后，国税总局下发了《关于以不动产或无形资产投资入股收取固定利润征收营业税问题的批复》（国税函〔1997〕490 号），综合国税发〔1993〕149 号文件与国税函〔1997〕490 号文件。据此可以总结出：以无形资产、不动产投资入股，与接受投资方利润分配，共同承担投资风险的行为，不征收营业税（如果无论被投资企业盈利状况如何，投资企业都能取得固定的收益，便相当于出租不动产转让无形资产了，这就需要交营业税）；以不动产、无形资产中的“土地使用权”投资入股，收取固定利润的，按“服务业”税目中“租赁业”项目征收营业税；以无形资产中的“商标权、专利权、非专利技术、著作权、商誉”等投资入股，收取固定利润的，按“转让无形资产”税目征收营业税。

可以总结出，其中征税原因在于可以区分不动产所有权并且这是和风险相匹配的，可以区分交易实质，按照实质重于形式的原则应予征税。

（2）股权转让不征收营业税

财政部、国家税务总局关于股权转让有关营业税问题的通知，（财税〔2002〕191 号）规定：

以无形资产、不动产投资入股，与接受投资方利润分配，共同承担投资风险的行为，不征收营业税。

对股权转让不征收营业税。

《营业税税目注释（试行稿）》（国税发〔1993〕149 号）第八、九条中与本通知内容不符的规定废止。

该文件对于股权转让行为是否征税给出了明确的规定，即“不征收营业税”，而对于股权转让的界定应该是指单纯的股权转让，比如以房产或其他资产作为投资成本取得公司股权，成为公司股东，转让该项股权，发生在新老股东之间的此交易事项，属于单纯性的股权转让。

财税〔2002〕191 号文件再次明确了纳税人若以不动产、无形资产作为投资形成的股权不征收营业税，并且在将来转让这项股权的时候同样不征营业税。这样可以说为纳税人提供了一条很清晰的避税思路：首先，转让不动产、无形资产的行为是需要交纳营业税的，但是如果以无形资产、不动产投资入股，将其化为虚化的资产即股权，这样一来在入股的过程中免交营业税，在最后的股权转让中同样免交营业税，纳税人借助股权转让的形式完成了实际上资产转让的目的。

事实上在此文件出台之前国税总局对于一些个案也做出了股权转让不征收营业税的批复，比如《关于陕西省电力建设投资开发公司转让股权征税问题的批复》（国税函〔1997〕700 号），对于该投资电力建设开发公司转让股权行为，国税总局以不动产的所有权并未发生转移，也不存在发生销售不动产的行为为由，对投资公司转让电厂股权的行为做出不应征收营业税的批复。

（3）个案批复产权转让不征收营业税

国家税务总局《关于转让企业产权不征收营业税问题的批复》（国税函〔2002〕165 号）对于企业产权转让给出了定义：转让企业产权是整体转让企业资产、债权、债务及劳动力的行为，同时提出，由于企业产权除了资产以外还包含债券、债务以及劳动力这些具体的内容，因此其转让价格不仅仅是由资产所决定的，而企业销售不动产与转让无形资产的价格直接与资产的价值相关，因此企业产权转让不在营业税的征收范围之列。企业产权转让与资产转让被完全划分开来。

企业产权转让概念的提出，表明税收政策上对于交易的实质更加接近，相应的规定也更能反映出对于征税范围的标准划分的越来越明确，转让的不再是属于资产范畴的股权，还应包括转移债务和工人就业等义务。

此后的《国家税务总局环宇深圳高速公路股份有限公司产权转让不征营业税问题的批复》（国税函〔2003〕1320 号）、《国家税务总局关于鞍山钢铁集团转让部分资产产权不征营业税问题的批复》（国税函〔2004〕316 号）、《国家税务总局关于海南南山旅游发展有限公司企业重组中股权转让不征收营业税的批复》（国税函〔2005〕1174 号）、《国家税务总局关于中国石化集团销售实业有限公司转让成品油管道项目部产权营业税问题的通知》（国税函〔2008〕916 号）对于部分个案中涉及产权转让问题均做出不征收营业税的批复。

如果说借助于资产虚化，转化为股权再进行转让带给了纳税人一定的筹划空间，那么可以说产权转让免征营业税的规定让纳税人在税收筹划的实施上又多了一种选择，股权全部转让后受让方得到的是公司实际的控制权，而企业全部产权整体转让后，受让方直接获得企业财产的所有权和经营权。借助于产权转让，采取这种方式的企业资产构成一般都比较单一，大多都是空壳公司，没有负债，没有实际经营行为，以利于交易，其转让行为都是围绕着土地、房地产进行。

（4）资产重组过程中涉及产权转让问题不征收营业税

2011 年国家税务总局下发了第 51 号公告，公告中指出，纳税人在资产重组过程中，通过合并、分立、出售、置换等方式，将全部或者部分实物资产以及与其相关联的债权、债务和劳动力一并转让给其他单位和个人的行为，不属于营业税征收范围，其中涉及的不动产、土地使用权转让，不征收营业税。

公告实际上进一步明晰了交易实质，转让是单纯性的资产转让还是连带资产的收益和风险全部转移的股权转让，进而划定流转税的征收范围。

2．政策规定营业税征税范围的实际变化

从国税发〔1993〕149 号规定以不动产、无形资产投资入股，到国税函〔2002〕191 号针对股权转让行为作出规定，从国税函〔1997〕700 号以不动产所有权并未发生转移到国税函〔2002〕165 号对于企业产权转让行为的界定，政策对于股权转让的认识越来越明晰，对营业税征税范围越来越细化，由单纯的以不动产或无形资产的所有权权属是否发生变化作为营业税征纳的判定标准，到引入价格因素，分析转让价格与资产价值之间的内在联系。

营业税征税范围沿袭国税发〔1993〕149 号中第八、九条，将股权转让界定为实体交易，有助于转移资产时进行合理的税收筹划。税法对股权转让的交易实质界定不断深入，引入产权整体转让概念和价格因素，导入财务会计实质重于形式、收益和风险匹配等一系列基本原则，税法和会计准则的融合在加深，税法大方向上在压缩避税的空间，但交易形式多样性和交易中尤其产权转移中资产和债务等义务合理搭配，让税收筹划有巨大空间可以发挥。

（二）股权转让计征土地增值税问题的政策梳理

对于我国关于土地增值税的有关法规和规章从 1993 年开始颁布，1994 年 1 月 1 日起开始正式实行，并且随着时间并根据现实中的实际情况不断完善和变化，这里对于计征土地增值税的政策梳理将以时间上的变化作为主线详细介绍。

1．我国关于《中华人民共和国土地增值税暂行条例》的规定

我国关于土地增值税的正式明确的规定始于 1993 年 12 月 13 日颁布实施的

《中华人民共和国土地增值税暂行条例》，其中第二条规定：转让①国有土地使用权②地上的建筑物及其附着物（转让房地产）并取得收入的单位和个人，为土地增值税的纳税义务人，应按照本条例缴纳土地增值税。《中华人民共和国土地增值税暂行条例》只是对直接转让国有土地使用权、房地产的行为规定要缴纳土地增值税，而对于股权转让的行为是否征税没有明确的说明。

2．投资联营行为涉及的计征土地增值税的政策规定

（1）在 1995 年颁布的《财政部国家税务总局关于土地增值税一些具体问题规定的通知》（财税字〔1995〕第 048 号）中，第一次对以房地产、土地使用权进行投资、联营征免税进行了具体的规定：对于以房地产进行投资、联营的一方以土地（房地产）作价入股进行投资或作为联营条件，将房地产转让到所投资、联营的企业中，暂免征收土地增值税。对投资、联营企业将上述房地产再转让的，应征收土地增值税。

（2）在 2006 年发布的《财政部国家税务总局关于土地增值税若干问题的通知》（财税字〔2006〕21 号）中对以房地产进行投资或者联营的征免税问题进行了进一步细化和完善。具体规定是：对于以土地（房地产）作价入股进行投资或联营的，凡所投资、联营的企业从事房地产开发的，或者房地产开发企业以其建造的商品房进行投资和联营的，均不适用《财政部、国家税务总局关于土地增值税一些具体问题规定的通知》（财税字〔1995〕048 号）第一条暂免征收土地增值税的规定。

3．股权转让涉及的计征土地增值税的政策规定

对于以股权名义转让房地产的行为，从理论上来看，转让股权的行为本身并没有直接发生土地所有权的转让，土地使用权的归属并未发生变化，因而不属于《中华人民共和国土地增值税暂行条例》中规定的转让国有土地使用权以及转让房地产的行为，因而不缴纳土地增值税。取得公司股权的一方，因为获得了公司的所有权，因而对公司所掌握的财产——土地使用权和房地产也拥有了控制权和使用权，这种以股权转让名义转让土地所有权的行为是税收筹划的关键点。

正因为股权转让与直接的土地所有权以及房地产转让无关，所以一直以来税收的法律法规对这一问题都没有明确的规定，但在 2000 年《国家税务总局关于以转让股权名义转让房地产行为征收土地增值税问题的批复》（国税函〔2000〕687 号）中对于广西壮族自治区地税局提出的《关于以转让股权名义转

让房地产行为征收土地增值税问题的请示》中对是否应该对该种行为征税的问题做出了批复和解答。该批复中对于深圳市能源集团和深圳市能源投资股份有限公司一次性共同转让深圳能源实业有限公司 100%的股权并且这些以股权形式表现的资产主要是土地使用权、房地产的行为，做出应视该行为为转让土地使用权及房地产的行为，应征收土地增值税的决定。

这种批复不仅仅只有以上一个，还有《国家税务总局关于天津泰达恒生转让土地使用权土地增值税增缴问题的批复》（国税函〔2011〕415 号）中也对北京国泰恒生投资有限公司利用股权转让方式让渡土地使用权，实质是房地产交易行为进行了认定，批复其应征收土地增值税。

由此我们可以看到国税总局开始对于这种以股权转让名义转让土地使用权的税收筹划行为进行关注，将来也许会展开反避税措施。

三、讨论题目

从最初的 K 公司和 T 公司合资成立 M 房地产公司，M 房地产公司增资重组被 H 集团完全控制，到 K 公司把 R1 土地使用权直接转让给 M 公司，再到 H 集团转让 M 公司全部股权给 F 集团完成土地使用权的转让，在这个过程中关于营业税和土地增值税的税收筹划问题，带给人们太多的启示，引发人们太多的思考。重点思考如下问题：

（一）股权转让和资产转让有什么区别？股权转让和资产转让在税收政策上有什么区别？

（二）对于营业税和土地增值税的征收来说，转让土地使用权、房地产等的税收筹划点是什么？

（三）以股权交易形式实现资产转让避税行为的特点是什么？会产生什么样的危害？

（四）对于像本案例这种利用股权转让完成实质是土地使用权和房地产等资产的转让，避免缴纳营业税和增值税的行为会使税务机关损失大量的税收收入，那么税务局应该如何采取反避税的策略？

（五）税务局在采取反避税的策略时，该如何判别真正的股权转让和实质是资产转让的股权转让？

案例说明书

一、本案例要解决的关键问题

本案例要实现的教学目标在于：引导学员进一步关注土地使用权、房地产等资产转让的税收筹划问题。即：一方面，学员在明确资产转让和股权转让在税收政策上的不同规定的基础上，思考如何完成利用股权转让实现实质上是土地使用权、房地产等资产转让的税收筹划问题；另一方面，学员在掌握以上税收筹划的关键点的基础上，应该进一步思考面对这种避税行为给国家税收带来的损失该如何解决，国家税务总局应该如何采取反避税措施以及在反避税的过程中如何识别真正的股权转让和实质是资产转让的股权转让。

二、案例讨论的准备工作

为了有效实现本案例的目标，学员应该具备下列相关知识背景：

1．理论背景

股权转让和资产转让的概念、判定标准，以及股权转让和资产转让在法律角度、经济角度、税收角度有什么区别和不同。

2．制度背景

股权转让和资产转让在计征营业税和土地增值税的税收规定和政策，以土地使用权、房地产等投资、联营的行为具体计征营业税和土地增值税的税收政策和规定。

3．现实背景

近年来，房地产行业的税收筹划一直是个热点，企业、财税中介机构和学术界都热衷于讨论这个问题，说明其中确实存在着很大的筹划空间，认真分析各类筹划方案可以看出，最主要的筹划点在于：以股权交易行为实现房产、土地使用权等资产转让目的，规避资产转让应当缴纳的各项税费。这类行为规避缴纳税款金额高，而且扰乱正常的市场秩序，应当作为税务机关反避税的对象。

三、案例分析要点

1．需要学员识别的问题

本案例需要学员识别的主要关键知识点包括：资产转让和股权转让的区别

和判定的不同，以及资产转让和股权转让在税收上计征营业税和土地增值税上的不同政策规定。目前很多房地产企业都有类似本案例的税收筹划行为，学员们应该明白和理解这种行为最主要的筹划点在于：以股权交易行为实现房产、土地使用权等资产转让目的，规避资产转让应当缴纳的各项税费。

2．案例所要掌握的知识点和税收政策法规

（1）股权转让和资产转让的概念和区别

股权转让是公司股东依法将自己的股东权益有偿转让给他人，使他人取得股权的民事法律行为。资产转让是资产所有者为更有效地使用其资产，对部分资产进行调剂处理的经营管理活动。两者在法律和经济上都表现出了差异和不同。从经济角度来看，主要的区别有以下三点：①股权转让不指向具体的财产，转让的仅仅是享有的公司资产收益、剩余财产分配、参与公司事务表决的复合型份额权，而资产转让涉及到具体的资产如土地使用权、房地产等。②转让价格的确定依据不同。对于股权转让来说，转让价格的确定要考虑企业的综合实力；对于资产转让来说，转让价格的确定取决于资产净价值。③价值增值情况不同。股权转让的溢价主要来自于受让人对公司未来持续发展的经营预期，而资产转让的溢价则来源于资产的价值增值。

从法律角度来说，资产转让和股权转让也有三点不同：①股权转让和资产转让受不同的法律、行政法规约束。股权转让适用《公司法》、《证券法》等法律约束，转让限制条件少，而对于土地使用权的转让，国家出台了《土地管理法》、《城市房地产管理法》、《城镇国有土地使用权出让和转让暂行条例》、《闲置土地处置办法》等一系列较为严格的宏观调控措施。②转让条件不同。根据《城市房地产管理法》的规定，转让土地使用权有三个限制条件：已支付土地出让金、取得土地使用权证、开发已完成一定工作量。而股权转让是基于合同法平等民事主体间关系设立的，转让条件相对宽松。③登记部门不同。土地使用权转让应当依法申请办理土地权属转移登记，同时，国土房管部门会对土地用途、开发情况、转让条件、是否属于土地闲置等诸多问题进行审查。而股权转让只需要在工商部门办理股东变更登记。

从上述的经济角度和法律角度我们可以看出，股权转让比资产转让限制条件少，转让较为方便，因而人们更倾向于股权转让的方式。

（2）股权转让和资产转让的判定和税收差异

从概念上看，可以发现股权转让的转让方是股东，因为股权的享有者为股东，同理公司资产归公司所有，所以资产转让的转让方便是公司；股权转让的交易对象既包括权利也包含义务，有股东权、股东的地位或资格，依股东身份而依法享有其他的权利，同时要承担法律规定及公司章程所规定的义务，也就是说股权转让交易的对象并不指向某种具体的资产，资产转让则不同，包括资产转让方拥有或控制的并且能以货币计量的经济资源，包括机器设备、存货、土地使用权、无形资产等；从受让方角度，股权转让后受让方得到的是被转让公司资产的实际控制权，当某公司将其唯一的资产利用股权形式全部转让后，受让方成为该公司新的股东，掌握该公司资产的实际控制权和收益权，资产转让后资产受让方得到的是转让方公司资产的实际经营权，有权对转让资产进行处置，成为资产转让企业的经营者和管理者，并承担经营过程中产生的一切后果。

在税务处理方面股权转让与资产转让也存在较大差异，如下表所示：

表1　税务处理上股权转让与资产转让的差异

方式 / 税种	股权转让	资产转让
增值税	免缴	①转让企业全部产权涉及的应税货物的转让，不属于增值税的征税范围，不征收增值税。依据是《关于转让企业全部产权不征收增值税问题的批复》（国税函〔2012〕420号）。②不符合转让企业全部产权条件时应税货物的转让，缴纳增值税。
营业税	免缴[①]	①转让企业产权时涉及不动产和无形资产转让，不缴纳营业税，依据是《关于转让企业产权不征营业税问题的批复》（国税函〔2012〕165号）。②非转让企业产权时涉及销售不动产和无形资产，缴纳营业税。
企业所得税	需缴纳[②]	资产整体转让时：①如果接受企业支付的交换额中，非股权支付额不高于所支付的股权的票面价值20%的，转让企业可暂不计算确认资产转让所得或损失。②否则转让企业必须计算确认资产转让所得或损失。
土地增值税	免缴	转让建筑物或者土地使用权时涉及
契税	免缴[③]	转让不动产受让方涉及契税
印花税	需缴纳[①]	需缴纳

①《财政部国家税务总局关于股权转让营业税问题的通知》（财税〔2002〕191号）。
②《中华人民共和国企业所得税法实施条例》第十六条规定：企业转让股权取得的收入属于转让财产收入。
③《关于企业事业单位改制重组契税政策的通知》（财税〔2012〕4号）。

从上表中可以看出，两者之间的税负差异比较明显，对于以不动产或者土地使用权作为目标资产进行转移的法人而言，两种转让方式的税负差异主要体现在营业税和土地增值税方面，相比之下，股权转让是否征营业税和土地增值税界限比较模糊，交易性质难以确定，因此借用股权转让方式达到资产转让的事实目的，便转化成如何保证将营业税应税行为转变为非应税行为，这也成为股权式资产转让筹划的关键。

3．本案例中涉及的计征营业税和土地增值税的税收具体政策

（1）2002年颁布的《财政部、国家税务总局关于股权转让有关营业税问题的通知》（财税〔2002〕191号）中规定：

以无形资产、不动产投资入股，与接受投资方利润分配，共同承担投资风险的行为，不征收营业税。

对股权转让不征收营业税。

《营业税税目注释（试行稿）》（国税发〔1993〕149号）第八、九条中与本通知内容不符的规定废止。

（2）对于以股权名义转让房地产行为，从理论上来看，转让股权的行为本身并没有直接发生土地所有权的转让，土地使用权的归属并未发生变化，因而不属于《中华人民共和国土地增值税暂行条例》中规定的转让国有土地使用权以及转让房地产的行为，因而不缴纳土地增值税。

4．本案例税收筹划点的具体分析

（1）天津K公司和T公司合资成立天津M房地产公司

2006年，天津K公司和T公司分别以900万元和100万元合资成立天津M房地产公司，K公司持股90%，T公司持股10%，这是本案成立M公司的开始。

（2）天津M房地产公司两次增资进行资产重组，并完全被北京H集团控制

在2007年12月和2010年9月，天津M房地产公司分别进行了资金额为760万元和5亿元的两次增资资产重组活动。到2010年9月北京H集团已通过增资成为M房地产公司的最大股东，拥有98%的股权，并与同年10月与K公司和T公司签订协议享有和行使K、T公司的剩余2%股东权益，至此，H集团完全控制M房地产公司，H集团将享有和控制M公司的一切资产。

①《中华人民共和国印花税暂行条例》以及《国家税务总局关于印花税若干具体问题的解释和规定》在中华人民共和国境内书立、领受本条例所列举凭证的单位和个人，都是印花税的纳税义务人（以下简称纳税人），应当按照本条例规定缴纳印花税，企业股权转让合同按“产权转移书据”税目中“财产所有权”交纳印花税，税率为万分之五。但是若以股东决议方式进行股权转让，买卖双方均不需要缴纳印花税。

（3）天津K公司将R1 土地使用权直接转让给天津M公司

2010年10月19日，K公司以8.5亿元价格将R1 地块转让给M房地产公司，并按规定缴纳相关税费。K公司这种行为属于直接转让土地使用权的资产转让行为，要按照现行税法的规定缴纳营业税和土地增值税。北京H集团因完全控制M房地产公司，从而也间接获得了R1 土地使用权的控制权。

（4）北京H集团将M房地产公司股权全部转让给天津F集团

2010年12月，北京H集团与天津F集团签订股权转让协议书，转让价格为24亿元（R1 地块的市场公允价值），天津F集团因获得了M房地产公司全部股权从而获得了M房地产公司的资产——R1 土地使用权的控制权，也完成了土地使用权从H集团转移到F集团。北京H集团的这种行为属于股权式资产转让，表面上转让的是M房地产公司股权，实际转让的是M房地产公司拥有的R1 土地使用权，这样做的原因是：根据《财政部国家税务总局关于股权转让营业税问题的通知》（财税〔2002〕191号）文件规定，对于股权转让不征收营业税。另外单纯股权转让也不征收土地增值税。北京H集团因此避免缴纳了直接转让土地应缴的营业税和土地增值税，具体避税的金额计算如下：

H集团免缴的营业税为：24×5%=1.2（亿元）

H集团免缴的土地增值税为：（24−8.5）×50%−8.5×15%=6.475（亿元）

由此可见，H集团采取股权式投资转让方式转让R1 土地使用权避免缴纳了1.2+6.475=7.675（亿元）的税收，这个金额是非常巨大的。

5. 股权式资产转让行为避税的特点和危害分析

（1）行为特点

土地和房产是企业经营的必备资产项目，也是企业股权的物质依托，因此，并非所有附带土地和房产等资产转移的股权转让行为，都有避税的嫌疑。从现实中的征管案例来看，以股权交易形式实现资产转让，规避相关税收的行为，通常具有一些明显的特征：

资产结构单一。被转让股权的企业，其资产结构通常比较单一，仅为房屋或土地，且几乎没有负债，或仅有与该项资产直接相关的债务。

业务相对简单。股权对应的企业一般为没有实际经营业务的“壳公司”，缺少相应的工作人员（或员工数量与企业规模严重不符），且无正常的经营收入。

以资产价格确定股权价格。企业股权的转让，不以获得企业资产收益、剩余财产分配、参与公司事务表决等复合性权利为目的；其交易价格的确定，通常不考虑企业的资产负债结构、获利能力和未来发展前景等综合实力，而只关注相关房地资产的市场价值。

股权全部转让。这一类的交易中，通常不会发生股权部分转让的情况。股权转让前后，企业股权全部易手，转让前的股东对企业股权以及股权承载的房屋和土地，不再享有任何所有权、使用权、收益权和处分权，即不再拥有该房屋和土地的物权。

（2）危害分析

首先是国家税收收入的流失。从股权转让和房地资产转让在税收政策方面的差异来看，现行税收政策在防范企业“利用股权转让的形式，实现房屋土地等资产转让目的”方面，存在明显的政策性避税空间。特别是作为流转环节主要税种的营业税政策，经常被作为确定行为实质的首要依据，一旦营业税政策对行为实质做出股权转让的认定，对土地增值税、企业所得税和契税的行为定性均会产生连锁影响。从各地税务征管实践看，发现此类避税案例并不困难，但最终因现行税收法律法规中没有明确的规定，而不能认定为避税行为，更难以进行纳税调整，造成税款严重流失。仅笔者亲历的两个案例，就造成税款少缴近2亿元。

其次是土地管理法规的虚化。从股权转让和房地产资产转让在其他监管政策方面的差异看，以股权转让方式，达成实际转让房地产等资产的行为，除了降低税收成本以外，还架空了《土地管理法》、《城市房地产管理法》、《城镇国有土地使用权出让和转让暂行条例》、《闲置土地处置办法》等法律法规中，对土地和房产使用及转让行为进行监管的各项规定，逃避了国土资源和房屋管理部门对土地用途、开发情况和转让条件等诸多问题的审查，以及房屋及土地权属登记的要求。

综上所述，由于股权转让是合法的自主经营行为，采取这种方式避税，纳税人操作简单且避税金额高，因此对纳税人的吸引力很大。但无论从主观角度还是从客观角度，这类行为不仅导致税收收入严重流失，而且致使房地产市场的调控手段失灵，不利于房地产市场的健康有序发展。

6．国家税务总局对该股权式资产转让的避税行为应该采取的策略

通过上各部分的分析，可以看到股权式资产转让会给国家带来税收收入的大量流失，并会架空我国的土地管理法，使其虚化，从而产生很大的危害性，对此，国家税务总局近年来也渐渐开始关注这种避税行为，并且也在寻求合理

的解决方法，并准备采取反避税措施进行应对。

（1）税制结构的重建

现行针对房屋和土地等资产转让课征的各个税种并不是在同一时间出台的，而是在经济改革过程中的不同阶段，根据经济调节的需要陆续出台的，因此，税制本身存在多税种交叉，结构设置不合理，重复征税严重的问题。如土地增值税、营业税和企业所得税即针对同一税基反复课税，从而造成房地资产转让环节税负过重，因避税行为可能获得的收益高，对纳税人采取避税行为的吸引力大，因此，高税负往往导致较低的纳税遵从。各个税种的税收政策中均为这类避税行为提供了空间，可见，解决房地资产转让的避税问题不是单一税种的修订，应当从整个税制结构的重建入手。

从 2013 年 8 月 1 日起，在全国范围内开展交通运输业和部分现代服务业营改增试点工作①，按照营改增改革整体方案，营业税将全部改征增值税，因此，房屋和土地等资产转让也将由征收营业税改为征收增值税。由于增值税和土地增值税都将对同一项资产的增值额征税，显然有失公允，因此，随着营改增改革的进一步推进，土地增值税作为一定时期的特定目的税应当结束其历史使命。此外，当前税制对于房地资产转让环节的税负较重，而保有期间的税负较轻，因持有成本比较低，投机者只要有效规避了交易环节的税负，就可以获取较高的增值收益。因此，应以营改增为契机，对整个税制结构进行重构，取消土地增值税，重新构建物业税或是完善房产税、土地使用税等房地资产保有期间的税种。合理的税制结构将使纳税人承担适度的税负，从而减少避税所带来的收益，降低避税的驱动力，同时增加持有房地资产的成本，有效抑制房地产投机行为。

（2）反避税机制的构建

从税法上对征免税范围进行重新界定。在我国的税收法律中，对于直接的资产转让有着明确的征税规定，直接转让土地使用权、房地产的行为应征收营业税和土地增值税；对于股权转让行为，我国目前是免征营业税和土地增值税，而对于股权式资产转让的行为在目前税收法律上还是一片空白，因而，国家税务总局应该对资产转让和股权转让以及股权式资产转让的征免税范围进行重新界定。

---

①《关于在全国开展交通运输业和部分现代服务业营业税改征增值税试点税收政策的通知》（财税〔2013〕37 号）规定："经国务院批准，自 2013 年 8 月 1 日起，在全国范围内开展交通运输业和部分现代服务业营改增试点。"

首先，以资产进行权益投资的行为，不应征收流转税。

当企业以房产、地产或无形资产投资入股时，按照现行营业税“销售不动产”或“转让无形资产”税目征税，均有不妥之处。因为此时尽管相关资产的所有权在名义上发生了转移，但资产的原所有者，实际并未失去对该项资产的实际控制权，仍然具有全部或部分支配、获利、处置该项资产的权益。可见，这种投资行为并不符合营业税“销售不动产”或“转让无形资产”税目中，对资产使用权或所有权进行转让的规定。因此，不宜在此环节征收流转税。

其次，对一般股权转让，不应征收流转税。

一般情况下的股权转让，是对企业权益的转让，而不是对某项资产的转让。从公共管理的角度看，企业股权转让时，只需到工商部门办理变更登记，而如果是房地产资产的转让，就必须到房地产管理部门办理变更权属证书登记。由于流转税的课征范畴是各种有形和无形资产的转让，一般意义上的股权转让，并不属于其课征范畴。

最后，对股权式资产转让，应界定为资产转让，征收流转税。

股权式资产转让虽然从形式上看是公司股权的转让，但是该种转让行为的意图并非是因为关注公司的长远发展和综合实力，而是转让公司实际拥有的资产，如土地使用权、房地产、无形资产等。对于这种股权式资产转让行为，税务机关应该将其视为资产转让，并按照相应规定纳税。

国家税收法律应该从立法层面明确股权式资产转让的界定，那么如何界定股权式资产转让便成为了关键问题。根据前文分析，股权式资产转让的一个重要特征是：股权转让是否单纯地导致资产权益的受益人发生了改变，即，从股权承载的资产和权益结构看，股权所指向的内容是否仅仅是某项不动产或无形资产。如果一项转让行为同时符合前述股权式房地产资产转让的四个行为特征，那么从税收角度讲，由于该项资产的原所有者，在股权转让后，完全放弃了对该项资产的权益，因此，该项交易符合资产交易的特征。遵循“实质重于形式”的原则，应将其交易的实质认定为资产转让，并进行相应的税收征管。

构建反避税的联动机制。由于股权交易和资产转让在法律及行政监管方面存在诸多不同规定，就制度建设层面而言，不应单一地依靠税务部门来应对这类避税行为，而应由产权交易、工商管理、房管和国土资源管理、税务等部门通力合作，设立专门处理此类避税案件争议的协商机制；或采取多方听证的联动机制，共同对具有避税嫌疑的案件进行受理，从各种法律和行政监管层面，对案件的性质做出实质统一的科学认定。

四、教学组织方式

1. 问题清单及提问顺序、资料发放顺序

(1) 资产转让和股权转让有什么区别?

(2) 资产转让和股权转让在税收政策上有什么区别?

(3) 对于营业税和土地增值税的征收来说，转让土地使用权、房地产等的税收筹划点是什么?

(4) 计算北京 H 集团股权式资产转让行为免缴的营业税和土地增值税金额。

(5) 以股权交易形式实现资产转让避税行为的特点是什么?

(6) 以股权交易形式实现资产转让避税行为有什么危害?

(7) 对于像本案例这种利用股权转让完成实质是土地使用权和房地产等资产的转让,避免缴纳营业税和增值税的行为会使税务机关损失大量的税收收入，那么税务局是否应该以及如何采取反避税的措施?

(8) 税务局在采取反避税的措施时，该如何判别真正的股权转让和实质是资产转让的股权转让?

本案例的参考资料及其索引，在讲授有关知识点后一次性布置给学员。

2. 课时分配

课后自行阅读材料：约 3 小时;

小组讨论并提交分析报告提纲：约 3 小时;

课堂小组代表发言、进一步讨论：约 3 小时;

课堂讨论总结：约 0.5 小时。

3. 讨论方式

本案例可以采取小组式进行讨论。

4. 课堂讨论总结

课堂讨论总结的关键是：归纳发言者的主要观点；重申其亮点和重点；提醒大家对焦点问题或有争议观点进行进一步思考；建议大家对案例素材进行扩展研究和深入分析。

关联企业并购的纳税筹划方案选择——兰宝公司重大资产出售、发行股份购买资产暨关联交易问题

王晓雪

2008年，兰宝公司已处于资不抵债、暂停上市状态，股票面临退市风险；公司生产职工已被遣散，生产经营处于全面停顿状态，无法依靠现有资产恢复公司持续盈利能力；公司下属控股、参股子公司除长春考泰斯外业务基本停顿。为了帮助公司走出困境，并与实现公司长远发展目标相结合，兰宝公司决定进行资产重组，通过出售不良资产，发行股份购买优质资产改变公司经营状况，提高公司盈利能力和可持续发展能力，从根本上为解决本公司长远发展所面临的问题积极创造条件。

一、兰宝公司基本情况

公司名称：兰宝科技信息股份有限公司
公司英文名称：LAN BAO TECHNOLOGY INFORMATION CO., LTD
股票上市地：深圳证券交易所
证券代码：000631
证券简称： *ST 兰宝
注册地址：长春市高新技术产业开发区蔚山路4370号
办公地址：长春市高新技术产业开发区蔚山路4370号

注册资本：309165558 元

法人代表：管大源

经营范围：汽车塑料制品、电子元器件及光电子信息产品的研制、开发及销售，实业投资（除金融投资、风险投资外）。

（一）公司历史沿革

兰宝科技信息股份有限公司（曾用名称：长春兰宝实业股份有限公司）系经长春市体改委批准，于 1993 年 7 月 2 日，由长春君子兰工业集团（公司）（现更名为：长春君子兰集团有限公司）、营口天力电机股份有限公司、中轻贸易中心共同发起设立的定向募集股份有限公司，总股本为 3600 万股（其中内部职工股 500 万股）。经证监会证监发字〔1996〕298 号和证监发字〔1996〕299 号文件批准，公司于 1996 年 11 月 7 日在深交所上网发行 1600 万股流通股，并于 1996 年 11 月 22 日挂牌上市。股票代码 000631，证券简称为“长春兰宝”，上市时总股本为 5200 万股。2000 年 11 月 6 日，公司名称由“长春兰宝实业股份有限公司”正式更名为“兰宝科技信息股份有限公司”，2000 年 11 月 7 日，公司股票简称更改为“兰宝信息”；2005 年 5 月 9 日，公司股票简称更改为“*ST 兰宝”；2006 年 9 月 28 日，公司股票简称更改为“S*ST 兰宝”；2008 年 7 月 15 日公司股权分置改革方案实施完毕，股票简称更改为“*ST 兰宝”。此次股权分置改革后，公司的股本结构为：

表 1　股权分置改革后兰宝科技股份有限公司股本结构

股本结构	股数（股）	持股比例（%）	股权性质
总股本	309165558	100.00	
无限售条件流通 A 股	183430554	59.33	社会公众股
有限售条件流通 A 股	125735004	40.67	
其中：　高新光电	44374779	14.35	国有法人股
万向资源	33651838	10.88	社会法人股
深圳合利	33600000	10.87	社会法人股
和嘉投资	10722941	3.47	社会法人股
中轻贸易中心	3360000	1.09	社会法人股
原公司高管	25446	0.01	自然人

（二）公司主营业务情况

公司重组前主营业务主要包括两个板块：汽车零部件产业板块和光电信息产业板块。公司属于控股型公司，通过下属参、控股公司从事上述业务。其中：

1. 从事汽车零部件产业的子公司长春奥奇、长春力得、长春考泰斯，兰宝公司分别持有其75%、49%和45%的股权，上述子公司主要作为一汽大众汽车有限公司的配套厂家，主要产品包括汽车保险杠、塑料油箱等。

2．从事光电信息产业的子公司为华禹光谷，兰宝公司持有其71.83%的股权，主要产品有手机、笔记本电脑、液晶电视、镁合金壳体、背光源。

截至2008年底，兰宝公司本部生产职工已被遣散，生产经营处于全面停顿状态，公司下属控股、参股子公司除考泰斯外其他公司业务也已基本停顿。

（三）公司近期财务状况

1．资产负债表主要数据

表2　兰宝公司2006～2008年资产负债表　　**单位：元**

项目	2008年6月30日	2008年5月31日	2007年12月31日	2006年12月31日
资产总计	221 993 006.28	220 406 774.55	214 794 031.56	517 189 747.44
负债合计	255 260 587.92	252 763 968.07	380 446 379.09	1 142 296 478.77
股东权益合计	-33 267 581.64	-32 357 193.52	-165 652 347.53	-625 106 731.33
资产负债率	114.99%	114.68%	177.12%	220.87%

2．利润及利润分配表主要数据

表3　兰宝公司利润及利润分配表　　**单位：元**

项目	2008年1—6月	2008年1—5月	2007年	2006年
营业收入	0	0	0	0
营业利润	4 516 462.57	5 426 850.69	-332 643 137.51	-5 884 495.81
利润总额	132 384 765.89	133 295 154.01	459 454 383.80	34 053 599.75
净利润	132 384 765.89	133 295 154.01	459 454 383.80	34 053 599.75
审计意见	未审计	带强调事项的无保留意见	带强调事项的无保留意见	带强调事项的无保留意见

（四）公司控股股东及实际控制人逻辑关系图

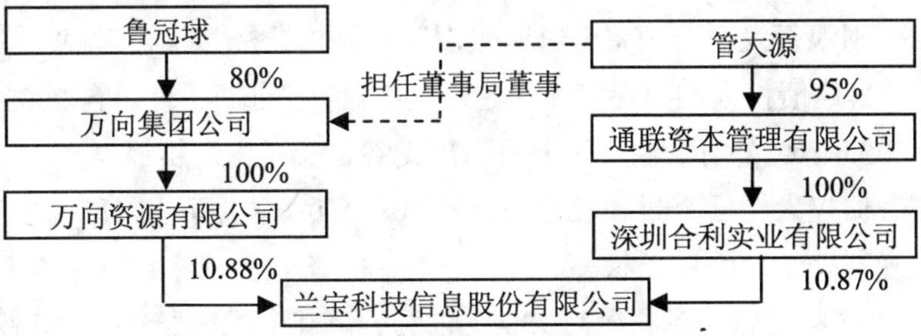

图1　兰宝公司控股股东及实际控制人关系图

深圳合利是通联资本管理有限公司的全资子公司，管大源先生持有通联资本管理有限公司95%的股权，为深圳合利的实际控制人，同时管大源先生在万向资源的控股股东万向集团担任董事局董事，并担任河北承德露露股份有限公司的副董事长、万向德农股份有限公司董事长。根据《上市公司收购管理办法》第八十三条的规定，深圳合利为万向资源本次重组本公司的一致行动人。

本次交易前，万向资源与深圳合利共计持有本公司21.75%的股份，万向资源和深圳合利拥有对兰宝信息的控制权，公司的实际控制人为鲁冠球先生，公司实际控制人及万向资源基本情况在后面会有详细介绍。

二、交易概述

2008年9月17日，兰宝公司召开了2008年度第三次临时股东大会，会议审议通过了公司重大资产出售、发行股份购买资产暨关联交易的议案。本次重大资产出售、发行股份购买资产是本次交易不可分割的组成部分。

（一）交易的背景和目的

1．公司已处于资不抵债和暂停上市状态

自2004年以来受国内汽车配套行业竞争激烈、原材料涨价、欧元汇率变化等因素的影响，公司主营的汽车配套类业务持续下滑；公司光电信息类业务基本处于停产状态，未产生经济效益。由于2003年度、2004年度及2005年度连续三年亏损，公司已经自2006年5月15日起暂停上市，面临退市的风险。虽然公司2006年度通过财政补贴、2007年度通过债务重组实现了盈利，保住了上市公司地位，但公司业务基本处于停顿状态，无法依靠现有资产恢复公司持续盈利能力。

2．公司业绩持续下滑，且无改善迹象

由于个别银行发现公司资金链紧张，逐步停止转贷并收缩银根，从而导致了各银行、其他债权人和担保权人的连锁反应，纷纷起诉。公司自2003年起连续亏损，2005年起公司的控股子公司华禹光谷、长春奥奇相继停产，厂房、生产设备被各债权人轮候查封和执行。截至2008年底，本公司生产职工已被遣散，公司生产经营处于全面停顿状态。

公司2003年主营业务收入为73663.47万元，其中汽车配套产业营业收入占了总收入的 82.81%，光电信息产业仅占到 17.19%；2004 年主营业务收入为

80935.29 万元，汽车配套业务就占到 89.92%，而新建成的光电信息产业仅占 10.08%。

由于公司外围宏观环境日趋严峻，主机配套市场竞争日趋激烈，且公司财务杠杆偏高，已无法稳定保证为主机厂供货，鉴于上述事实，在同主机厂充分沟通与论证后，决定引入战略投资者对长春力得进行增资扩股，以稳定本公司为一汽大众的捷达汽车保险杠的配套业务。在增资扩股完成后，本公司持有的长春力得股权比例由 74%变为 49%，不再纳入公司合并报表，致使公司 2005 年合并主营业务收入下降。2005 年公司汽车配套产业收入为 38107.99 万元，较 2004 年下降了 34665.92 万元，下降比例为 47.64%，而公司光电信息产业 2005 年停产，未能产生收入；2006 年公司汽车配套产业不再纳入合并报表范围，该项产业主营业务收入为 0，培育的光电信息产业并未按期给公司带来业务收入，没有产生预期效益，公司整体经营情况举步维艰；随着公司控股子公司华禹光谷进入破产程序，公司所有业务全部停顿。

可见，本公司汽车配套产业及光电信息产业已不能为公司产生主营业务收入，本公司依靠现有产业难以维持正常经营，只有通过资产重组，引入新的战略投资者，注入优质资产，才能从根本上改变公司经营状况。

3．公司下属控股、参股子公司业务基本停顿

公司共计控股三家企业（深圳京融、长春奥奇、华禹光谷）、参股三家企业（罗兰电器、长春力得、长春考泰斯），上述公司下属子公司中目前除长春考泰斯正常经营外，其他五家子公司已基本无生产经营活动，处于停顿状态，大部分资产已被查封冻结并进入执行阶段，这些公司董事、高管人员以及大部分员工已离职，其中长春奥奇、华禹光谷于 2007 年 9 月 24 日进入破产程序。华禹光谷于 2008 年 4 月 11 日被长春中院宣告破产。长春力得于 2007 年 12 月 10 日进入破产程序。

综上所述，公司目前已处于资不抵债、暂停上市状态，股票面临退市风险；公司生产职工已被遣散，生产经营处于全面停顿状态，无法依靠现有资产恢复公司持续盈利能力；公司下属控股、参股子公司除长春考泰斯外，业务基本停顿，上述状况已经严重威胁到了本公司全体股东的根本利益。为了解决本公司目前所面临退市的严峻形势，帮助公司走出困境，并与实现公司长远发展目标相结合，公司决定进行资产重组，通过出售不良资产，发行股份购买优质资产来改变公司经营状况，提高公司盈利能力和可持续发展能力，从根本上为解决

本公司长远发展所面临的问题积极创造条件。

（二）交易的基本情况

兰宝公司与高新光电就资产出售事宜签署了《资产出售协议》、与万向资源就发行股份购买资产事宜签署了《发行股份购买资产协议》和《发行股份购买资产补充协议》。根据上述协议安排，兰宝将以高新光电承接兰宝公司全部负债的形式向高新光电出售兰宝公司现有全部资产，上述资产高于负债间的差额4451.05 万元，将由万向资源以其持有的顺发恒业部分股权价值向兰宝公司补足；同时，兰宝公司将向万向资源以发行股份的方式购买万向资源持有的顺发恒业 100%股权在扣除上述填补差额 4451.05 万元后的剩余部分。

通过出售盈利能力较差的资产，购买优质的房地产类资产，将有助于公司彻底解决历史遗留问题、摆脱经营危机、财务危机，使公司恢复持续发展能力和良好的盈利能力，为公司恢复上市创造有利条件。

1．交易对方

兰宝公司本次重大资产出售的交易对方为高新光电；本次发行股份购买资产的交易对方为万向资源。

2．交易标的、交易价格情况

兰宝公司拟将拥有的资产全部出售给高新光电，截至 2008 年 5 月 31 日，公司全部资产评估值为 29727.44 万元，全部负债总额为 25276.39 万元，高新光电以承接兰宝公司全部负债的形式受让上述资产，高新光电拟承接负债小于拟受让资产的差额 4451.05 万元，将由万向资源以其持有的顺发恒业部分股权价值向兰宝公司补足；顺发恒业股东权益评估值为 164237.74 万元，兰宝公司发行股份拟购买资产以经交易双方确认的顺发恒业股东权益评估值在扣除前述填补差额 4451.05 万元后的余额 159786.69 万元作为交易金额。

在本次交易完成后，兰宝公司现有的全部资产与负债将转移给高新光电，万向资源持有的顺发恒业 100%股权将全部注入兰宝公司。

3．交易的决策过程

长春市政府的授权代表长春市国资委副主任贾贵春和万向集团公司的授权代表万向集团董事局董事管大源就双方合作事宜进行了磋商，具体过程如下：

2007 年 6 月 11 日，管大源与贾贵春在长春开始初步接触。双方均认为：从保护投资者利益和发展上市公司角度，将共同支持兰宝信息开展重组工作。

2007 年 8 月 14 日，管大源与贾贵春在深圳就兰宝信息重组相关事宜进行具体磋商，并达成一致意见：即对兰宝信息寻找战略投资者的工作设定最后期限，一旦在确定时限内仍无法满足重组兰宝信息之要求的，万向集团愿意在兰宝信息债务重组完成后，作为新的战略投资者身份介入兰宝信息重组。

2007 年 10 月 24 日，管大源与贾贵春在长春进行会谈，会谈正式确定万向集团作为兰宝信息的意向重组方，要求万向着手聘请中介机构开展重组的各项准备工作，并约定由长春市国资委负责指定一家国有控股企业负责承接兰宝信息破产重整后剩余的资产和负债。

2007 年 12 月 5 日，兰宝信息第二次债权人会议通过兰宝信息债务重组方案。

2008 年 3 月 26 日，兰宝信息、万向资源和长春国资委指定的兰宝信息现有资产的承接企业高新光电三方就兰宝信息后续重组事宜正式签署意向性协议，兰宝信息重组正式启动。

三、交易对方介绍

（一）出售资产购买方——长春高新光电发展有限公司

公司名称：长春高新光电发展有限公司

企业性质：有限责任公司（国有独资）

注册地址：高新开发区前进大街 2955 号七楼 704－708 室

办公地址：高新开发区前进大街 2955 号七楼 704－708 室

法定代表人：张晓明

注册资本：4050 万元

成立日期：2007 年 4 月 28 日

经营范围：光电技术的研究、开发；光电子产品的生产、销售（国家法律法规禁止的不得经营；应经专项审批的项目未获批准之前不得经营）。

1．最近三年资本变化情况

该公司成立时注册资本为 50 万元。2008 年 1 月 22 日长春高新技术产业开发区国有资产监督管理委员会向高新光电增资 4000 万元，公司注册资本变更为 4050 万元。

2．股权及控制关系情况

高新光电股东及持股比例：长春高新技术产业开发区国有资产监督管理委员会持有高新光电 100%股权。

（二）购买资产出售方、发行对象——万向资源有限公司

公司名称：万向资源有限公司

注册地址：上海市浦东新区银城东路139号7层

办公地址：上海市浦东新区民生路1518号金鹰大厦A座19楼

企业性质：一人有限责任公司（法人独资）

法定代表人：鲁伟鼎

注册资本：3亿元

经营范围：实业投资（除专项规定外）、国内贸易、经营各类商品和技术的进出口，但国家限定公司经营或禁止进出口的商品及技术除外（涉及经行政许可的，凭许可证经营）。

成立日期：2004年5月24日

1．历史沿革

公司于2004年5月由鲁冠球出资27000万（出资比例90%），鲁伟鼎出资3000万（出资比例10%）发起设立，注册资本合计30000万元。2007年6月，鲁冠球和鲁伟鼎将其所持全部股权转让给万向集团，万向资源现为万向集团的全资子公司。

2．主要业务发展概况

公司立足有色金属、能源、黑色金属及房地产开发四大领域，通过专业贸易、辅以产业投资和金融工具的运用、始终以客户和市场为导向，成为在金属和能源业内，具有持续竞争力的全球贸易服务供应商。

万向资源经营的贸易品种包括电解铜、铝锭、锌锭、铜精矿等有色金属及矿产；铁矿砂、钢材、生铁等黑色金属；黄金、白银、钯等贵金属；以及成品油及化工产品等，其中电解铜、铝锭等已占华东市场的很大份额，业务已拓展到蒙古、伊朗、朝鲜、澳大利亚、美洲、欧洲等市场。

3．万向资源股权及控制关系情况

万向资源股权及控制关系结构如下图所示：

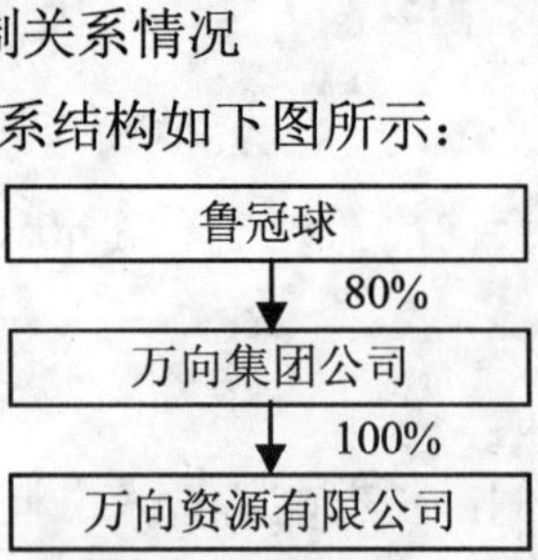

图2　万向资源股权及控制关系结构图

按产业类别划分的万向资源控股、参股公司结构图如下：

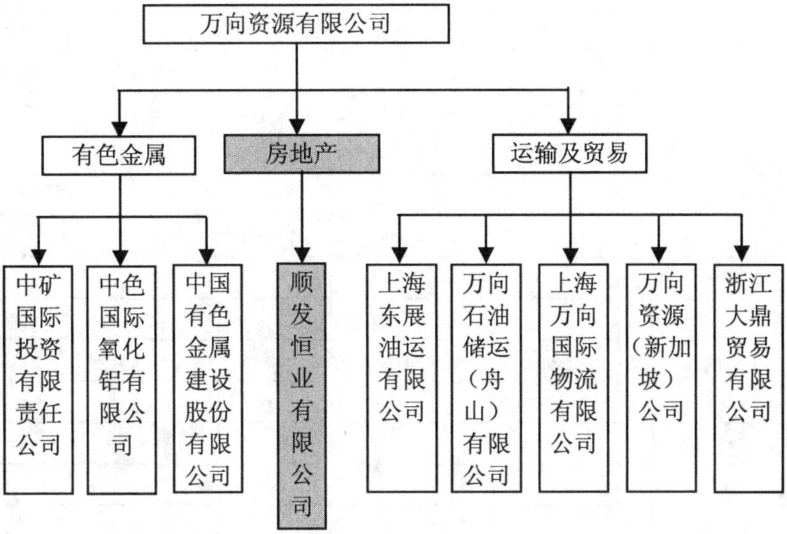

注：图中阴影标出的房地产为本次拟注入兰宝公司资产。

图3　万向资源控股、参股公司结构图

四、交易标的基本情况

（一）本次交易拟出售资产

兰宝公司以高新光电承接本公司全部负债的形式向其出售本公司全部资产。因高新光电拟承接的负债总额小于本公司向其出售的资产总额，差额部分将由万向资源以其持有的顺发恒业部分股权价值向兰宝公司补足。

为此，应就兰宝公司整体资产进行评估。根据六合正旭出具的六合正旭评报字〔2008〕第044号评估报告，截止到2008年5月31日，兰宝信息总资产账面值22040.68万元，调整后账面值22040.68万元，评估值29727.44万元，评估增值7686.76万元，增值率34.88%；负债账面值25276.39万元，调整后账面值25276.39万元，评估值25276.39万元，评估增值0万元；净资产账面值-3235.71万元，调整后账面值-3235.71万元，评估值4451.05万元，增值7686.76万元，增值率237.56%。评估结果汇总如下表所示：

表 4　兰宝公司整体资产评估结果　　（单位：万元）

项目		账面价值	调整后账面值	评估价值	增减值	增加率%
		A	B	C	D=C−B	E=(C−B)/B×100%
流动资产	1	10286.34	10286.34	18866.08	8579.74	83.41
非流动资金	2	11754.34	11754.34	10861.36	−892.98	−7.60
长期应收款	3					
长期投资	4	10684.01	10684.01	9945.91	−738.10	−6.91
投资性房地产	5					
固定资产	6	1070.33	1070.33	915.45	−154.88	−14.47
其中：建筑物	7	1044.66	1044.66	899.07	−145.59	−13.94
机器设备	8	25.67	25.67	16.38	−9.29	−36.19
在建工程	9					
无形资产	10					
其中：土地使用权	11					
其他资产	12					
资产总计	13	22040.68	22040.68	29727.44	7686.76	34.88
流动负债	14	24276.85	24276.85	24276.85		
非流动负债	15	999.54	999.54	999.54		
负债总计	16	25276.39	25276.39	25276.39		
净资产	17	−3235.71	−3235.71	4451.05	7686.76	237.56

1．流动资产

流动资产账面价值为 10286.34 万元，评估值为 18866.08 万元，评估增值 8579.74 万元，评估增值率为 83.41%。流动资产主要指兰宝信息对兰宝信息工会的 10278 万元、对华禹光谷的 5208.33 万元、长春高新经济发展有限公司 1500 万元的其他应收款。

2．长期股权投资

长期股权投资账面值 10684.01 万元，评估值为 9945.91 万元，评估增值 −738.1 万元，评估增值率为−6.91%。长期股权投资指兰宝信息持有的长春考泰斯 45%的股权、长春力得 49%股权、长春奥奇 75%的股权、华禹光谷 71.83%的股权、深圳京融 70%的股权、罗兰电器 20%的股权，上述长期股权投资中除持有的长春考泰斯股权价值评估值为 9945.91 万元外，由于进入破产或资不抵债等原因，其他公司的股权价值均为 0。

3．负债

其中流动负债账面值为 24276.85 万元，评估值为 24276.85 万元，按照《重整计划》，主要为应付给长春高新发展总公司等债权人的其他应付款；非流动负债账面值为 999.54 万元，评估值为 999.54 万元。因兰宝信息为长春力得在上海浦东发展银行大连分行 4000 万贷款提供担保而可能支付的预计负债。由于兰宝信息已破产重整，根据公司破产管理人对该债权人债权申报核对情况及经法院裁定批准的重整计划确定的偿债率，故上述预计负债的余额为 999.54 万元。

（二）本次交易拟购买资产

兰宝公司拟向万向资源发行股份购买其持有的顺发恒业 100%股权中，扣除前述兰宝公司资产出售中万向资源以其持有的顺发恒业部分股权价值填补高新光电承接负债小于受让资产的差额 4451.05 万元后的剩余部分。

（1）顺发恒业基本情况及历史沿革

公司名称：顺发恒业有限公司

企业性质：有限责任公司

注册地：杭州市萧山经济技术开发区

主要办公地点：杭州市萧山区市心北路 777 号

法定代表人：沈志军

注册资本：78350 万元人民币

成立日期：1997 年 3 月 10 日

（2）公司经营范围：房地产开发经营、物业管理、装饰装潢、建筑装饰材料的销售、园林绿化、经济信息咨询、实业投资。凡以上涉及许可证制度的凭证经营。

（3）股东及持股比例：万向资源持股 100%。

1．设立

顺发恒业有限公司原名浙江万向房地产开发有限公司，系由万向纳德股份有限公司（后变更为“纳德酒店股份有限公司”）和万向集团共同出资设立，于 1997 年 3 月 10 日在浙江省工商行政管理局登记注册，取得注册号为 3301811410147《企业法人营业执照》。公司成立时注册资本为人民币 3800 万元，其中：纳德股份出资 1938 万元，占注册资本的 51%；万向集团出资 1862 万元，占注册资本的 49%。

2．股权变更过程

（1）2001 年 11 月股东变更

根据 2001 年 11 月 20 日股东会决议，全体股东一致同意：决定转让纳德股份在浙江万向房地产开发有限公司的 10%的股权给万向集团企业发展总公司；转让纳德股份在浙江万向房地产开发有限公司的 41%的股权给万向集团。

转让后各股东出资比例调整为万向集团占 90%，万向集团企业发展总公司占 10%股权。

（2）2003 年 6 月注册资本变更

根据 2003 年 6 月 12 日临时股东会决议第二号文件，会议一致同意将顺发恒业的注册资本从 3800 万元增加到 10000 万元。

增资后顺发恒业的股权结构为：万向集团本次增资 5580 万元，仍持有 90%股权；万向集团企业发展总公司增资 620 万元，增资后仍持有 10%的股权。

（3）2004 年 4 月股东变更

根据 2004 年 4 月 27 日股东会决议，审议通过董事会提交的股权转让方案，同意浙江万向研究院（后更名为“浙江万向研究院有限公司”）收购万向集团企业发展总公司所持有的顺发恒业 10%的股权。

股权转让后顺发恒业的股权结构为：万向集团持有 90%的股权；浙江万向研究院持有 10%的股权。

（4）2006 年 10 月股东注册资本变更

根据 2006 年 10 月 17 日股东会决议，同意股东浙江万向研究院有限公司将其所持 10%的顺发恒业股权转让给万向集团。

根据 2006 年 10 月 17 日顺发恒业股东会决定，将公司类型变更为一人有限责任公司；万向集团向顺发恒业增资 22000 万元。

经过上述股东注册资本变更后，顺发恒业股东为万向集团，注册资本 32000 万元，实缴注册资本 32000 万元。

（5）2007 年 1 月注册资本变更

2007 年 1 月，根据公司股东决议及修改后的章程，万向集团在原有 32000 万元股权基础上向顺发恒业增资 10000 万元。经过注册资本变更后，顺发恒业股东为万向集团，注册资本 42000 万元，实缴资本 42000 万元。

（6）2007 年 9 月注册资本变更

根据 2007 年 9 月 17 日股东决定，万向集团在原有 42000 万元股权基础上向顺发恒业增资36350万元。截至2007年9月30日，顺发恒业股东为万向集团，注册资本78350万元，实缴资本78350万元。顺发恒业《企业法人营业执照》注册号于2007年9月20日变更为330181000021638。

（7）2007年11月股东变更

2007年11月12日，万向集团将其所持100%的顺发恒业股权转让给万向资源。

3．顺发恒业产权控制关系

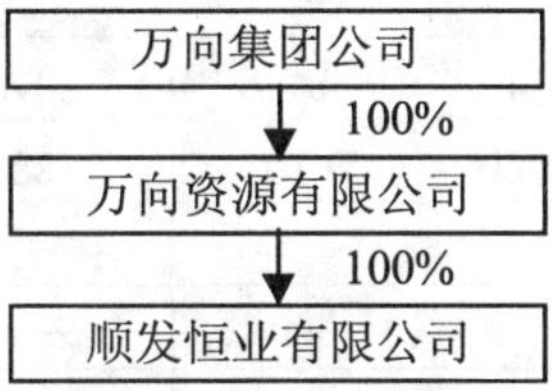

图4　顺发恒业产权控制关系图

顺发恒业为万向资源的全资子公司，公司章程中不存在对本次交易产生影响的主要内容或相关投资协议，顺发恒业暂无变动原高管人员的计划，不存在影响该资产独立性的协议或其他安排。

4．顺发恒业最近三年主营业务发展情况

顺发恒业主要从事于房地产开发与销售、物业管理等业务。顺发恒业先后开发了美之园西区、佳境天城、倾城之恋、风雅钱塘1期等项目，截止到2008年10月30日，顺发恒业最近三年累计开发总建筑面积101.07万平方米，其中可售面积79.89万平方米，已经销售的总面积为73.85万平方米，尚存6.04万平方米未销售完毕，未售部分主要为车库、商铺和少量住宅。2008年公司正在建设的项目有风雅钱塘2期、旺角城12号项目，项目总建筑约42.89万平方米。旺角城11号、淮南项目等四个储备项目也将于近期开工建设，总建筑面积约84.99万平方米。顺发恒业2005年－2007年连续三年被杭州资信评估有限公司评定为“AAA级企业”；同时顺发恒业主要借款银行光大银行杭州萧山支行2007年度将顺发恒业内部授信评级为“AAA”。

5．顺发恒业评估情况

中天华接受顺发恒业委托，根据国家关于资产评估管理的有关规定，对顺发恒业的资产及负债进行了评估，并出具了中天华资评报字（2008）1066号评估报告。

表 5　顺发恒业资产及负债评估报告

项目		账面价值	调整后账面值	评估价值	增减值	增加率%
		A	B	C	D=C−B	E=D/B×100%
流动资产	1	214523.60	214523.60	240579.83	26056.23	12.15
长期投资	2	16986.73	16986.73	50127.91	33141.18	195.10
投资性房地产	3	7313.00	7313.00	10206.10	2893.10	39.56
固定资产	4	1639.06	1639.06	2352.25	713.19	43.51
其中：在建工程	5	—	—	—	—	
建筑物	6	1446.14	1446.14	2070.98	624.83	43.21
设备	7	192.92	192.92	281.27	88.35	45.80
土地	8	—	—	—	—	
无形资产	9	—	—	—	—	
其中：土地使用权	10	—	—	—	—	
其它资产	11	2906.91	2906.91	2851.85	−55.06	−1.89
资产总计	12	243369.29	243369.29	306117.93	62748.64	25.78
流动负债	13	101880.19	101880.19	101880.19	—	—
非流动负债	14	40000.00	40000.00	40000.00	—	—
负债总计	15	141880.19	141880.19	141880.19	—	—
净资产	16	101489.10	101489.10	164237.74	62748.64	61.83

五、思考题

（一）请描述参与本次并购交易各方的股权控制关系。

（二）本次交易是否构成关联交易？如果是的话，关联交易应注意哪些问题？

（三）本案例的并购方案涉及各方应缴的税收分别是哪些？请计算说明。

（四）如果将本案例的并购方案都改为现金收购，即高新公司以 29727.44 万元购买兰宝公司全部资产，兰宝公司以获得的现金偿还全部负债后，剩余现金 4451.05 万元，然后增资扩股，以现金和筹得股款购买顺发恒业全部资产，此时各方应缴的税收分别是哪些？请计算说明。

（五）针对本案例的并购目的，是否还有更佳的纳税筹划方案？

六、参考答案

（一）本次交易涉及的各方主要为兰宝公司、高新光电、万向资源和顺发恒业。它们的股权控制关系如图 5：

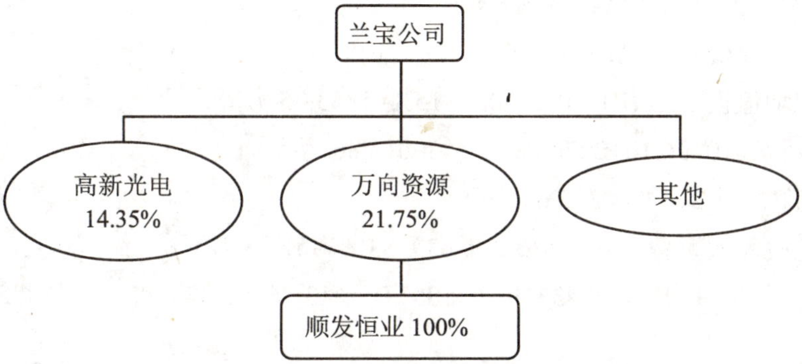

图 5　兰宝公司、高新光电、万向资源和顺发恒业股权控制关系图

（二）本次交易构成关联交易。高新光电持有兰宝公司股份 4437.4779 万股，占其总股本的 14.35%，为第一大股东，兰宝公司此次向高新光电出售资产构成关联交易。万向资源持有兰宝公司股份 3365.1838 万股，为第二大股东，并与公司第三大股东深圳合利为一致行动人，二者合计持有本公司股份 6725.1838 万股，占公司总股本的 21.75%，万向资源和深圳合利拥有兰宝公司控制权，兰宝公司此次向万向资源发行股份购买资产构成关联交易。

关联交易的相关内容需要学生查阅资料，分组讨论，结合本案例情况进行分析。

（三）高新光电应缴纳所得税：（29727.44−22040.68）×25%=1921.69 万元。兰宝企业向万向资源发行普通股购买其所持有的顺发恒业的全部股权，股权收购比例和支付比例均为 100%，符合免税股权收购的条件。

（四）高新光电以 29727.44 万元购买兰宝公司全部资产，兰宝公司以获得的现金偿还全部负债后，剩余现金 4451.05 万元，然后增资扩股，以现金和筹得股款购买顺发恒业全部资产。

1．高新光电以现金收购兰宝公司

兰宝公司缴纳税负情况如下：

营业税 899.07×5%=44.95 万元；

增值税 16.38×4%÷2=0.33 万元；

城建及教育费附加（44.95+0.33）×10%=4.53 万元；

所得税（29727.44-22040.68-44.95-4.53）×25%=1909.32 万元；

兰宝公司缴纳税负合计=44.95+0.33+4.53+1909.32=1959.13 万元；

高新光电受让兰宝公司建筑物应缴纳契税=899.07×3%=26.97 万元。

2．兰宝公司以现金收购顺发恒业

顺发恒业税负情况：

土地增值税 5206.10×50%-5000×15%=1853.05 万元；

营业税（10206.10+2070.98）×5%=613.86 万元；

增值税 281.27×4%÷2=5.63 万元；

城建税及教育费附加（613.8+5.63）×10%=61.95 万元；

所得税（306117.93-243369.29-1853.05-613.86-61.95）×25%=15055.02 万元；

合计 17589.51 万元；

兰宝公司契税：2070.98×3%=62.13 万元。

（五）根据相关税法和税收筹划知识，结合相关税法文件，请学生们分组讨论，设计筹划方案，分析筹划结果。

从经济学角度分析李宁集团危机及其渠道复兴计划

曹景林

2010年，李宁集团出现大规模关店风波，利润率急剧下滑，同时其他运动品牌的业绩也大幅下滑，国内运动品市场引起了人们的关注。本案例以李宁集团为例，从经济学的角度分析其危机出现的原因。由于对从经济角度来分析企业出现的问题的关注程度相对薄弱，有很多问题值得研究。因此，本案例在素材选择、题目设计上都侧重于引导学员进一步关注经济学理论在企业发展中的运用。

一、背景简介

（一）宏观环境

运动品牌的产品作为消费品，受到宏观经济周期、城镇化进程和居民可支配收入的影响。近年来，我国经济运行总体上保持平稳，但也面临多年未有的错综复杂局面。全球经济复苏艰难，仍然不提供“增长红利”；国内经济发展中问题增多，进入增长速度下降的阶段。受宏观经济影响，国内运动品牌处于低迷状态。中投顾问轻工业研究员朱庆骅称，国内运动服装市场仍处于供过于求的状况。虽然借助电子商务和线下大力度的打折促销，服装销量有所提升，但这也伴随着售价的下滑。整体来看，中国体育用品行业正经历行业最严重的下调周期。

（二）行业环境

2012 年以来，体育用品行业不景气，企业业绩集体下挫，国内各大运动品牌业绩不容乐观。主要是因为，我国宏观经济走势尚未回暖，运动服装行业与宏观经济息息相关，难以提前复苏。其次，各大运动品牌在前期大肆跑马圈地，扩张过度，为现在去库存造成了较大困难。有数据称，今年以来，李宁服装跌幅达 62%，匹克体育跌幅接近 60%，中国动向跌幅达 60%，361 度稍好一些，但跌幅也达到 44%。同时期内，恒生指数下跌了 19%。由于很多国内体育用品商都扩张太快，现在差不多每一家都保持了接近 7000 家的渠道。现在，整个行业都面临调整。事实上，在经历了 10 年的高速增长后，中国体育用品企业已进入到成熟发展阶段，因此，体育用品企业必须调整经营策略，重振行业发展，这或许是企业发展的必由之路。

二、案例概况：李宁集团发展概况

（一）2006 年：变革的销售渠道与急速扩张的企业规模

著名体操运动员李宁在 1990 年创办了李宁公司，当时的运动服装品牌都只能在国营百货商场销售，而李宁率先引入了加盟商——采取特许经营的模式，将门店迅速开遍了所有一线城市。2004 年李宁公司成功上市。作为一家很早便确立了市场地位的公司，2006 年以前，李宁公司一直采取的是以独家分销的形式销售产品，即由总公司统一供货给各分销商，分销商不会开设“李宁”品牌专门店，可以同时销售其他品牌产品。

2006 年，李宁公司决心进行渠道改革——李宁总公司在全国设立了几大片区，片区由各分公司负责；各大片区的分公司旗下，有各自的大经销商；各大经销商之下，则是开设实体店的众多分销商，实体店也由“运动服饰超市”改为李宁专卖店。最基层的分销商，也不再由总公司统一发货，而是总公司与分公司向各分区的大经销商发货，再由经销商向众多分销商发货，经销商一般会从中赚取 7%－8%的差价。经过多年的深耕，至 2011 年，李宁公司的规模得到极大的扩张——旗下拥有超过 129 家经销商及超过 2000 家分销商，并在全国范围内拥有超过 7000 家的销售点。

毋庸置疑，李宁公司于 2006 年进行的销售渠道改革，成功实现了企业规模的极速扩张，也取得了非凡的业绩。这种“批发＋特许经营”的模式同样被安踏、特步等公司沿用，经销商订好货后，品牌商（李宁总公司）生产完便批发入账，不再参与终端销售。这种模式对李宁总公司来说成本低、风险小，使得企业规模快速扩张成为可能，但缺点是李宁对产品的销售终端和价格几乎没有控制力，也远离了消费者的真实需求。尤其是在对待直接参与市场销售的众多分销商时， 价格则完全由上层的经销商决定。最基层的分销商处于绝对的信息劣势地位，包括价格方面的信息，也包括总公司每季的优惠活动及新品上市等相关方面的信息。

这种以疯狂开店、向分销商不断压货为核心的简单增长方式，的确是李宁集团往昔成功的关键。但库存压力也由此沉积，李宁本人也曾反思，过去的增长方式比较初级，并且带来了“李宁帝国”内部的恶性竞争和供求失衡。这种种隐患，也预示着李宁公司在未来所将经历的风波。

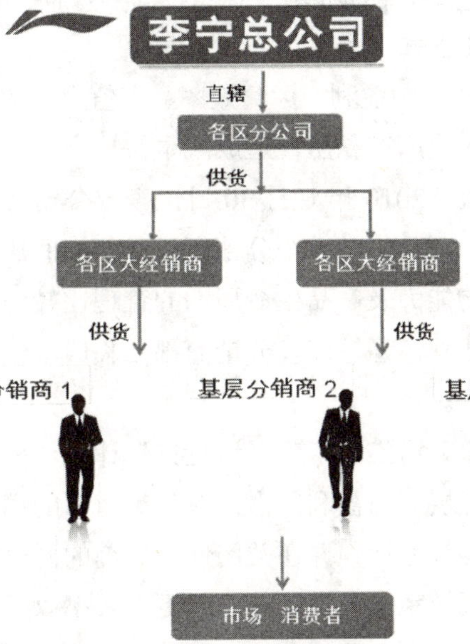

图 1 李宁公司销售网络示意图

（二）2008 年：叱咤风云的“带头大哥”

2008 年对于李宁集团而言，是一个特殊的年份。北京奥运会是 2008 年的重点，李宁成功把握着百年不遇的契机，推行整合和营销策略，提升了本品牌价值，成功将产品扩展至渗透度极高的分销网络，进一步加强产品设计和研发，同时执行多品牌战略。李宁集团也与国际知名体育队伍及运动员保持策略性合作，将品牌提升至更高的台阶。同时，为实现集团长远的目标，李宁公司始终坚持结合战略导向和能力成长为基础的成长模式。在此模式下，李宁公司在品牌、供应链、分销网络及产品研发方面均取得显著成就。这些策略使李宁公司在财务回报和能力建设方面取得了最佳平衡，使李宁公司取得了持续稳步发展，赢得行业、财务伙伴及投资者的信任。

截至2009年12月31日，李宁公司收入增长53.8%，达到66901百万元人民币；权益所有人利益增长52.3%，达到721.3百万元人民币；每股基本盈利增长51.9%，达到69.63分人民币；董事会建议派发末期股息每股11.14分人民币。2008年4月，李宁总公司成立电子商务部，并于淘宝网开设旗舰店及其折扣店，同时收编所有出售李宁产品的相关网店，并进行统一规制。同时提供专门的网络通道，进行货品专供，对于不同的网店货品差异化定位。2008年借奥运会之势（宣传广告），2009年的业绩排行超过阿迪达斯，仅次于耐克。

（三）2010年：危机凸显

2010年，李宁公司在集团盈利、运营效率、市值上不敌安踏，发生大规模闭店风波，其导火索是大量库存积压，造成成本快速上涨，营销效率低下，李宁公司面临巨大生存危机。2010年6月30日，李宁公司有129个经销商及超过2000个分销商。其中有超过1700个分销商只经营1间店。大部分分销商的零售管理能力、货品采购能力及产品生命周期的管理比较弱，导致他们的店效及经营利润率不理想。此外，经销商及分销商都面临成本快速上涨的压力，特别是人工成本和房租上升。

为了拯救自己，李宁公司推出了“渠道重振”计划，提出改善销售渠道的盈利能力，尤其注重店铺层面的盈利能力；改善渠道内的销货和库存管理；改善产品新鲜度，优化采购等方针。并在关闭低效店铺的同时，大力开展渠道存货回购行动。同时整合低效率分销商，让那些更有效率以及比较大的经销商、想进一步发展的分销商对低效率分销商的店铺进行收购，鼓励大型经销商增加经销商直营店铺的数量。

三、讨论题目

从李宁公司的成立、发展、扩张，到出现种种问题，并提出解决方案，李宁公司带给人们太多的启示，引发人们太多的思考。本案例的侧重点仅在于：

结合李宁公司发生的一系列问题，重点思考如下问题：

1. 如何看待李宁公司出现的大规模闭店的问题？

2. 李宁的渠道复兴计划带来哪些思考？

3. 如何看待本案例中涉及到的经济学中的问题？

案例说明书

一、本案例解决的关键问题

本案例实现的教学目标是：引导学员进一步关注企业发展中的规模经济问题和竞争中的信息不对称问题，并涉及到博弈及价格歧视问题。即：一方面，帮助学员充分理解规模经济的含义，以及适当的经济规模在企业发展中的重要性。另一方面，学员可以在案例讨论中体会信息不对称背景下大集团内部的企业竞争情况，并运用相关博弈理论分析这种竞争所产生的影响与后果。

二、案例讨论的准备工作

为有效实现本案例目标，学员应该具备下列相关知识背景：

1. 理论背景

学员应具备的理论知识包括企业扩张中的规模经济问题、市场经济活动中的信息不对称和博弈论。

2. 行业背景

李宁公司成立于 1990 年，经过二十多年的探索，已逐步成为代表中国的民族运动品牌公司。李宁公司采取多品牌业务发展策略，除自有核心李宁品牌(LI-NING)外，还拥有乐途品牌(LOTTO)、艾高品牌(AIGLE)、心动品牌(Z-DO)，并控股上海红双喜、全资收购凯胜体育。李宁公司长期致力于中国体育事业的发展，自 1992 年巴塞罗那奥运会起，李宁公司伴随中国奥运军团一路走来，长期支持中国体操、跳水、射击、乒乓球、羽毛球等五支“金牌梦之队”，成为国人心目中的民族第一品牌。2007 年底，李宁公司成为全球第四的体育用品产业公司，市值达 38.61 亿美元；借助北京奥运之势，李宁公司 2009 年一度超越阿迪达斯，成为中国市场上仅次于耐克的第二大运动品牌。2011 年财报显示李宁公司实现净利润人民币 3.86 亿元，同比下降 65%。业绩大幅下滑并且痛失国内运动品牌第一的王座之后，2012 年李宁公司业绩继续恶化，报告显示，2012

年上半年，李宁公司收入为 38.80 亿元，同比减少 9.5%，归属于上市公司股东的净利润为 0.44 亿元，同比减少 84.9%，业绩严重下滑。为清理库存，上半年李宁公司总共关闭了 900 多家分店。

3．案例分析要点

本案例需要学员识别的主要知识点包括：(1) 规模经济理论。指在一特定时期内，企业产品数量增加时，其单位成本下降，即扩大经营规模可以降低平均成本，从而提高利润水平。反之，如果规模过大，单位产品成本上升，即为规模不经济；(2) 信息不对称。指在市场经济活动中，经济个体之间的信息呈不均匀、不对称的分布状态。由于经济个体对有关信息的掌握是有差异的，拥有较多信息的个体，往往处于比较有利的地位，而信息贫乏的个体，则处于比较不利的地位；(3) 博弈论。指研究多个个体或团队之间根据竞争对手的策略，而实施对应策略的理论。

4．该案例所涉及的相关经济学知识点

(1) 从规模经济角度分析李宁危机的原因及其复兴计划

规模经济理论是经济学的基本理论之一，也是现代企业理论研究的重要范畴。规模经济理论是指企业产品数量增加时，其单位成本下降，即扩大经营规模可以降低平均成本，从而提高利润水平。马克思还指出，生产规模的扩大，主要是为了实现以下目的：①产、供、销的联合与资本的扩张；②降低生产成本。因此，大规模生产是提高劳动生产率的有效途径，是企业发展的必由之路。基于这样的理论，李宁公司等一批优秀的体育用品企业都希望通过生产规模的扩大和门店的扩张，来降低企业生产成本，扩大利润率，同时占据较大的市场份额，提高企业在同行业中的竞争力。

然而，企业的生产规模是越大越好吗？随着企业规模的扩大，企业生产成本将不断降低，直到实现适度生产规模。如再继续扩大规模，则会因管理上的困难而导致成本增加，形成规模不经济。也就是说，企业在发展壮大的过程当中，内部组织层次逐渐增多，机构庞大，关系日益复杂，企业制度安排往往出现内在的弊端，使企业费用最小化和利润最大化的经营目标难以实现，从而导致企业内部资源配置效率降低、生产成本增加，这正是企业发展的内在制约。因此，企业的规模并不是越大越好，还要把握一定的度。而这个规模的度要如何把握呢？

根据规模报酬的变化规律，我们知道，随着生产规模的不断扩大，规模报酬将依次经过规模报酬递增、规模报酬不变和规模报酬递减三个阶段。长期来看，企业的适度规模应该是长期平均成本最低的点。从成本收益分析看，只有当边际收益等于边际成本时，企业达到利润最大化。

结合以上规模经济理论，我们来分析李宁的发展状况：

2012 年，李宁公司遭遇大规模的“关店风波”，业绩下滑、库存过高等种种因素令李宁公司不得不做出大规模关店的决定。究其原因，在于李宁公司盲目开店，不断扩张，导致利润率急剧下降，库存不断上升。

①利润率下滑

根据规模经济理论，在企业发展的初期，随着生产规模的不断扩大，一方面，企业能够利用更先进的技术和机器设备等生产要素，随着对较多的人力和机器的使用，企业内部的生产分工能够更合理和专业化；人数较多的技术培训和具有一定规模的生产经营管理，也都可以节约成本，从而降低单位产品的生产成本；另一方面，以价格机制为导向的市场每组织一笔交易都要花费一定费用，即交易成本，包括获得市场信息的成本、谈判和签约的成本、合同风险的成本等，当生产同样产品、零部件以及工艺流程阶段的人将各生产要素集中生产时，就可以减少交易数目、交易次数和交易摩擦等交易成本，因此，随着企业规模的扩大，单位产品的交易成本也逐渐减少。

因此，从 2004 年到 2010 年，李宁公司采取不断扩张门店数量的策略，带来销售额的增长。如表 1 所示：

表 1　2004～2010 年李宁销售额增长情况

	2010 年	2009 年	2008 年	2007 年	2006 年	2005 年	2004 年
营业额（万元）	9478527	8386910	6690073	4348747	3180543	2450536	1878102
营业额增长率	13.02%	25.36%	53.84%	36.73%	29.79%	30.48%	47.16%
总门店数	7915	7249	6245	5233	4297	3373	2622
门店数增长率	9.19%	16.08%	19.34%	21.78%	27.39%	28.64%	32.09%
平均单店销售额（万元）	119.8	115.7	107.1	83.1	74.0	72.7	71.6
平均单店销售增长率	3.51%	8.00%	28.91%	12.27%	1.88%	1.43%	11.41%
扣除新开店按照 1:4 铺货的因素，实际单店的销售额（万元）	95.62	81.74	72.08	54.08	44.99	43.56	41.43
实际单店销售额增长率	16.98%	13.39%	33.29%	20.20%	3.30%	5.13%	6.10%

从表 1 中可以看出，过去，李宁公司的增长过度依赖外生性的增长，即靠开新店所带来的销售额的增长。从 2004 年到 2010 年，李宁集团的销售额从 18.8 亿元增长到 94.8 亿元，年复合增长率为 31%。总门店数从 2622 家增长至 7915 家，年复合增长率为 20.2%。平均每家门店的销售额从 71.6 万元增长到 119.8 万元，年复合增长率为 9.3%（扣除新开店按照 1：4 铺货的因素，也就是说当年新增店铺实际铺货量为老门店的四倍，按照此换算关系，我们可以计算出实际的单店销售额年均复合增长率为 15%，此数据应该更加能够真实地反映单店销量的增速）。从上述数据可以验证李宁公司过去六年的高速增长，主要依赖于新开门店所带来的销售额增加。

然而，当企业发展到一定规模的时候，适宜的生产规模受到企业资产存量、管理能力、人员分工等因素的限制，如果企业规模继续扩大，会造成单位产品生产成本和交易成本的不断上升，所以生产规模一旦超出了最优状态，就会出现规模不经济。如图 2 所示：当产量小于 M 时，平均成本不断下降，收益率也不断上升，此时企业出现规模经济；当产量超过 M 时，平均成本会逐渐上升，收益率随之下降，此时叫作规模不经济。

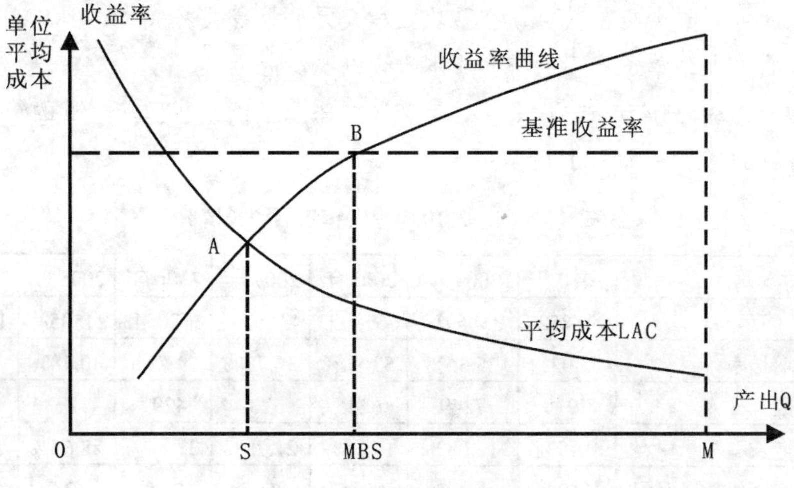

图 2　生产的规模不经济

因此，在产品价格不变的情况下，过度的扩张只会造成企业利润率的下降。李宁公司 2010 上半年收入为 29.06 亿元，同比减少了 24.6%；净利润与上一年同期的 4400 万元相比，亏损 1.84 亿元。2010 年 12 月 20 日，李宁公司股价就因机构大幅减仓而暴跌，一日之内跌去 23%，市值蒸发近 45 亿港元。这是李宁公司自2004年上市以来在资本市场经历的最灰暗日子。其中，摩根大通以每股18.24港元的价格减持1288.3万股，同时把李宁公司的目标股价大降23%，李宁公司的利润率急剧下滑，如表2所示：

表2　2007～2012年李宁企业的毛利率变化

年份	2012	2011	2010	2009	2008	2007
毛利率	37.80%	46.10%	47.30%	47.30%	48.10%	47.30%

从表2可看出，从2011年起，李宁公司的毛利率不断下降，这说明，李宁公司的扩张已经完全超出了规模报酬递增的范畴，如果继续过度扩张，只会使企业更加不堪重负。

②库存上升

随着李宁、匹克等运动品牌业绩的大幅滑坡，国内运动品市场引起了人们的关注，众多媒体在讨论运动品市场的问题时无不提及“库存积压严重”，下图3为国内运动产品库存变化情况：

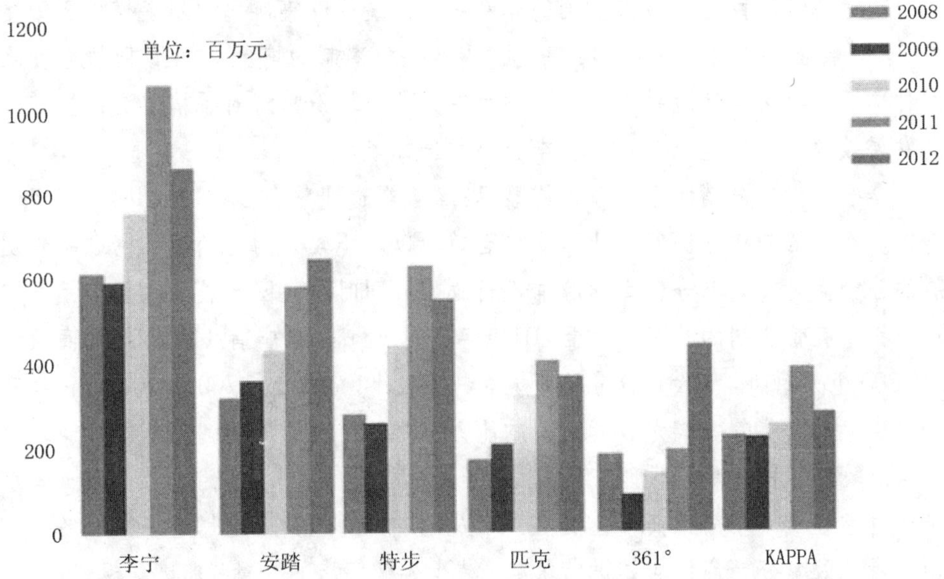

数据来源：各品牌历年财报。

图3　国内运动品牌存货变化情况

如图3所示，2011年，李宁公司的库存已经高达十亿元，这样沉重的库存给企业带来的压力可想而知。仅比较库存的绝对值，我们并不能形成清晰的概念。但通过增长率的变化，我们能粗略地做以下解读：与2008年和2009年（-3.5%）相比，2010年（36.8%）和2011年（40.9%）的库存增长率大幅增加。这说明，产品的畅销程度在下降，市场的供求关系正在转变。对于国内运动服装品牌而言，虽然大部分都实施区域独家代理制度，同级代理商之间的竞争相对较少，但是由于盲目扩张，下层代理商之间的竞争异常激烈。一个镇上出现多家同品牌运动品商店的情况并不鲜见，这显然是一种供大于求的状态。通过不断开店，不断向渠道铺货，国内品牌前两年的财报甚是美观，但当疯狂过去，真实的市场对业绩的反噬将使品牌商难以招架。李宁公司便是一个很好的例子。在市场处于饱和状态的情况下，如果继续扩张门店，扩大生产规模，必然导致库存的恶化，给企业带来巨大的负担。

综上所述,过度扩张是造成李宁公司利润率下滑和库存高涨的根本性原因。为了应对这种状况，使企业扭亏为盈，李宁公司于2012年下半年推出了“渠道重振”计划。计划包括两方面内容：第一，整合分销体系；第二，回购库存。

③整合分销体系

通过几年的快速发展，中国的体育用品制造商以集群式的发展模式成绩斐然，但必然面临市场逐渐饱和、高速发展势头被遏制的情况，“在该阶段会面临两种选择，要么不计后果扩张，占领足够大的市场份额将对手挤出去；要么提高发展效率，用质量代替数量。李宁公司选择了后者。

李宁抛出的分销体系改革措施显示:整合渠道即整合500~600间单一经营店铺。整合低效率分销商是让那些更有效率以及比较大的经销商、想进一步发展的分销商对低效率分销商的店铺进行收购。同时，集团会鼓励大型经销商增加经销商直营店铺的数量。截至2010年6月30日，李宁有129个经销商及超过2000个分销商。但大部分分销商规模都比较小，有超过1700个分销商仅经营一家店，其零售管理能力、货品采购能力及产品生命周期的管理都比较弱，导致店效及经营利润率都不理想，也缺乏店铺数规模可带来的规模效应。因此，李宁通过整合低效率分销商，让更有效率及比较大的经销商或想进一步发展的分销商对低效率分销商的店铺进行收购，减少无效门店的数量，来达到规模经济。

④18亿元回购库存

为了拯救自己，李宁在2012年下半年推出的“渠道重振”计划中，提出改善销售渠道的盈利能力，尤其注重店铺层面的盈利能力；改善渠道内的销货和库存管理；改善产品新鲜度，优化采购等方针。并在关闭低效店铺的同时，大力开展渠道存货回购行动，启动 18 亿元回收库存的计划。据了解，李宁公司在全国有 7000 多家店，70%属于经销商，在大中城市以自营为主。对于李宁公司的“渠道复兴”，业界认为，李宁公司可以借此实现库存合理化，回归良性发展。

按计划，一方面，消库存是恢复经销商现金流的开始，接下来李宁公司还将对渠道进一步整合，但否认将加大自营店建设。这显示公司正努力重建与经销商关系。李宁公司执行副董事长金珍君在接受财新记者专访时称，公司将改变过去批发性的运作模式，要以消费者和零售为导向，加强对订货会及前端销售的控制；另一方面，全国各地李宁品牌和工厂店的“低折扣”仍在继续，急于在 2012 年底回笼现金的经销商们正等不及甩卖库存，以超低价格销售库存。

综上所述，企业的规模绝不是越大越好，生产中的规模经济受到市场容量以及企业的管理能力、财务实力、市场营销等能力的制约。很简单，如果市场处于供过于求的状态，过大的规模只会导致库存的高企；如果管理水平跟不上，那么过大的规模只会造成管理混乱而降低效益；营销渠道不够多，过大的规模就会造成产品积压；研发能力差，再大的规模、再多的产品也提供不了更强的发展后劲，反而造成过高的退出成本；财务实力差，资金短缺，规模的过度扩张必然导致企业的贫血；正像木桶中的水容量只取决于长度最短的那一根木板一样，企业的效率也取决于效率最差的那一环节。因此，规模经济对于企业来说至关重要，企业在发展过程中必须要控制好企业的规模，才能使利润最大化。

（2）信息不对称

在这个案例中，信息不对称问题主要体现在李宁公司的销售渠道上，并且存在于两个方面：

第一个方面，是上一级经销商与其下属分销商之间存在着明显的信息不对称。由前文的李宁公司销售网络示意图可以看出，各大经销商直接由总公司（各大区分公司）直接供给货源，而各个基层分销商的货源则来自上限的经销商。经销商为赚取差价，会以高出“批发价”（其向总公司拿货的价格）一定百分比的价格供货给各分销商。分销商无法准确获悉总公司给出的“批发价”，相对于经销商则存在着信息不对称，在提货价格上处于绝对的劣势地位，无法与上级经销商“讨价还价”。不仅如此，李宁公司无论是每季的特价产品，还是新品上市，总公司都是直接发货给经销商，再由经销商向其下线分销商供货。而很多时候经销商为自身利益会在高价供货给分销商之后，又打着“厂家直销”的旗号，自行以低价向消费者出售李宁的特价品和新品。甚至于有的经销商时常不给旗下分销商供应这些“紧俏品”，而全部自行对外零售。这一方面的信息不对称显然严重损害了基层分销商的利益，在丧失了价格优势与“紧俏品”优势后，基层经销商无法与其区域内经销商竞争，会被自己的“上司”粗暴地抢夺既有市场。上级经销商也借机进行“寻租”，加强其区域内的统治地位，攫取更大利益。不得不说，李宁公司的这种销售制度，引发了李宁帝国内部的“血战”。

另外，在丧失市场的同时，基层分销商们还需要按照李宁集团的规定，以每年 23%的增长速度增加对李宁公司的订单。产品没有市场，再加上订货量的逐年递增，不但断了基层分销商的“生路”，也给李宁公司埋下了巨大隐患——库存问题。根据相关资料显示，李宁公司自 2008 年以来的销售奇迹，其实其销量的很大一部分是积压在分销商手中的“库存”，“库存问题”也最终成为了这次“关店危机”的导火索。

第二个方面，则是反映在消费者的层面上。正如上文所述，消费者可以在经销商处买到更便宜的产品，包括每季的特价品与新品。但是绝大多数消费者并不了解其中的“潜规则”，自然而然地就认为“李宁公司的产品就是应该这个价格”，那么对于那些无法提供低价以及“紧俏品”的分销商的店铺，消费者不会再光顾。这不但使分销商失去市场，同样会使得李宁的产品自此无法正常定价，逐渐丧失信誉与品牌形象。

（3）纳什均衡

案例中还存在着一个品牌间博弈的问题。毋庸置疑，李宁公司一直是中国第一品牌，包含极深的民族情愫，同时李宁公司也一直致力于将自身打造成国际一线体育品牌。这就不可避免地要与耐克、阿迪达斯这两个国际大牌一争高下。接下来，我们将以耐克品牌为例，在一些基本假设下，建立一个简化的纳什均衡模型，简要地展示关于品牌竞争的博弈。

假设中国内地市场上，有 30%的消费者倾向购买中低端体育服饰，70%的消费者则更倾向于购买高端产品。同时假设市场上的主流品牌只有李宁和耐克。我们以厂商所能获取的消费者比例，作为其利益。两个厂商都可以选择 A：主打中低端产品；B：主打高端产品。

第一种情况，进一步假设，消费者对于两个品牌的偏好是无差异的，则有博弈的战略式，如下：

	李宁 A	李宁 B
耐克 A	15%，15%	30%，70%
耐克 B	70%，30%	35%，35%

图 4 占优战略均衡（偏好无差异）

可以看出，该博弈是存在一个占优战略均衡的，就是两个品牌都主打高端产品，然后平分市场，从而两个厂商都能获取 35%的消费者，中低端市场则被完全放弃。

第二种情况，我们根据现实的市场偏好，简单假设耐克拥有 60%的市场占有率，而李宁公司拥有 40%的市场占有率，再次考虑该博弈，得到新的战略模式，如下：

	李宁 A	李宁 B
耐克 A	18%，12%	30%，70%
耐克 B	70%，30%	42%，28%

图 5 占优战略均衡（现实的市场偏好）

可以得到该博弈的占有策略也是存在的，即耐克主打高端产品，李宁主打中低端产品，从而耐克获得全部 70%的高端产品消费者，李宁获得余下的 30%的中低端产品消费者。

以上两个博弈虽然过于简单，且假设的现实性有待商榷，但也确实从很大程度上反映了一个不争的事实，李宁公司在现期仍然无法跟耐克这种国际大牌抗衡，在成功提升品牌质量与形象之前，还是不应放弃国内的中低端体育产品市场。而要将李宁品牌打造为堪与耐克、阿迪达斯等并驾齐驱的国际品牌，任重道远，且过程极为复杂艰巨，绝非短期可以实现的。李宁公司也一直为此做出了很多努力，付出了很高的代价，效果却甚微。所以，李宁公司在积极塑造品牌的同时，必须充分发挥其现有优势——民族情结与低价位优势，借以牢牢占据国内中低端体育用品市场，以此为根基才有可能谋求新的发展与突破。在这一问题上，李宁公司或许应该放下身段，继续与“安踏”、“特步”等国产品牌“并槽而食”，借助“低价格”的特色先保住品牌影响力，再在外观设计上下足功夫、加大投入，而非一味地搞一些空洞无效的宣传。人贵自知，品牌亦如是。李宁公司必须先清楚认识到，自己并非潮流引导者，才有可能去主动摸清市场需求与动向，只有自己先去追赶潮流大势，才能使自己的产品符合目标消费群体的口味。另一个问题，就是“明星效应”，李宁公司签不下体育巨星，也没有大牌娱乐明星代言，这也是提升品牌影响力的一个瓶颈。没有明星，就不会流行；不流行，自然就没人穿，这就形成了一个恶性循环。李宁公司现阶段就处于这样一个尴尬的境地：一方面在积极地将自身打造成为更为高端的品牌，因而就不得不考虑放弃中低端产品的价格优势；另一方面，品牌重塑效果甚微，又未能把握乃至引领潮流。耐克的情况则与之恰恰相反。本身作为一线体育大牌，主打高端体育服饰的耐克，在中国国内具有极高的人气，多年来稳坐销量第一的龙头宝座，但自 2011 年起，耐克反而开始推出售价在 300 元人民币之下的低端产品。这表示，像耐克这种体育用品大鳄已经开始染指中低端产品市场，以李宁公司为首的国字号品牌再不予以充分重视，必将逐渐丧失其价格优势，进而失去已有的市场。届时，中低端市场守不住，高端市场又进不去，说李宁公司将面临灭顶之灾也绝不为过。

三、教学组织方式

1. 问题清单及提问顺序、资料发放顺序

本案例讨论题目依次为：

（1）如何理解规模经济理论？

（2）如何理解信息不对称理论和纳什均衡？

（3）如何将以上各理论运用到企业实践中，以实现企业长期的发展？

（4）你如何看待李宁公司的库存问题？

（5）李宁公司的大规模关店给你带来怎样的启示？如何运用经济学知识来解释这一现象？

（6）你如何理解李宁的渠道复兴计划中运用到的经济学知识？

本案例的参考资料及其索引，在讲授有关知识点时会一次性布置给学员。

2. 课时分配

课后自行阅读资料：约 3 小时；

小组讨论并提交分析报告提纲：约 3 小时；

课堂小组代表发言、进一步讨论：约 3 小时；

课堂讨论总结：约 0.5 小时。

3. 讨论方式

本案例可以采用小组式进行讨论。

4. 课堂总结

课堂讨论总结的关键是：归纳发言者的主要观点；重申其重点及亮点；提醒大家对焦点问题或有争议观点进行进一步思考；建议大家对案例素材进行扩展研究和深入分析。

天津财经大学食堂满意度调研报告
——基于客户满意度研究方法的应用

王健　郑直　刘凯　乔韵　康洁　陈恳　赵晓阳

本案例以对天津财经大学食堂满意度评价为例，演示顾客满意度研究方法和应用，培养学生用顾客满意度模型分析和解决实际问题的能力，使学生掌握在实践中设计满意度调查问卷、实施问卷调查、问卷数据处理、数据分析与解读、调研报告撰写等市场调查的关键技术。本案例的主要内容如下：（1）介绍满意度评价基础知识及其在社会经济中的典型应用。（2）以天津财经大学食堂为例，详细介绍满意度评价的全部过程，包括研究问题表述和调查问卷确定、调查方法选择、数据分析与解读、调研报告撰写等。（3）介绍设计调查问卷和调查具体实施中的注意事项。

学校食堂，不仅关系着学生的日常饮食，同时也关系着学生的日常生活，关系着学生们的健康状况、学习和成长。本案例通过运用客户满意度研究方法，了解天津财经大学各个食堂的整体情况，并为学校各个食堂的改进提供参考意见。

一、背景介绍

高校是培养高素质人才的基地，而人才拥有健康的身体是一切的支撑，因此高校食堂就成为了人才培养的后勤保障。在今日，大学食堂并非仅仅提供食物解决温饱，它更是为高校师生提供饮食的服务机构；因此衡量今日食堂的指标不再局限于种类丰富、味道鲜美，还应该关注服务意识的有无、就餐环境整洁度、硬件设施完备度等方面。

众所周知，大学校园均拥有不同的食堂，各个食堂为了增大学生就餐量也会从食物种类、味道鲜美、服务人性、设备完备等方面下功夫，那么学生对食堂最关注的是哪个方面？学生对不同方面的满意程度是多少？学生不满意的方面食堂都需要采取措施进行提升吗？答案是否定的，提升学生不关注的方面只是在做无用功，只有提升学生关注的方面才会起到作用。

为了解天津财经大学（以下简称天财）食堂的整体状况，进一步提升食堂工作质量，营造和谐就餐环境，改善师生就餐条件，使师生得到更好饮食服务，天财应用统计专业硕士对天财八个食堂的饭菜、卫生、服务、硬件设施四方面的满意程度进行了调查。针对不同食堂找出学生关注但食堂满意度较低的方面，为食堂采取措施提升综合竞争力提供有力资料，为八个食堂认知自身的优势、劣势提供依据，为后勤管理部门倾听师生声音提供渠道。

二、案例概况

案例以对天津财经大学食堂满意度评价为例，运用客户满意度研究方法，对全校八个食堂在饭菜、卫生、服务、硬件设施等四方面的满意度进行了调查和分析。通过案例的实践过程，使学生能够掌握客户满意度研究的基本方法和市场调查的基本方法及流程，包括设计满意度调查问卷、实施问卷调查、问卷数据处理、数据分析与解读、调研报告撰写等关键技术。

（一）满意度调查问卷的设计

1. 大学食堂满意度调查问卷

班级：____________________	家庭住址：______________省
性别：□1. 男　□2. 女	日期：____________________
邮箱：________________________	访问时间长度：____________
访问开始时间：______________	访问结束时间：____________

您好，我是天津财经大学统计系研究生，为了了解您对本校餐厅的满意情况，特做此次问卷调查，以便改善大家的就餐状况。大概耽误您五分钟时间，还望能得到您的配合，您的信息不会被公开，仅用于研究分析，请放心回答。问卷结束后，我们会有精美礼品赠送。

S1　请问您的职业是？
学生……………………………1
老师……………………………2
食堂工作人员…………………3［终止访问］
物业人员………………………4
超市人员………………………5
其他……………………………6

S2　请问您在哪里学习或工作？【单选】
天津财经大学…………………1［继续］
天津科技大学…………………2［终止访问］
天津工程师范大学……………3［终止访问］
以上都不是……………………4［终止访问］

S3　请问您通常在哪里吃饭？【多选】
学校食堂………………………1［选择1继续，如没有选1则终止］
宿舍……………………………2
家里……………………………3
街边……………………………4
校外餐厅………………………5
其他……………………………6

S4　请问您平均每天在学校食堂用餐的次数大概是？【单选】
不足1次………………………1［终止］
1～2次…………………………2
3次及以上………………… ……3

2. 基础问题
Q1　您平时在哪些餐厅就餐？【多选】
Q2　您最经常去的餐厅是？【单选】

	A1【多选】	A2【单选】
A 座餐厅	1	1
西院食堂	2	2
东院食堂	3	3
心园餐厅	4	4
公寓食堂 1 层	5	5
公寓食堂 2 层	6	6
公寓食堂 3 层	7	7
天财餐厅	8	8
干训餐厅	9	9

3. 满意度评估部分

下面我会问您一些关于食堂评价的问题，请您评价一下您最常去的__________（引用 A2 题答案）。请您用 1～5 分打分，5 分代表非常满意，4 分代表比较满意，3 分代表一般，2 分代表比较不满意，1 分代表非常不满意。

4. 饭菜

A1　总体上，您对该食堂饭菜的满意度如何？【单选】

	非常不满意	不太满意	一般	比较满意	非常满意
饭菜	1	2	3	4	5

A2　请问您对该食堂饭菜的各方面满意度如何？【单选】

	非常不满意	不太满意	一般	比较满意	非常满意
饭菜丰富性	1	2	3	4	5
饭菜外观	1	2	3	4	5
饭菜口味	1	2	3	4	5
菜量	1	2	3	4	5
饭菜价格	1	2	3	4	5

A3　【针对 A1 选择 1～2 的人提问】请问您对该食堂饭菜不满意的原因是什么？【开放题】

A4　请问您对该食堂的饭菜有什么建议？【开放题】

5. 服务

B1　总体上，您对该食堂服务的满意度如何？【单选】

	非常不满意	不太满意	一般	比较满意	非常满意
服务	1	2	3	4	5

B2　请问您对该食堂各方面服务的满意度如何？【单选】

	非常不满意	不太满意	一般	比较满意	非常满意
上菜速度	1	2	3	4	5
服务态度	1	2	3	4	5
桌椅清理	1	2	3	4	5
服务公平性	1	2	3	4	5
服务规范性	1	2	3	4	5

注：服务公平性是指在面对不同顾客所给菜量、效率、态度是否一致；服务规范性是指窗口叫卖现象、推销等行为是否严重。

B3　【针对 B1 选择 1～2 的人提问】请问您对该食堂服务不满意的原因是什么？【开放题】

B4　请问您对该食堂的服务有什么建议？【开放题】

6. 环境

C1　总体上，您对该食堂的环境卫生满意度如何？【单选】

	非常不满意	不太满意	一般	比较满意	非常满意
环境卫生	1	2	3	4	5

C2　请问您对该食堂各方面环境卫生的满意度如何？【单选】

	非常不满意	不太满意	一般	比较满意	非常满意
空气质量	1	2	3	4	5
桌椅卫生	1	2	3	4	5
地面卫生	1	2	3	4	5
服务人员卫生	1	2	3	4	5
饭菜卫生	1	2	3	4	5
公用餐具卫生	1	2	3	4	5

C3　【针对 C1 选择 1～2 的人提问】请问您对该食堂环境卫生不满意的原因是什么？【开放题】

C4　请问您对该食堂的环境卫生有什么建议？【开放题】

7. 硬件设施

D1　总体上，您对该食堂的硬件设施满意度如何？【单选】

	非常不满意	不太满意	一般	比较满意	非常满意
硬件设施	1	2	3	4	5

D2　请问您对该食堂硬件设施各方面的满意度如何？【单选】

	非常不满意	不太满意	一般	比较满意	非常满意
空调配备	1	2	3	4	5
洗手间配备	1	2	3	4	5
刷卡机使用	1	2	3	4	5
桌椅数量	1	2	3	4	5
灯光条件	1	2	3	4	5
消防设施配备	1	2	3	4	5
消毒设施	1	2	3	4	5

D3 【针对 D1 选择 1～2 的人提问】请问您对该食堂硬件设施不满意的原因是什么？【开放题】

D4 请问您对该食堂的硬件设施有什么建议？【开放题】

补充性问题

E1 您对一次性餐具的使用有什么看法?【单选】

赞成，使用方便……………………………………1

无所谓………………………………………………2

不赞成，不卫生，污染环境………………………3

E2 据您所知，与天津其他高校相比，您觉得本校如何？【单选】

	不知道	不好	水平相当	好
饭菜价格	1	2	3	4
饭菜口味	1	2	3	4
食堂硬件设施	1	2	3	4
食堂服务	1	2	3	4

E3 您对该食堂的总体满意度如何？

	非常不满意	不太满意	一般	比较满意	非常满意
总体满意度	1	2	3	4	5

E4 除以上四方面（饭菜、服务、环境、硬件设施），您对该食堂还有什么其他建议？

（二）调查问卷的执行

1. 调查执行说明

调查对象：天津财经大学在校学生和教师

调查方法：等距抽样问卷调查

调查时间：2011 年 11 月～2011 年 12 月

问卷发放及回收：

- 在食堂和宿舍共派出 800 份问卷，收回 779 份，回收率为 96%
- 有效问卷 769 份，有效率为 99%
- 其中教师 47 份，学生 722 份
- 男性 246 份，女性 523 份，男女比例为 32%：68%

2. 样本构成

表 1　样本构成（单位：人）

食堂	性别		合计
	男	女	
A 座餐厅	5	29	34
西院食堂	5	47	52
东院食堂	5	50	55
心园餐厅	10	24	34
公寓食堂一层	80	196	276
公寓食堂二层	111	139	250
公寓食堂三层	19	14	33
天财餐厅	11	24	35
合计	246	523	769

（三）数据分析与解读

1. 描述分析

（1）总体满意度

我校食堂综合满意度得分为 3.19 分，满意率为 37.8%，满意水平较低。基于食堂满意度评估模型，综合饭菜、服务、环境、硬件设施四项指标，我校食堂综合满意度（满分 5 分）为 3.19 分。

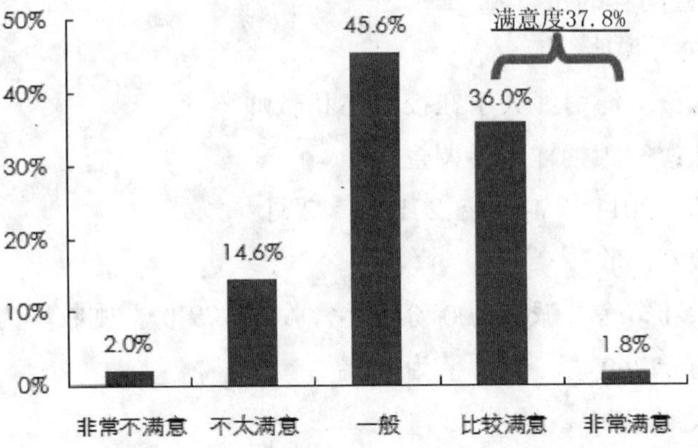

图 1　师生对食堂总体满意度评价（n=769）

（2）分项满意度

①饭菜“量优质弱”，饭菜质量（口味/外观）需提升

在饭菜方面，师生对饭菜的丰富性和菜量满意度较高，对口味和外观满意度较低，对饭菜价格满意度最低。

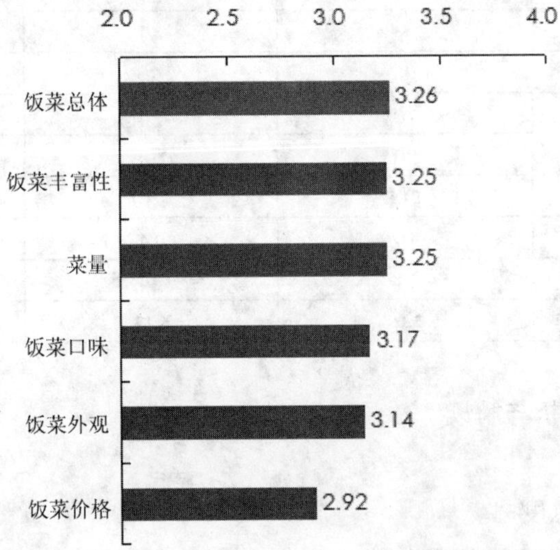

图 2　师生对食堂饭菜总体满意度评价（n=769）

②服务整体表现较好，但需重点改善桌椅清理

在服务方面，师生对服务公平性、服务态度、服务规范性和上菜速度满意度较高，但对桌椅清理满意度很低。

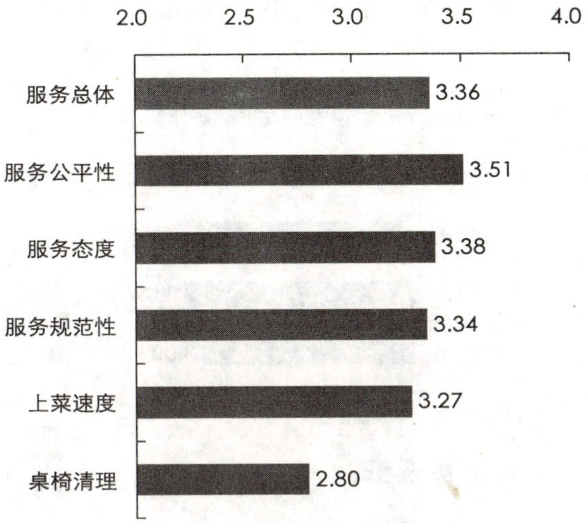

图 3　服务总体满意度评价

③环境整体表现较差，尤其是师生就餐时所用座椅和餐具卫生状况最差，亟待改善

环境方面总体评价不高，师生对地面卫生和服务人员卫生满意度相对较高，对空气质量和饭菜卫生满意度较低，对桌椅卫生和公用餐具卫生最为不满意。

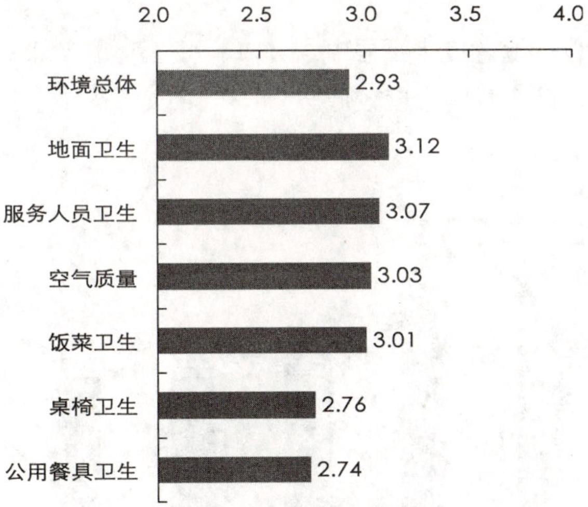

图 4　环境满意度评价

④硬件设施中，刷卡机、消毒设施、洗手间配备不足

在硬件设施方面，师生对灯光、桌椅数量、空调、消防设施配备的满意度

较高，对消毒设施、洗手间、刷卡机的配备满意度较低。

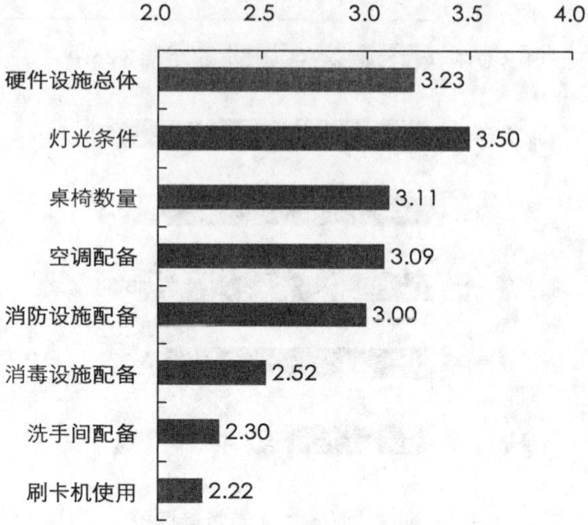

图5 硬件设施满意度评价

（3）各食堂满意度比较

①综合满意度比较

a. 从各食堂对比来看，天财、A座、心园三家食堂的满意度最高，且水平接近。

b. 公寓食堂的满意度水平居中。

c. 东院和西院食堂满意度较低。

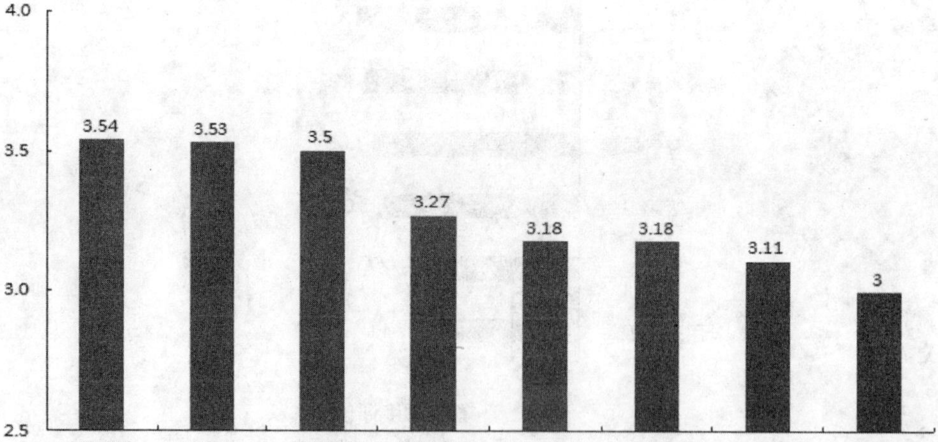

图6 各食堂综合满意度比较

②饭菜满意度对比

a. 从各食堂对比来看，心园餐厅和 A 座餐厅饭菜满意度最高。

b. 天财餐厅、西院食堂和公寓食堂 3 层的饭菜满意度居中。

c. 公寓食堂 1 层、公寓食堂 2 层和东院食堂饭菜满意度较低。

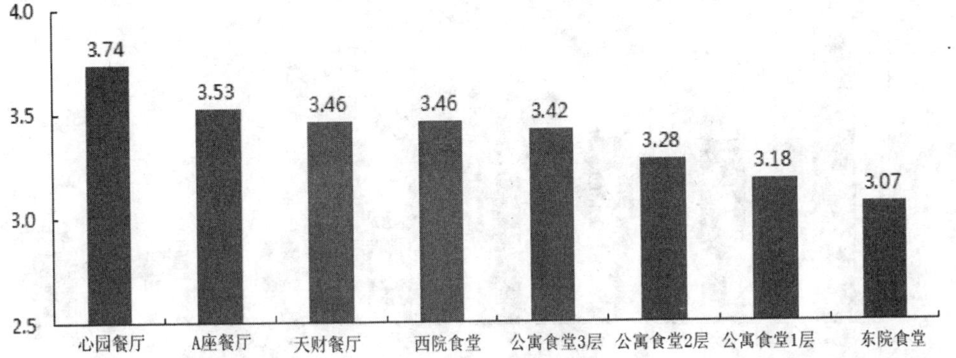

图 7　饭菜满意度比较

③服务满意度对比

a. 从各食堂对比来看，公寓食堂 3 层的服务满意度最高。

b. 天财餐厅的服务满意度最低。

c. 其余六个食堂的服务满意度居中，且水平相当。

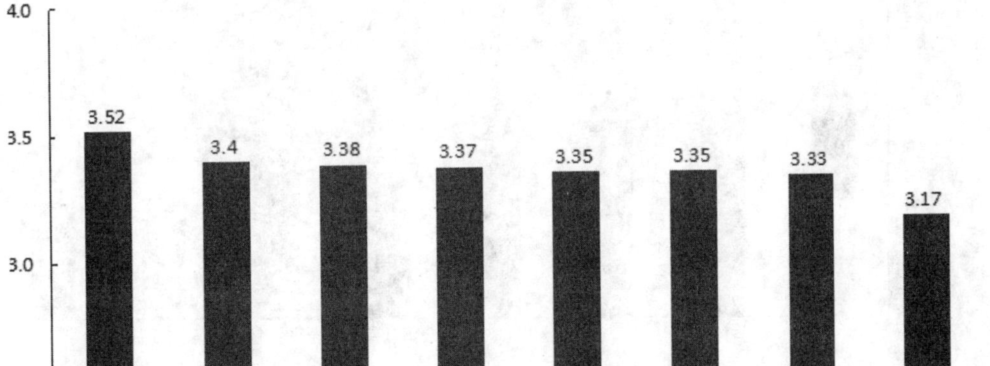

图 8　服务满意度比较

④环境满意度对比

a. 从各食堂对比来看，A 座餐厅和天财餐厅的环境满意度最高。

b. 心园餐厅和公寓食堂 3 层的环境满意度居中。

c. 东院食堂、西院食堂、公寓食堂 1 层和 2 层的环境满意度较低，且水平相当。

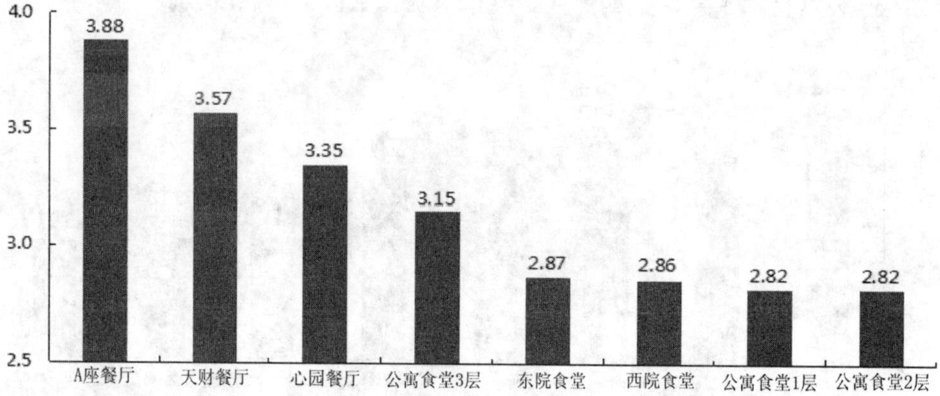

图 9　食堂环境的满意度比较

⑤硬件设施满意度对比

a. 从各食堂对比来看，A 座餐厅和天财餐厅的硬件设施满意度最高。

b. 心园餐厅和公寓食堂 3 层的硬件设施满意度居中。

c. 其余公寓食堂 1 层、2 层，东院食堂和西院食堂的硬件设施满意度较低。

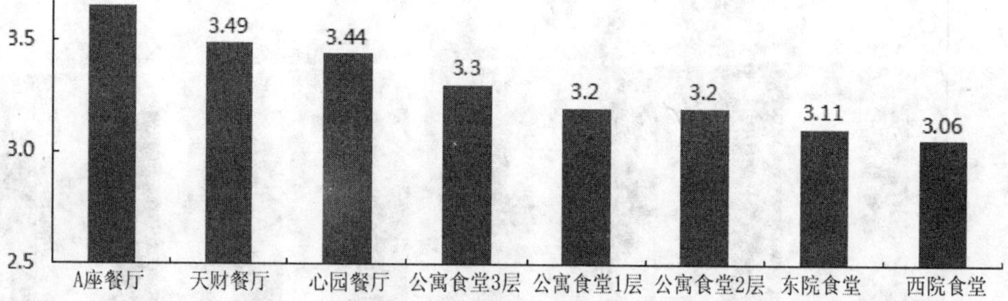

图 10　硬件设施满意度比较

2. 分析模型：需求缺陷二维分析

在需求缺陷二维分析中，以顾客重要程度和满意程度为坐标轴，将平面区域划分为四部分，分别为：优势区（保持优势）、保持区（锦上添花）、忽略区（可以容忍）以及亟待改进区（亟待改善）。根据三级指标所落区域可知其现状和改进方向。

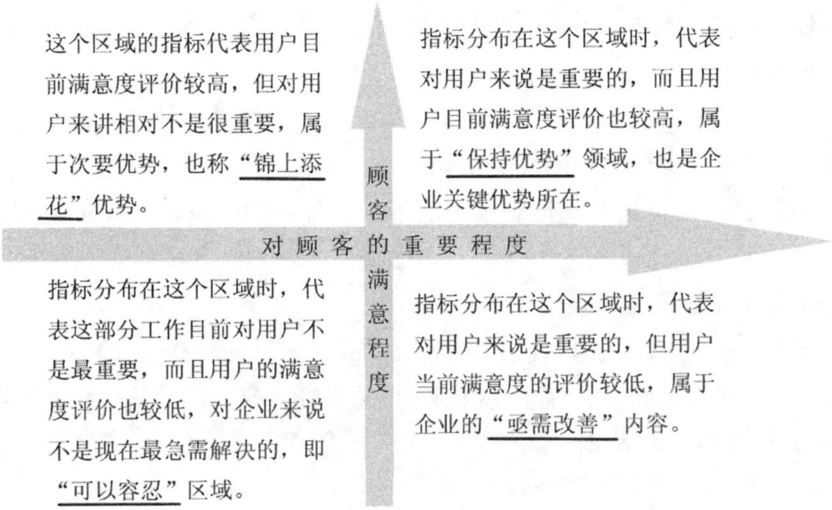

图 11　二维分析理论图

本案例中，天津财经大学食堂满意度的需求缺陷分析结果如下：

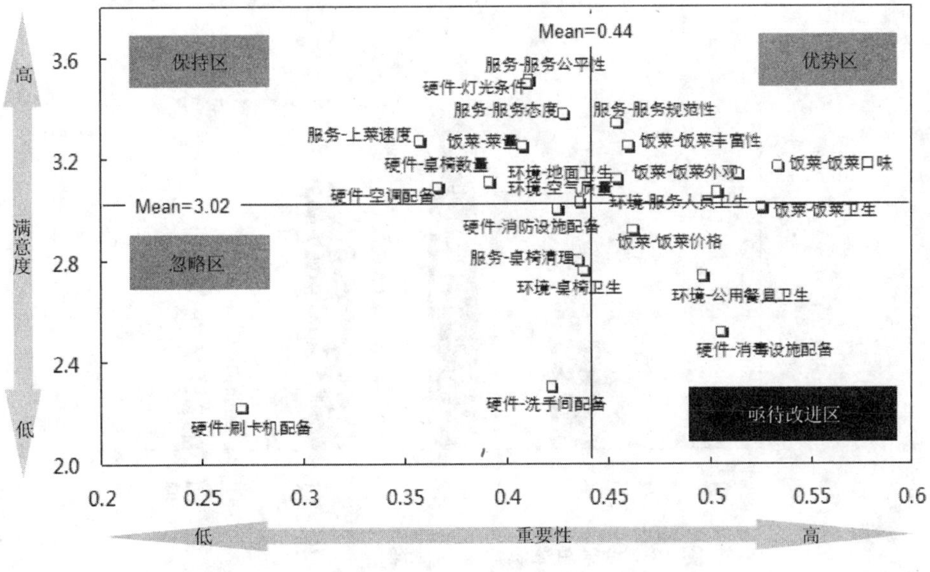

图 12　天津财经大学食堂满意度的需求缺陷分析

上述结果可作如下解读：

①对于学生和教师来说，饭菜和环境两方面对于综合满意度的影响较大，是重要的因素。

②服务的重要性居中，但当下的满意度较高，应继续保持。

③整体来看，亟待改善的环节主要涉及“卫生”方面。

a. 餐具卫生：首先要保证餐具的清洁，另外，如有条件可配备餐具消毒设备。

b. 饭菜卫生、服务人员卫生。

以上都是重要度高，但满意度较低的方面，是当前面临的问题。

④刷卡机和洗手间虽然满意度很低，但重要性不高，所以迫切度并不高。

（四）研究的主要结论

1. 食堂总体满意度评价

学校食堂综合满意度得分为 3.19 分，满意率为 37.8%，满意水平较低。基于食堂满意度评估模型，综合饭菜、服务、环境、硬件设置四项指标，我校食堂综合满意度（满分 5 分）为 3.19 分。

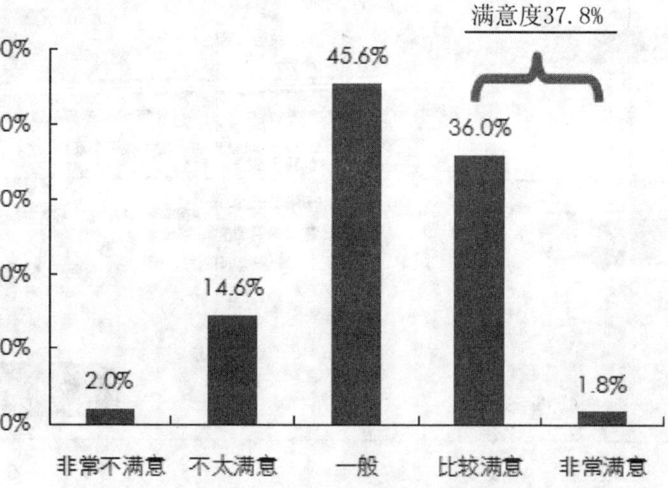

图 13　食堂总体满意度总体评价（n=769）

2. 食堂二级指标满意度评价

在各分项指标中，服务满意度相对较高，环境满意度最差。

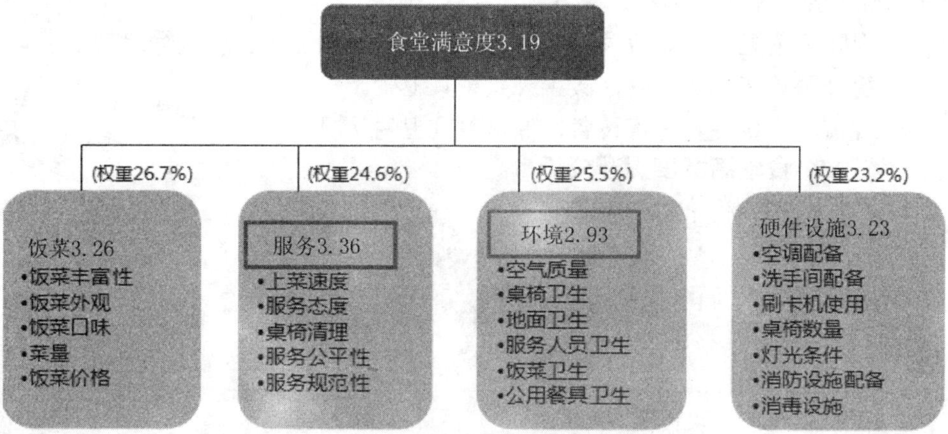

图 14　食堂二级指标满意度评价

3. 食堂三级指标满意度的二维优劣分析

卫生环境亟待改善，包括餐具卫生、服务人员卫生、饭菜卫生、消毒设施配备。

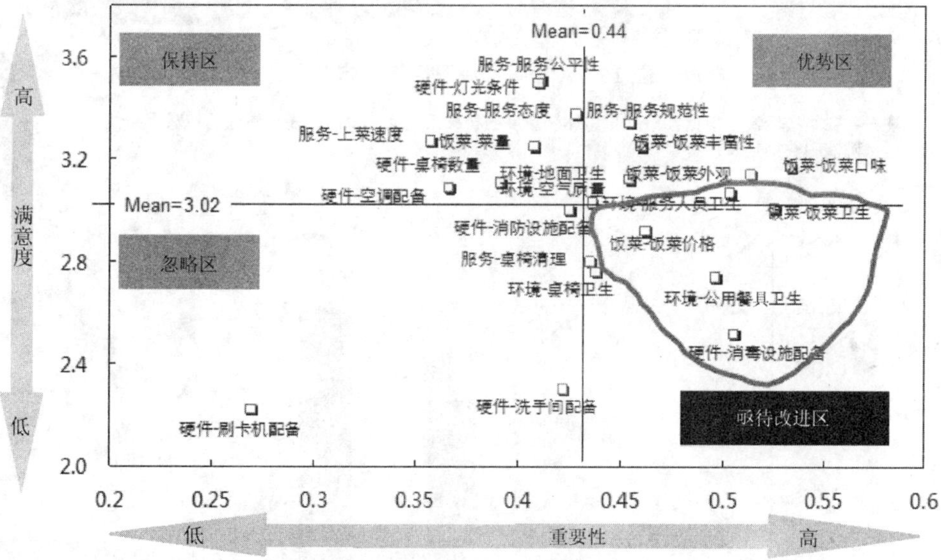

图 15　食堂三级指标满意度的二维优劣分析图

（五）研究的主要建议

开展一次全校范围内的食堂饭菜卫生和环境卫生改善活动。

1. 改善服务人员卫生，检查服装清洁和双手清洁，严格要求服务人员工作期间佩戴手套、帽子、口罩。

2. 保障饭菜卫生，对饭菜原料进行抽查，对后厨卫生状况进行定期检查。

3. 提升餐具清洗清洁度，改善公共餐具卫生。

4. 视情况配备餐具消毒设备，保障餐具卫生状况。

（六）8 个食堂满意度提升分析

1. A 座餐厅总体满意度提升分析

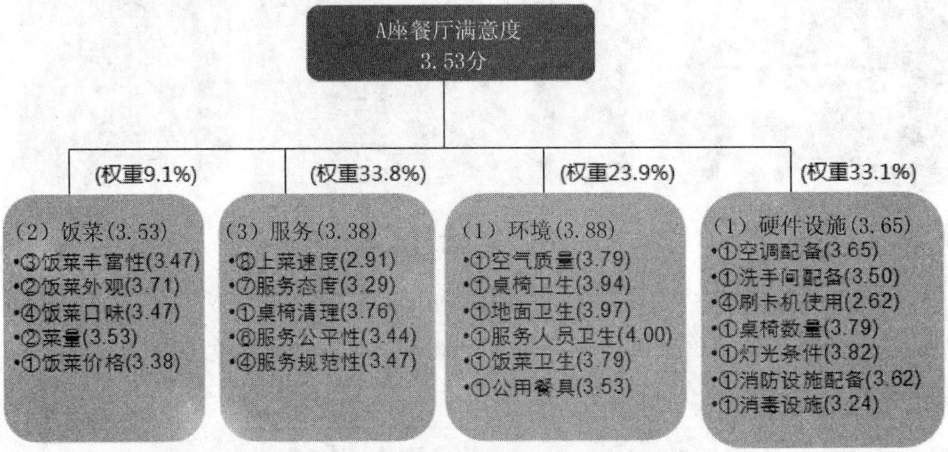

图 16　A 座餐厅满意度指标体系

注：各二级指标权重根据各指标与总体满意度的相关系数计算得出，表示指标的相对重要性。
圆圈中数字代表该食堂在全部食堂中的排名。

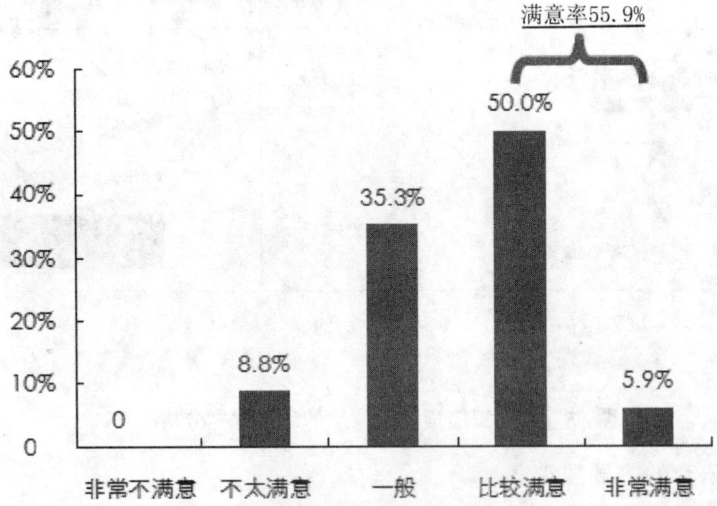

图 17　A 座餐厅满意度总体评价（n=34）

A 座餐厅综合满意度得分为 3.53 分，满意率为 55.9%，满意水平最高。

基于食堂满意度评估模型，综合饭菜、服务、环境、硬件设施四项指标，A 座餐厅综合满意度（满分 5 分）为：3.53 分。

A 座餐厅总体满意度的需求缺陷分析：

对于学生和教师来说，服务和硬件设施对 A 座餐厅综合满意度的影响较大，是重要的因素，且硬件设施的满意度在八个食堂中排名第一，应继续保持优势。

详细来看，亟待改善的环节主要涉及以下方面：

①上菜速度排名最后，应增加厨师数量，提高上菜速度。

②服务态度排名靠后，应增强服务意识的重要性，做到微笑服务热情待客。

③服务的公平性和规范性排名靠后，应加强管理，公平接待每一个来就餐的客人。

饭菜口味和丰富性排名虽处中间，但是迫切度不高，属于可容忍范围。

整体来看，A 座餐厅在各个方面表现都很不错，若进一步改进服务的各个方面，竞争力将是其他餐厅所不能超越的。

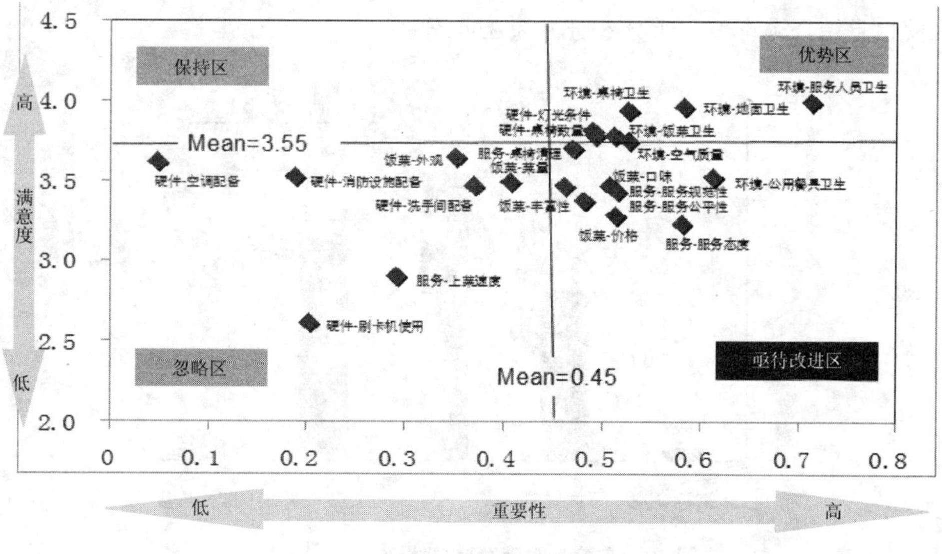

图 18　A 座餐厅满意度的需求缺陷分析

2. 东院食堂满意度提升分析

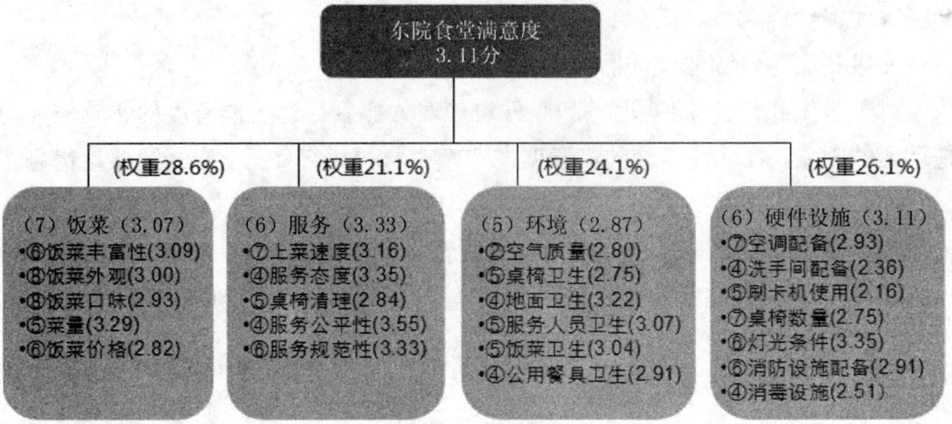

图 19　东院食堂评价体系

注：各二级指标权重根据各指标与总体满意度的关系数计算得出，表示指标的相对重要性。圆圈中数字代表该食堂在全部食堂中的排名。

东院食堂综合满意度得分为 3.11 分，满意率为 34.5%，满意水平较低。

基于食堂满意度评估模型，综合饭菜、服务、环境、硬件设施四项指标，东院食堂综合满意度（满分 5 分）为 3.11 分。

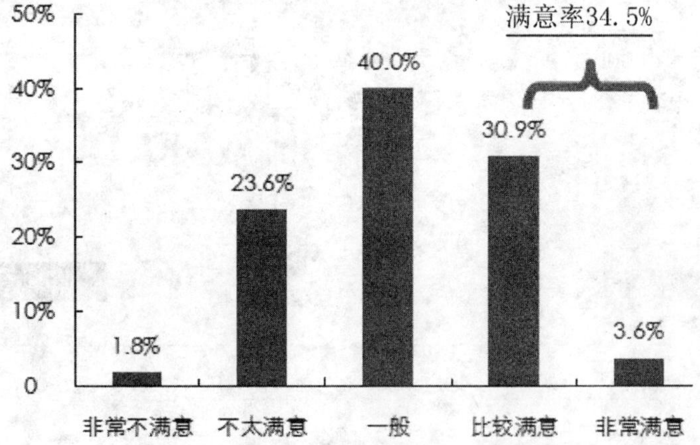

图 20　东院食堂满意度总体评价（n=55）

东院食堂总体满意度的需求缺陷分析：

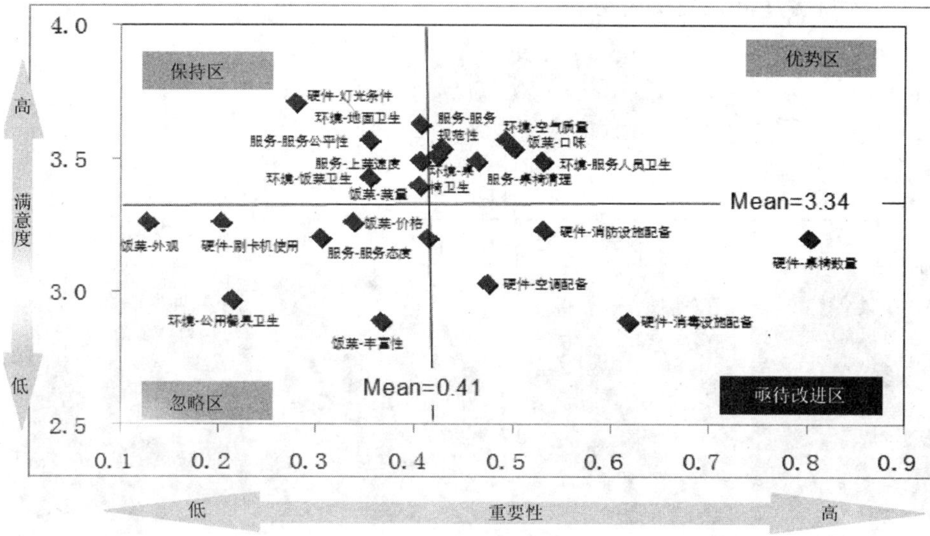

图 21　东院食堂满意度的需求缺陷分析

解读：对于学生和教师来说，饭菜对于东院食堂综合满意度的影响最大，但饭菜在全校八个食堂中排名最后，且其他三个方面排名也是处于末尾，需全面改善。

详细来看，亟待改善的环节主要涉及以下几个方面：

（1）饭菜口味、外观、丰富性及价格排名末尾，应提高厨师的技艺，满足更多学生的要求，同时做到合理定价。

（2）上菜速度排名末尾，应增加厨师数量。

（3）服务公平性和规范性排名靠后，应加强管理。

（4）桌椅清理、桌椅卫生、桌椅数量排名均在末尾，应增加清洁度，如果有条件应增加桌椅数量。

（5）饭菜、地面、服务人员、公用餐具的卫生排名靠后，应全面改善食堂的卫生状况。

（6）空调配备、洗手间配备、消防设施设备的排名都是最后，有条件的话应增加这些设备，让同学和老师舒心就餐。

整体来说，东院食堂的满意度是全校排名倒数第二，各个方面都亟待改善，全面提高自己的竞争力。

3．天财餐厅满意度提升分析

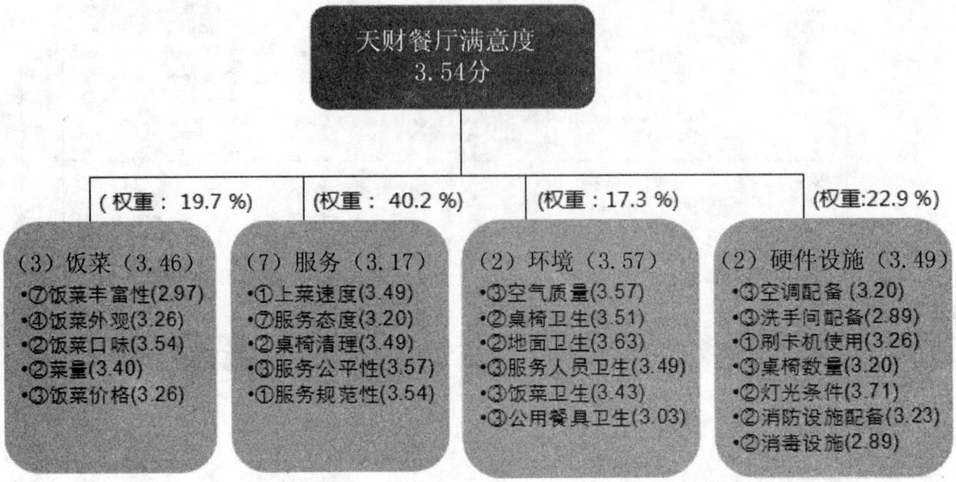

图 22　天财餐厅满意度评价体系

注：各二级指标权重根据各指标与总体满意度的关系数计算得出，表示指标的相对重要性。圆圈中数字代表该食堂在全部食堂中的排名。

天财餐厅综合满意度得分为 3.54 分，居首位。满意率为 48.6%，满意水平较高。

基于食堂满意度评估模型，综合饭菜、服务、环境、硬件设施四项指标，天财餐厅综合满意度（满分 5 分）为 3.54 分。

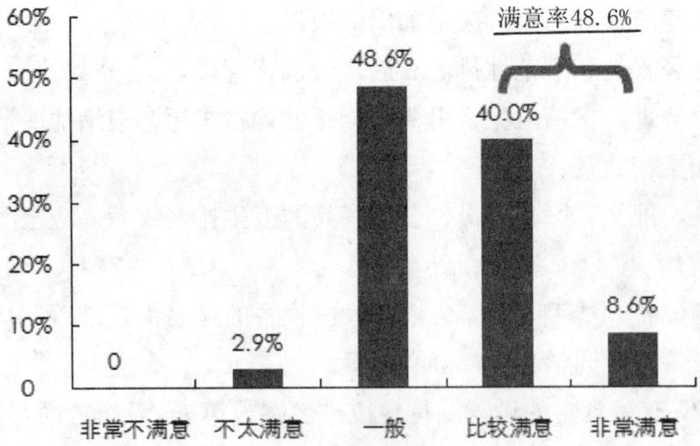

图 23　天财餐厅满意度总体评价

天财餐厅总体满意度的需求缺陷分析：

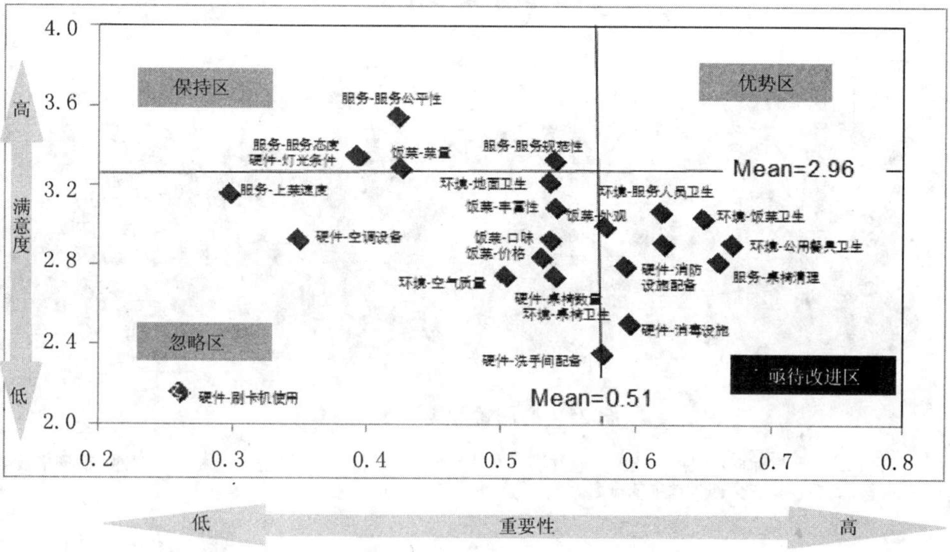

图 24　天财餐厅满意度的需求缺陷分析

对于学生和教师来说，服务对于天财餐厅综合满意度的影响较大且排名最后，需亟待改善。饭菜、环境、硬件设施的重要性居中，但当下的满意度较高，应继续保持。

详细来看，亟待改善的环节主要涉及以下几个方面：

（1）服务态度排名最后，应对服务人员进行培训，做到微笑服务亲切待客。

（2）饭菜丰富性排名最后，应增加菜的品种，满足更多人的需求。

（3）饭菜外观虽排名靠后，但是迫切度不高，属于可容忍范围。

整体来看，天财餐厅应极力改善其服务质量，若做到，竞争力将大幅提高。

4．心园餐厅满意度提升分析

心园餐厅综合满意度得分为 3.50 分，满意率为 55.9%，满意水平最高。基于食堂满意度评估模型，综合饭菜、服务、环境、硬件设施四项指标，心园餐厅综合满意度（满分 5 分）为 3.50 分。

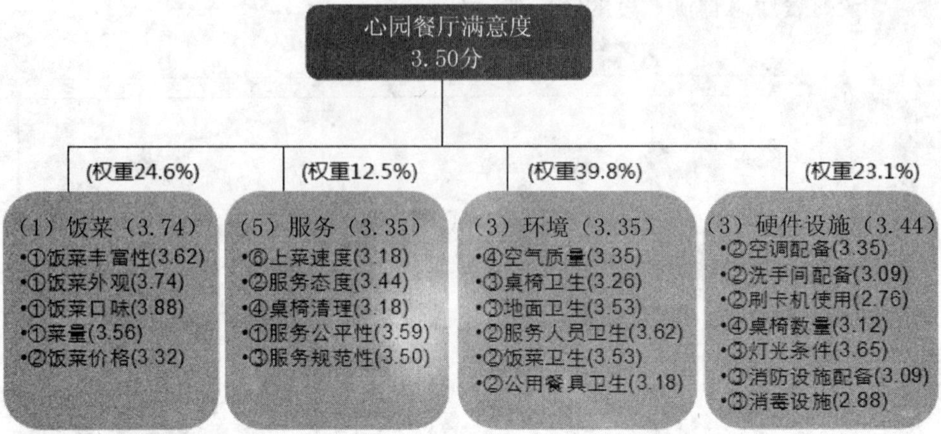

图 25　心园餐厅满意度评价体系

注：各二级指标权重根据各指标与总体满意度的关系数计算得出，表示指标的相对重要性。圆圈中数字代表该食堂在全部食堂中的排名。

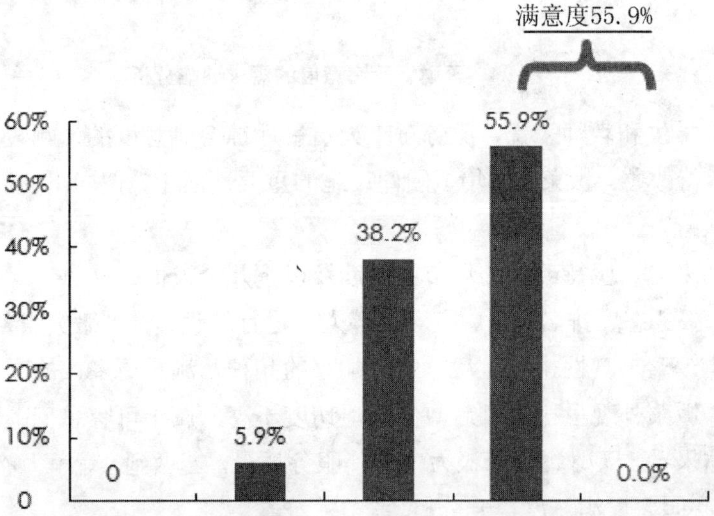

图 26　心园餐厅满意度评价

心园餐厅总体满意度的需求缺陷分析：

对于学生和教师来说，环境对于心园餐厅综合满意度的影响最大，是重要的因素，且排名第三，仍需努力。服务和硬件设施的重要性居中，但满意度较高，应继续保持。

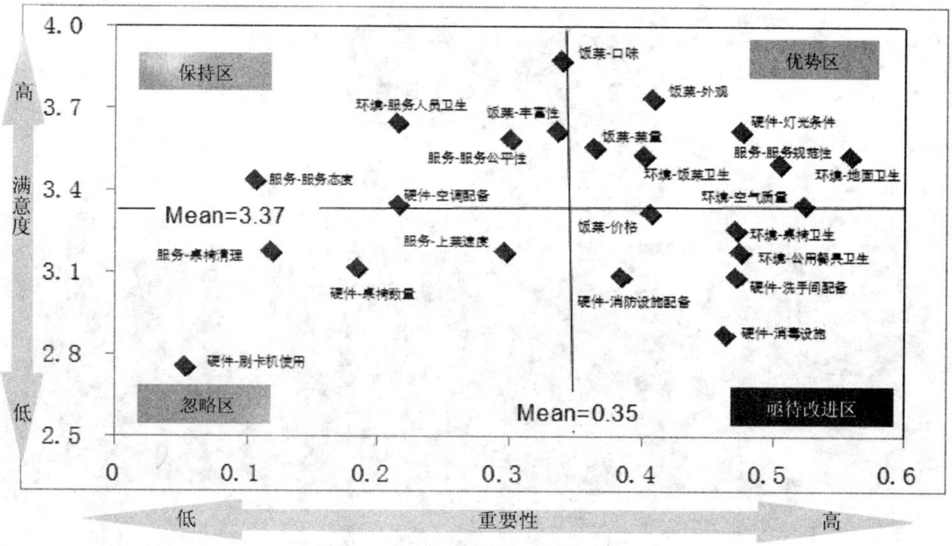

图 27 心园餐厅满意度的需求缺陷分析

详细来看，亟待改善的环节主要涉及以下方面：

（1）空气质量排名第四，应经常通风换气，增加就餐环境的舒适度。

（2）桌椅数量排名第四，在有条件的情况下，应扩建，增加桌椅数量，满足更多的就餐需求。

（3）上菜速度排名第六，应增加厨师人数，提高工作效率。

（4）桌椅清理虽排名第四，但迫切度不高，属于可容忍范围。

从整体来看，心园餐厅应改善环境和服务两大项，若做到，竞争力将大幅提高。

5．西院食堂满意度提升分析

西院食堂综合满意度得分为 3.00 分，满意率为 28.8%，满意水平最低，且非常不满意程度最高。

基于食堂满意度评估模型，综合饭菜、服务、环境、硬件设施四项指标，西院食堂综合满意度（满分 5 分）为 3.00 分。

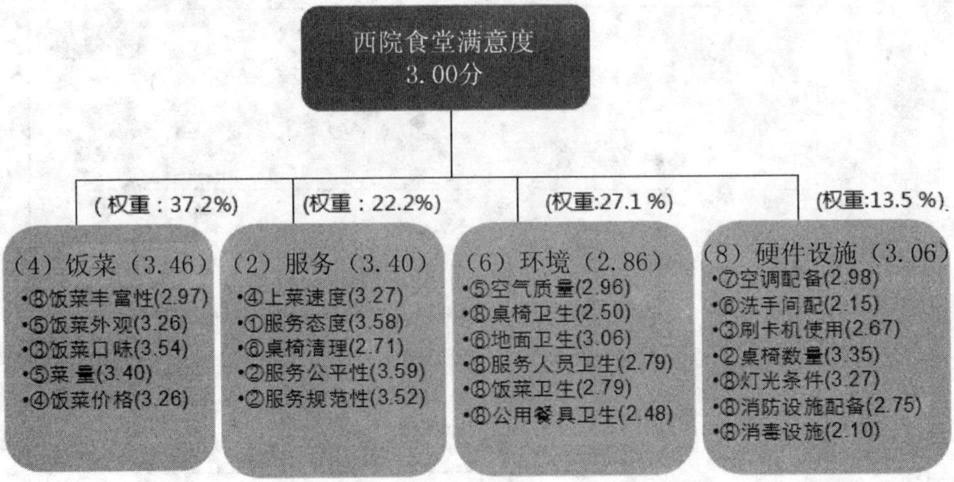

图 28　西院食堂满意度评价体系

注：各二级指标权重根据各指标与总体满意度的关系数计算得出，表示指标的相对重要性。圆圈中数字代表该食堂在全部食堂中的排名。

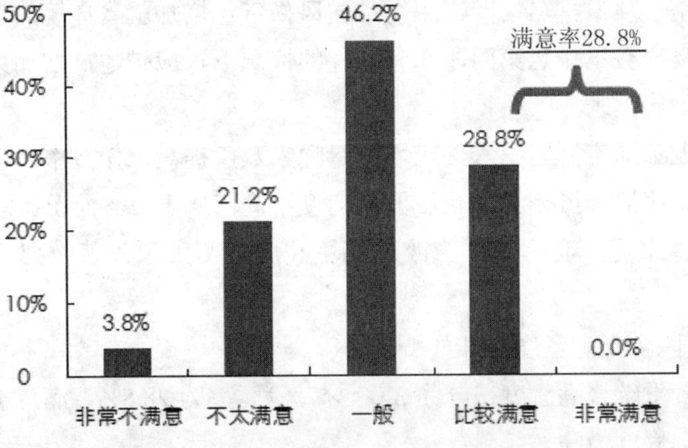

图 29　西院食堂满意度总体评价（n=52）

西院食堂总体满意度的需求缺陷分析：

对于学生和教师来说，饭菜对于西院食堂综合满意度的影响最大，且在全校排名第四，仍需改善。服务的重要性居中，但当下的满意度较高，应继续保持。

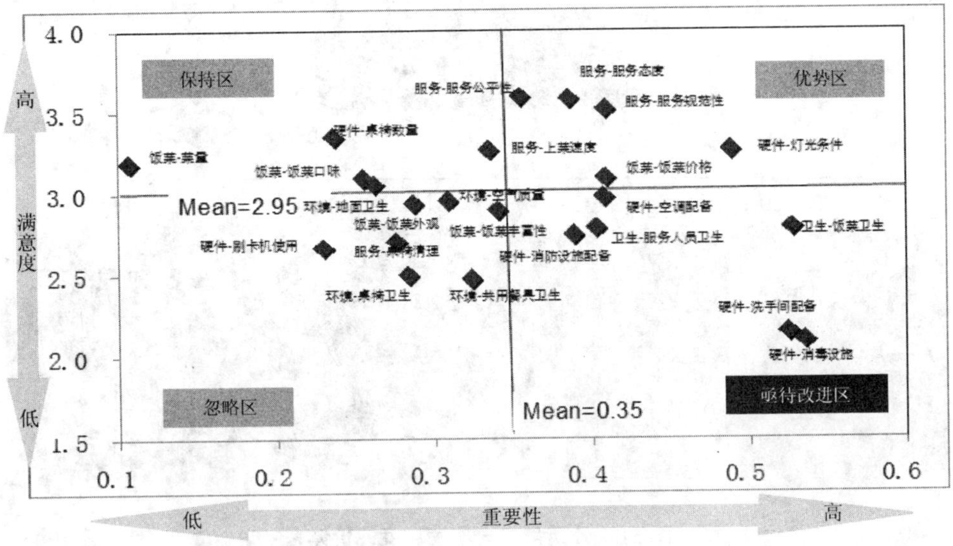

图 30　西院食堂满意度的需求缺陷分析

对于学生和教师来说，饭菜对于西院食堂综合满意度的影响最大，且在全校排名第四，仍需改善。服务的重要性居中，但当下的满意度较高，应继续保持。

详细来看，亟待改善的环节主要涉及以下方面：

（1）饭菜丰富性排名最后，应增加品种，满足更多的需求。

（2）饭菜外观和价格排名靠后，应提高厨师技艺，合理定价。

（3）服务人员、桌椅、饭菜、公用餐具卫生排名均是最后，应全面提高各个方面的清洁度，做到放心就餐。

（4）桌椅清理排名第六，应提高清洁效率和效果。

硬件设施的几个方面满意度均是排名末尾，但迫切度不高，属于可容忍范围。

整体来看，西院食堂应该首先改善饭菜的各个方面，其次改善环境卫生，有条件的话配备硬件设施，若做到，竞争力将大幅提高。

6．公寓食堂一层满意度提升分析

公寓食堂一层综合满意度得分为 3.18 分，满意率为 35.2%，满意水平较低。

基于食堂满意度评估模型，综合饭菜、服务、环境、硬件设施四项指标，公寓食堂一层综合满意度（满分 5 分）为 3.18 分。

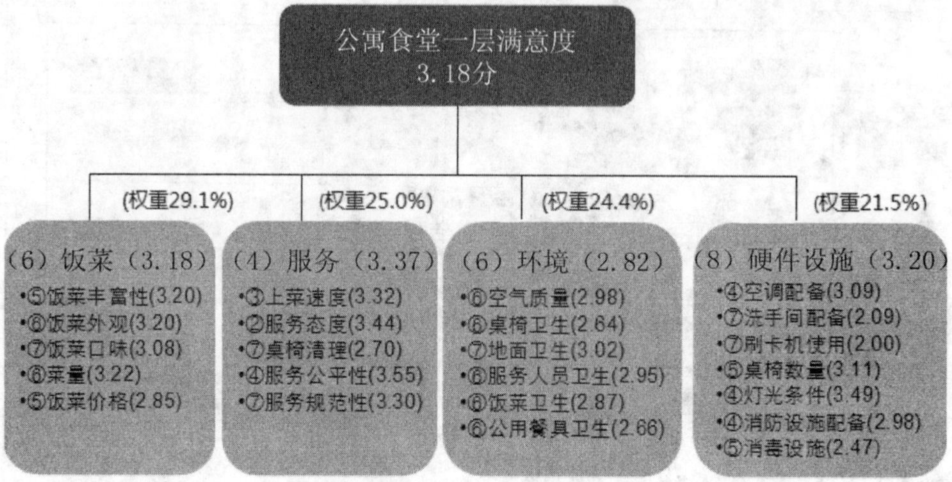

图 31　公寓食堂一层满意度评价体系

注：各二级指标权重根据各指标与总体满意度的关系数计算得出，表示指标的相对重要性。圆圈中数字代表该食堂在全部食堂中的排名。

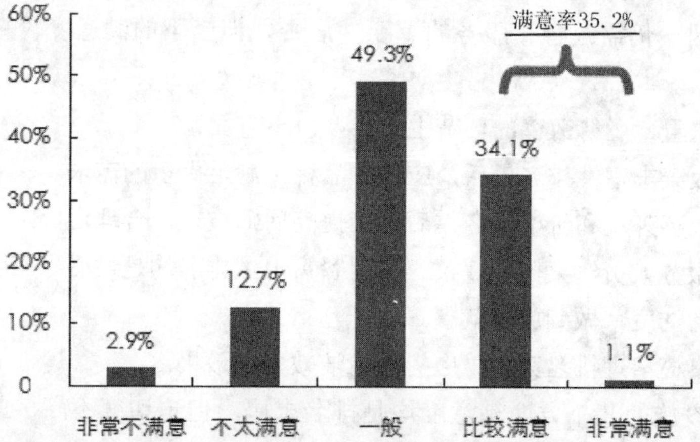

图 32　公寓食堂一层满意度总体评价

公寓食堂一层总体满意度的需求缺陷分析：

对于学生和教师来说，饭菜对于公寓食堂一层综合满意度的影响最大，且排名属于末尾，需亟待改善。

服务、环境、硬件设施重要性居中，但排名都是靠后，也需引起注意。

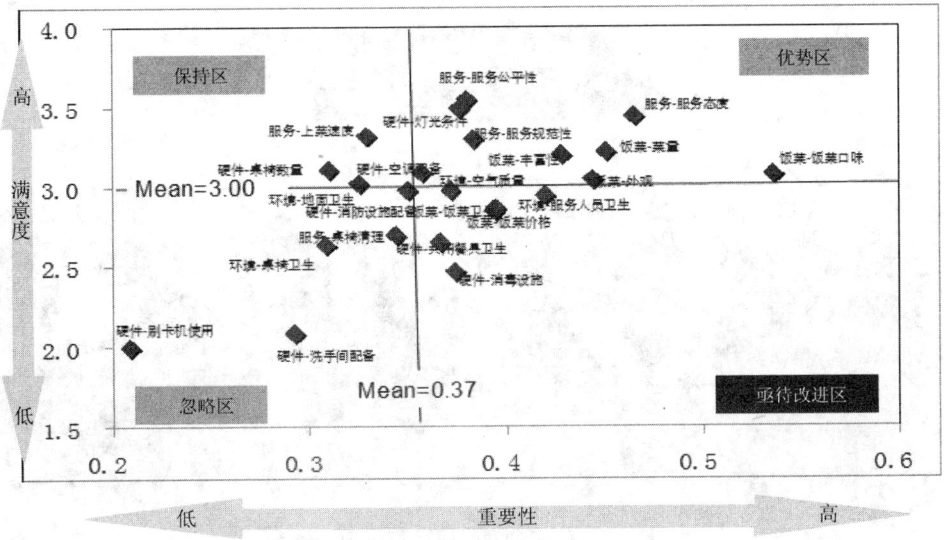

图 33　公寓食堂一层满意度的需求缺陷分析

详细来看，亟待改善的环节主要涉及以下几个方面：

（1）饭菜口味、外观、丰富性排名均在末尾，应改善厨师技艺，增加菜的品种。

（2）菜量、菜价排名末尾，应增加菜量并做到合理定价。

（3）桌椅、地面、服务人员、饭菜、公用餐具的卫生排名均在末尾，应极力提高清洁度，做到干净卫生。

（4）刷卡机、消防设施、消毒设施等硬件排名最后，有条件应增加这些配备。

（5）桌椅清理排名最后，应加快清洁速度，提高清洁效果。

（6）服务规范性排名最后，应加强管理。

整体来说，公寓食堂一层应首先改善饭菜的各个方面，其次在环境和硬件设施上尽力改善，若做到，竞争力将会提高。

7．公寓食堂二层满意度提升分析

公寓食堂二层综合满意度得分为 3.18 分，满意率为 36.4%，满意水平较低。

基于食堂满意度评估模型，综合饭菜、服务、环境、硬件设施四项指标，公寓食堂二层综合满意度（满分 5 分）为 3.18 分。

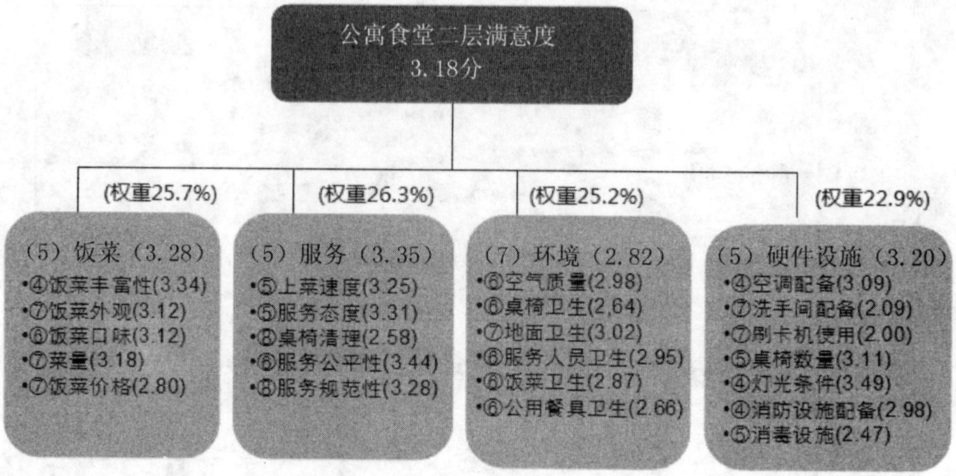

图 34　公寓食堂二层满意度评价体系

注：各二级指标权重根据各指标与总体满意度的关系数计算得出，表示指标的相对重要性。圆圈中数字代表该食堂在全部食堂中的排名。

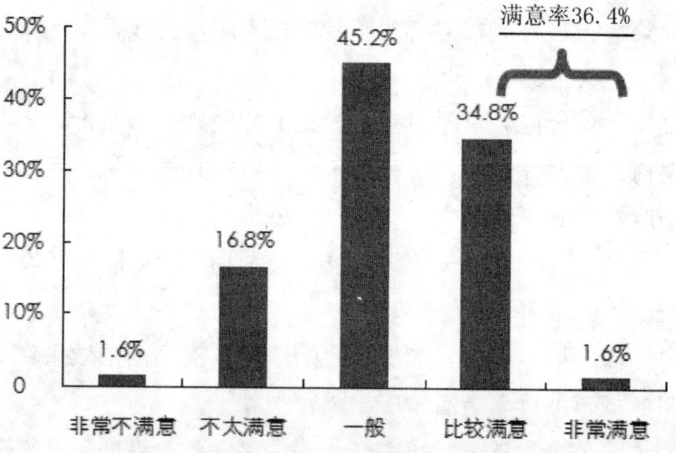

图 35　公寓食堂二层满意度总体评价

公寓食堂二层总体满意度的需求缺陷分析：

对于学生和教师来说，四个方面对公寓食堂二层综合满意度的影响都比较大，但每个方面在全校的排名都靠后，所以应做到全面改善。

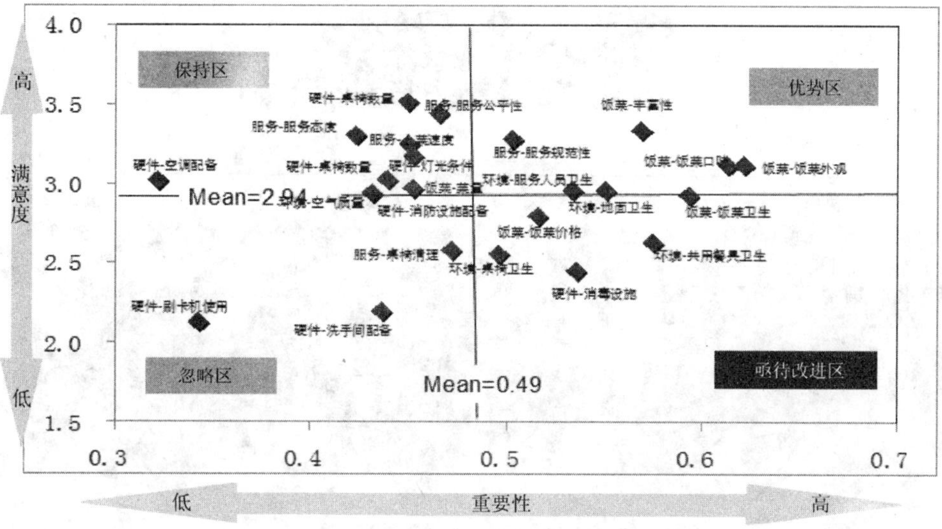

图 36 公寓食堂二层满意度的需求缺陷分析

详细来看，亟待改善的环节主要涉及以下几个方面：

（1）饭菜外观、口味、价格、菜量排名均在末尾，需提高厨师技艺，增加菜量，同时做到合理定价。

（2）桌椅、地面、服务人员、饭菜、公用餐具卫生和空气质量排名均在末尾，应极力提高清洁度，做到干净卫生，平时多通风换气。

（3）桌椅清理排名最后，应加快清洁速度，提高清洁效果。

（4）服务规范性排名最后，应加强管理。

（5）洗手间、刷卡机等硬件排名末尾，若有条件应增加这些配备。

从整体来看，公寓食堂二层需要改善的方面很多，主要集中在环境，其次是饭菜和服务，若做到，竞争力将得到很大提升。

8．公寓食堂三层满意度提升分析

公寓食堂三层综合满意度得分为 3.27 分，满意率为 42.4%，满意水平一般。

基于食堂满意度评估模型，综合饭菜、服务、环境、硬件设施四项指标，公寓食堂三层综合满意度（满分 5 分）为 3.27 分。

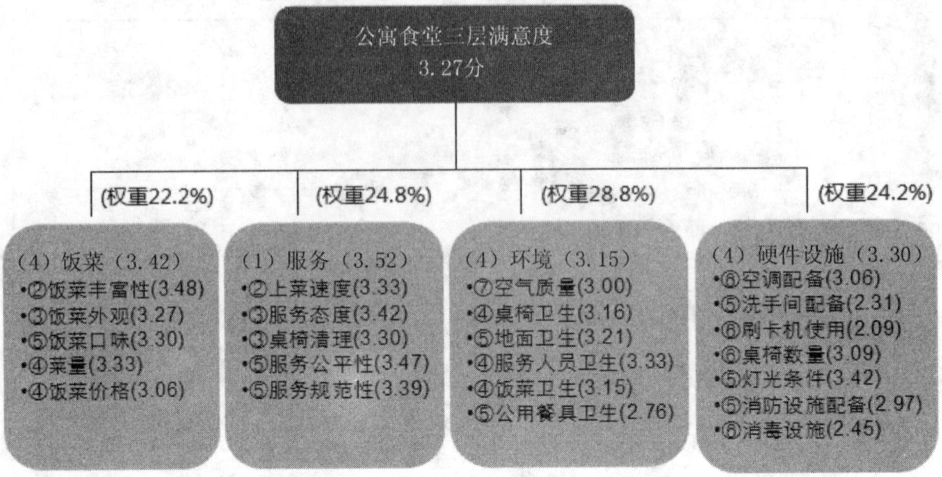

图 37　公寓食堂三层满意度评价体系

注：各二级指标权重根据各指标与总体满意度的关系数计算得出，表示指标的相对重要性。圆圈中数字代表该食堂在全部食堂中的排名。

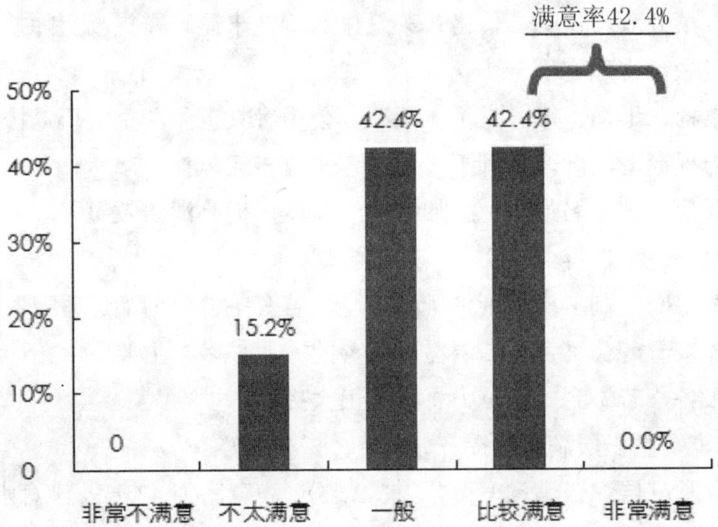

图 38　公寓食堂三层满意度总体评价

公寓食堂三层总体满意度的需求缺陷分析：

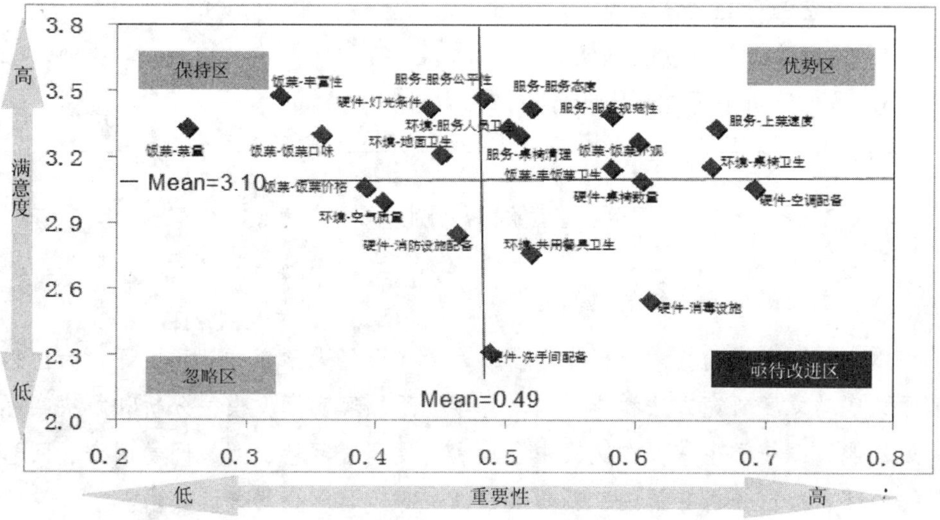

图 39　公寓食堂三层满意度的需求缺陷分析

对于学生和教师来说，环境对于公寓食堂三层综合满意度的影响较大，且排名居中，仍需努力。服务的重要性居中，但当下的满意度较高，应继续保持。

详细来看，亟待改善的环节主要涉及以下几个方面：

（1）空气质量排名最后，应做到勤通风换气。

（2）桌椅、地面、服务人员、饭菜、公用餐具卫生排名均在末尾，应极力提高清洁度，做到干净卫生。

（3）空调、洗手间、刷卡机、桌椅数量等硬件排名均在末尾，若有条件应增加这些配备。

（4）饭菜口味排名第五，应提高厨师技艺。

（5）饭菜价格、菜量排名第四，应增加菜量，同时合理定价。

从整体来看，公寓食堂三层应首先改善环境的各个方面，其次是饭菜和硬件设施（有条件），若做到，竞争力将得到大幅提升。

三、讨论题目

1．食堂满意度指标如何确定？

2．为方便后期的分析，调查问卷该如何设计？

3．问卷调查的具体实施方式、时间、质量控制如何保证？

4．数据分析与解读的框架如何设计？

5．数据分析中可能采用的分析方法有哪些？

案例说明书

一、本案例要解决的关键问题

本案例要实现的教学目标在于：以对天津财经大学食堂满意度评价为例，演示顾客满意度研究方法和应用，培养学生用顾客满意度模型分析和解决实际问题的能力，使学生掌握在实践中设计满意度调查问卷、实施问卷调查、问卷数据处理、数据分析与解读、调研报告撰写等市场调查的关键技术。

二、案例讨论的准备工作

为了有效实现本案例目标，学员应该具备下列相关知识背景：

1．市场调查的基本知识。

2．抽样调查的基本知识。

3．统计软件 SPSS 的基本知识。

4．营销学、管理学等相关知识。

三、案例分析要点

1．需要学员识别的关键问题

本案例需要学员识别的主要知识点包括：（1）食堂满意度指标的选择；（2）调查问卷设计的基本技能和技巧；（3）问卷调查的具体实施方式；（4）进行数据分析与解读的常用方法；（5）撰写调研报告的基本要求和注意事项。

2．解决问题的可供选择方案及其评价

（1）客户满意度评价的有关理论

客户满意度是指客户认为供应商已达到或超过他的消费预期的一种感受。其核心是：Perception，即感受，是一个心理指标，它可以，也可以不和实际情况相符合。顾客满意度概念包括两个方面：顾客对所购买产品或服务的满意度（过去期待的评价）；能够期待他们未来继续购买的可能性（新的期待）。满意度是消费者消费事前期待与实际评价关系，它超越了“品质”的概念，突出的是无形的服务，追求的是新的向心（顾客之心）力和顾客产生顾客的效果。

一般的满意度研究有如下目标：①确定满意度的关键因素；②测量当前的满意度水平；③为管理者提供改善满意度的建议；④长期跟踪对比满意度变化情况和变化的原因。

满意度评价的相关步骤：①指标框架的建立。指标框架是一个指标体系的核心，也是建立指标体系的基础。常见的满意度框架主要有以下四种：a. 以流程为出发点。比如某些大型产品或设备的满意度，可以分为售前满意度、售中满意度以及售后满意度。b. 以 4PS(Price、Promotion、Place、Product、Service)为出发点。如移动公司的客户满意度研究常采用此种方法。c. 以软硬件为出发点。如银行满意度研究常采用此种方法。d. 以马斯洛需求层次为出发点。

②满意度指标的搜集。主要是通过以往项目经验、项目组头脑风暴、主要客户座谈会、企业内部访谈、行业专家德尔菲法等这五个方法来确定初步指标体系，并在进行小范围的预调查之后，确定满意度体系。

③建立满意度三级指标。一般满意度经典模型只需设立三级指标，第一级为总体满意度，第二级为大方面满意度（难以直接衡量），第三级为具体细节方面的满意度。

④满意度评价。满意度评价一般使用 5 级或 10 级量表，如使用 5 级量时，一般可分为“非常满意”、“比较满意”、“一般”、“比较不满意”、“非常不满意”。

（2）问卷设计的有关技术和技巧

问卷设计目标：首先，设计必须将我们需要研究的信息转化为一组特定的问题，这些问题必须是被访者能够且愿意回答的。其次，问卷能够激励被访者参与、合作、完成整个访问。设计者应努力降低被访者的厌烦情绪和不完整回答。最后，问卷应尽力减少反应（回应）误差。

问卷设计过程：问卷设计面临的最大弱点是缺少理论支持。因为没有科学的理论能保证问卷的设计是最理想的或是最优的。它需要经验累积的技巧，同科学比较起来，它更像是一种艺术。

①明确我们需要获得的信息。这是问卷设计的第一步，也是极其重要的第一步。对目标调查对象要有一个清晰的了解。有些问题对有大学学历的人可能较为适宜，但对家庭主妇就不一定适合了。

②明确访问方式。面对面访问：适合较长、较复杂问题；电话访问：适合

较短、简单问题；邮寄访问：问题简单，有详细的指示说明；电脑辅助访问：（CAPI 和 CATI）适合复杂的逻辑关系问题。

③确定单个问题的内容。尽量避免不能回答的问题：被访者不知道的问题——问丈夫许多关于买菜的事情，而这些事又都是妻子负责的；被访者回忆不清的数字——过去一个月内，您喝过了多少瓶软饮料？被访者很难描述的事情——请您描述一下您经常购物的百货商场的环境？

④避免不愿回答的问题。如敏感的问题或内容的选择性。有些问题专业人士询问没问题，但其他人士询问可能会被拒绝。

⑤选择合理的题型。如单选、复选、评分、开放。

⑥选择问题的用词。如果用词不恰当，被访者可能会拒绝回答或回答不准确。注意用六个 W（Who, What, When, Where, Why, Way）；用常规的词语；尽量少用含糊的词语。

⑦注意问题的次序。甄别问卷、基本信息（问卷主体内容）、分类指标（经济及社会特征）、实征信息（电话号码、地址）、先一般后具体—Q1：当您在选择商店时，主要考虑的因素有哪些？—Q2：当您在选择商店时，您对位置的方便性重视程度如何？

⑧注意问卷设计的格式。将问卷分成几个组成部分：A 部分：甄别部分；B 部分：品牌、广告知名度，家庭的购买情况；C 部分：市场上主要竞争品牌的表现；D 部分：生活形态方面的信息；E 部分：背景资料。

⑨注意实地访问的问卷质量。用较好质量的纸张，表现设计，体现专业性。多页调查问卷一定要装订成册。每道题尽量安排在同一页中。每道题的答案尽量用一列来表达，而不要分成多列。

⑩问卷测试。通过小样本访问，减少潜在的问题。最好采用面访形式。尽量找一些差异较大的被访者。有可能的话，可将试访的结果做编码、输入、分析，以最终确定问卷。

（3）问卷调查的具体实施技术

统计调查是市场调查中获取资料的一种重要手段，它分为全面调查和非全面调查两大类。全面调查即普查，非全面调查的主要形式是抽样调查。

抽样调查是指采用一定的组织形式，按照一定的程序从所要研究对象的全体（总体）中抽取一部分（样本）进行调查或观察，获取数据，并以此对总体的一定目标量做出推断，即在一定条件下用样本的指标值，估计和推断总体的指标值。

根据从总体中产生样本的方式不同，抽样调查可以分为随机抽样和非随机抽样。在调查中常用的随机抽样调查的组织形式有：单纯随机抽样、系统抽样、分层抽样、整群抽样；常用的非随机抽样调查的组织形式有：方便抽样、判断抽样、配额抽样、滚雪球抽样。

抽样调查的主要内容及步骤如下：

①确定调查目的与要求

确定调查资料所属时间和调查工作的时间等，以明确为什么要组织这次调查，以及需要获取什么时段的哪些方面的信息等。

②确定调查对象及其调查范围

目的是能更准确地获得规模有限且能够代表总体、再现总体数量特征的样本，又明确调研范围及实际调查个体。

③确定要收集的资料及其收集方法

资料的收集方法主要有三种：一是被调查者在没有调查者辅助的情况下自己完成问卷；二是调查者辅助被调查者完成问卷；三是调查者通过电话辅助被调查者完成问卷。

④编制抽样框

抽样框就是抽样调查前在可能条件下做出的抽样单元一览表或一览图，即由抽样单元构成的名录。抽样框是组织抽样调查的重要依据，调查者必须对其抱有严谨的态度，认真地收集和编制。若抽样框一旦有重复和遗漏，必然会直接影响到样本的选取，从而影响到整个抽样工作的质量。

⑤确定调查的组织形式和调查指标的估算方法

调查组织者必须根据总体的散布程度、所调查问题的性质特点、既定的调查时间、可用的抽样框等因素，选择合适的调查组织形式及汇总方案，并且确定调查指标的具体估算方法。

⑥规定精度

抽样调查前要根据所采取的抽样组织形式、经费和对调查指标准确性程度的要求，规定抽样调查所要达到的精度。

⑦确定样本容量

根据既定的经费、工作时间及规定的精度，依据抽样理论估计样本容量，使得调查工作既符合调查质量的要求，又不浪费人力、物力、财力。

⑧经费核算

要预先核定抽样调查工作各个阶段、各项工作的费用，明确规定各个环节、各项工作的限额，以保证工作按预定的时间、程序顺利进行，避免因经费不足中途停顿或降低质量调查，造成不必要的损失，延误工作进程。

(4) 数据分析与解读方法

调查中的数据大致可分为离散型数据和连续型数据。

①数据分析的层次

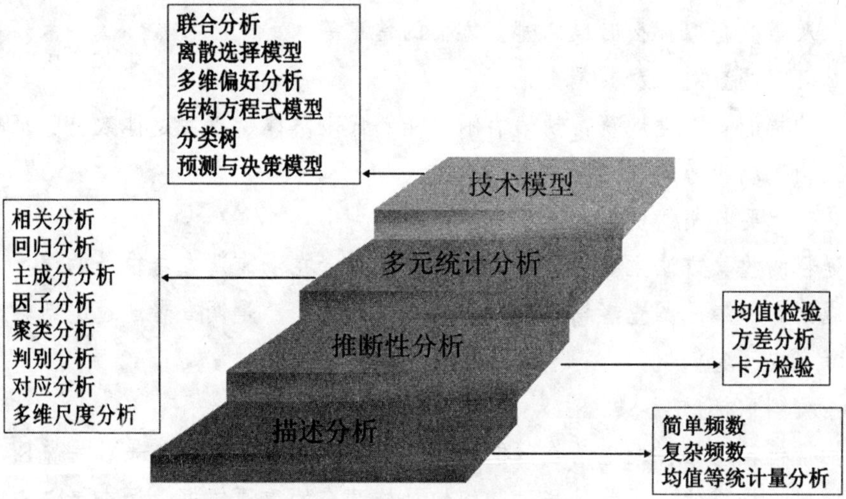

图 40　问卷调查中数据分析的层次

②描述性数据分析

a. 离散型数据分析

简单频数分析：要有深入解读的意识；关注累计百分比。

复杂频数分析：关注总体百分比；关注应答体百分比；成熟市场关注长尾；选项多时适当归类。

单选与多选的交叉分析：先看总体，再读差异；注意行/列百分比的意义；关注细分市场之间的差异。

b. 连续型数据分析

数据分布的集中趋势：均值的点估计和区间估计(Mean)；中位数(Median)；众数(Mode)。

数据分布的离散程度：最大值（Max）、最小值（Min）、极差（Range）、方差（Variance）、标准差（Std. Deviation）、运用 3σ 原理剔除“野点（奇异值）”。

数据分布的形状：峰度（Kurtosis）——数据的聚集程度（以 3 为界）；偏度（Skewness）——数据的偏移方向（以 0 为界）。

③数据解读

FIST 分析方法：FIST 分析方法是按照“事实（Fact）、含义（Implication）、战略（Strategy）、战术（Tactic）”的流程，咨询人员对所掌握的众多信息进行提升、重组分析，确定战略定位重点。

含义解读是数据分析的关键一环：含义解读，即 Implication，在 FIST 模型中是非常重要的承上启下的一环，是数据通过相互间的关系，反映出来的含义。

含义：表象事实所赖以说明的依据，或者若干表象事实所指向的意思。所以，含义很重要的特点不是我们看到的那些数据本身，而是这些数据背后的——导致产生或者趋于说明的东西。

含义通常是通过数据而得出的结论，是基于数据分析而做出的对市场现状的描述，对竞争格局、消费者特点的具体解答。

书写解读的要诀：

T	O	P	S
有的放矢	贯穿整体	掷地有声	言之有据
(Targeted)	**(Over-arching)**	**(Powerful)**	**(Supportable)**

④数据整合解读方法——二维整合

面对众多的数据结果，我们往往一个指标一个指标地单独分析。单个指标的分析往往得出的结论深度不够，需要进行数据的整合。

a. 二维整合的主要内容

常见的两类二维对应指标包括：市场表现类指标，如无提示知名度 VS 提示后知名度、知名度 VS 使用率、知名度 VS 美誉度、使用率 VS 美誉度、使用率 VS 好感度、满意度 VS 忠诚度等等；实际表现与需求差距类，如：满意度 VS 重要性、品牌表现 VS 理想品牌特点、品牌表现 VS 购买考虑因素、品牌表现 VS 重要性等等；其他可两两对应的指标，如：涨价比例 VS 接受度、现有产品 VS 应具备的产品、关注度 VS 优先度、离职原因 VS 理想企业特征等等。

b. 二维分析的两种表现形式

通过加减乘除产生新的数据：满意度=期望-实际表现；市场规模指数=渗透率×使用频率，等等。

通过两个指标产生的二维图。这是最经典的表现形式。

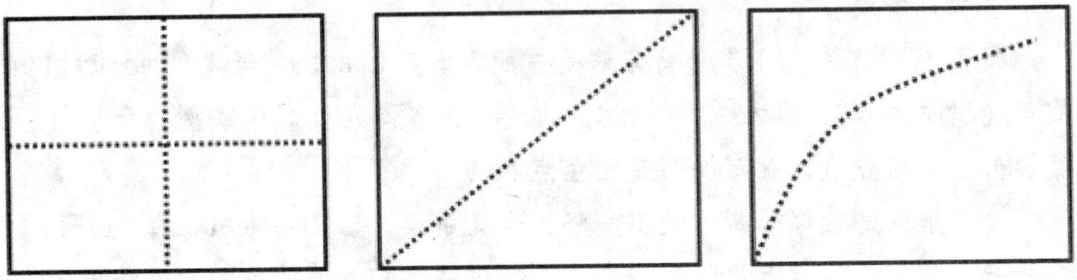

c. 二维图的三种图解方法

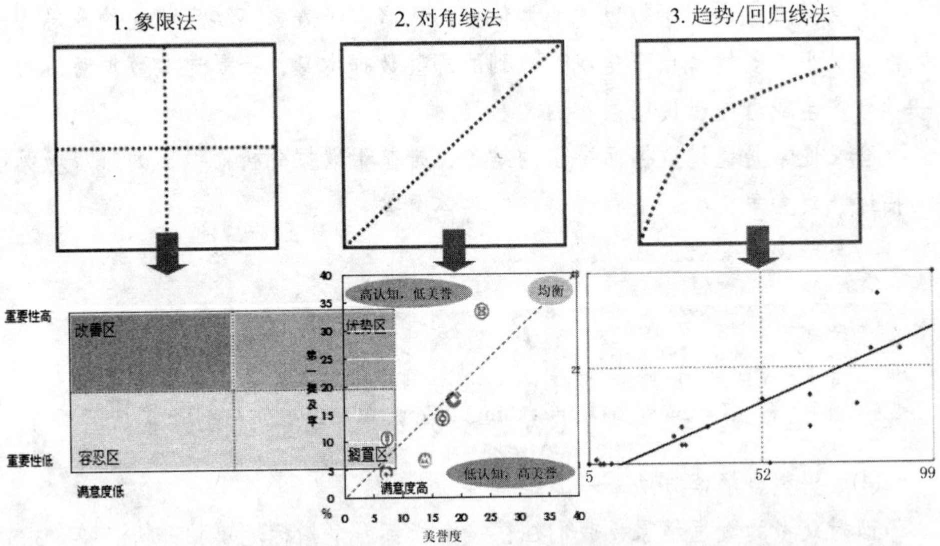

图 41　二维图的三种图解方法

d. 二维分析的十大应用

评估市场竞争地位、细分目标市场客户、分析现有客户结构、制定改进行动策略、分析品牌优劣势、筛选产品/品牌核心要素、选择有效传播渠道、梳理产品线、选择产品概念/代言人、制定品牌战略。

一个报告中往往用到几种不只是定量的数据分析时可以使用二维分析，定性资料照样可以使用二维分析，因此，二维分析不只是一个工具，更是一种思维方式。

e. 二维分析的应用

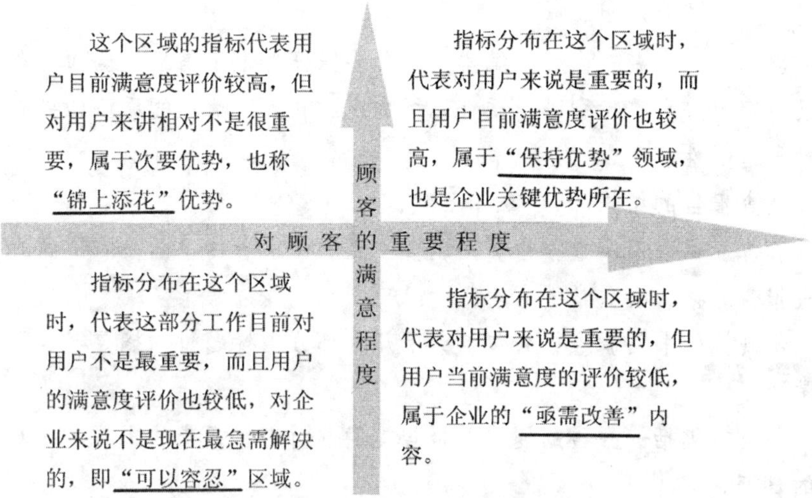

图 42 二维分析的应用图

在客户满意度中常用的需求缺陷二维分析，就是典型的二维整合分析，它以顾客重要程度和满意程度为坐标轴，将平面区域划分为四部分，分别为：优势区（保持优势）、保持区（锦上添花）、忽略区（可以容忍）以及亟待改进区（亟待改善）。落在亟待改进区的项目是很重要但满意度低的项目，需要迫切改进。

f. 二维分析的特点及不足

四大特点：直观清晰；注重分类，尊重经验曲线；简便、简单；使用范围广。

两点不足：分析指标的选取依赖于研究人员的经验；对于差异较小的数据不适用。

（5）市场调查报告的撰写方法

市场调查报告是对市场的全面情况，或某一侧面、某一问题进行调查研究之后撰写出来的报告，是针对市场状况进行的调查分析，是进行市场决策的重要依据。

①市场调查报告的写作原则

实事求是。即尊重客观事实，靠事实说话。这一特点要求调查人员必须树立严谨的科学态度，认真求实的精神，只有这样才能写出真实可靠、对工作具有指导意义的市场调查报告。

目的明确。报告的内容要反映调查组织者所要求的有关市场的信息资料和符合这些信息资料的结论、建议，以及得出这些结论和建议的分析处理方法的科学性、正确性的证明。

突出重点。在调查内容的编排上，既要保证对市场信息做全面、系统的反映，又要突出重点，特别是对调查目标的完成和现实情况的反应，要有极强的针对性和适用性。

②调查报告的结构

尽管每一篇书面调查报告会因调查项目和需求者的不同而有不同的写法，但调查报告的格式有通常的规定。

一份规范的书面调查报告包括如下几个部分：标题页、摘要、目录、正文和附录。

标题页。包括：报告的题目、报告提供的对象、报告的撰写者和发布（提供）的日期。

摘要。包括以下四个方面：申明报告的目的，包括重要的背景情况和项目的具体目的；市场调查得出的基本结论；概述市场调查的基本方法；提出解决问题的建议，这是以结论为基础提出的。

目录。一般的调查报告都应该编写目录，以便读者查阅特定内容。目录包含报告所分章节及其相应的页码。通常只编写两个层次的目录。较短的报告也可以只编写第一层次的目录。需要注意的是，报告中的表格和统计图都要在目录中列明。

正文。包括引言、调查方法、调查结果、局限性、结论和建议。

引言。包括基本的授权内容和相关的背景材料，以及此项调查的重要作用及实践意义。引言提到的每个问题在正文中应该提供相应的解释。

调查方法。阐述以下五个方面的内容：a. 调查类型。说明所展开的项目是属于探索性调查、描述性调查，还是因果性调查，以及为什么适用于这一特定类型的调查；b. 资料采集方法。说明所采集的是第一手资料还是第二手资料。结果的取得是通过调查法、观察法还是实验法，所用调查问卷或观察记录表应编入附录；c. 抽样方法。说明目标总体是什么、抽样框如何确定、样本单位有哪些，以及它们是如何抽选出来的，对以上问题的回答根据及相应的运算需在附录中列明；d. 实地工作。说明需要多少工作人员、什么样的实地工作人员，以及对他们如何培养、如何监督管理和检查，这一部分对于调查结果的准确程度十分重要；e. 分析方法。说明使用的定量分析方法和理论分析方法。

调查结果。在正文中占较大篇幅。在一份调查报告中，经常要用若干个统计表和统计图来呈现数据资料，并需要对图表中数据资料所隐含的趋势、关系或规律加以客观描述和系统分析，即要对调查结果做出解释。较为详细的图表宜放到附录中。

局限性。完美无缺的调查是难以做到的，所以，必须指出调查报告的局限性，如调查过程中的无回答误差和抽样程序存在的问题等。

结论和建议。结论是基于调查结果的意见，建议是提议应采取的措施与行动。

附录。目的是尽可能地将有关资料集中起来，是论证、说明和分析报告正文所必需的参考资料。每一份附件均应有相应的编号。附录部分的资料通常有下列几种：各种统计图表（这些图表在报告正文中应该已经略有提及）、提供资料的人员名单（文案调查和实地调查资料来源的单位、个人名称和地址）、问卷的副本、调查对象的详细情况等。

3．推荐解决问题的方案

（1）客户满意度评价体系

本案例中的食堂满意度指标体系由“饭菜”、“服务”、“环境”、“硬件设施”四个部分组成，每部分设计更加具体的评价指标，以对天津财经大学食堂满意度水平有一个系统全面的评价。满意度评价一般使用 5 级或 10 级量表，本案例中使用 5 级量表。

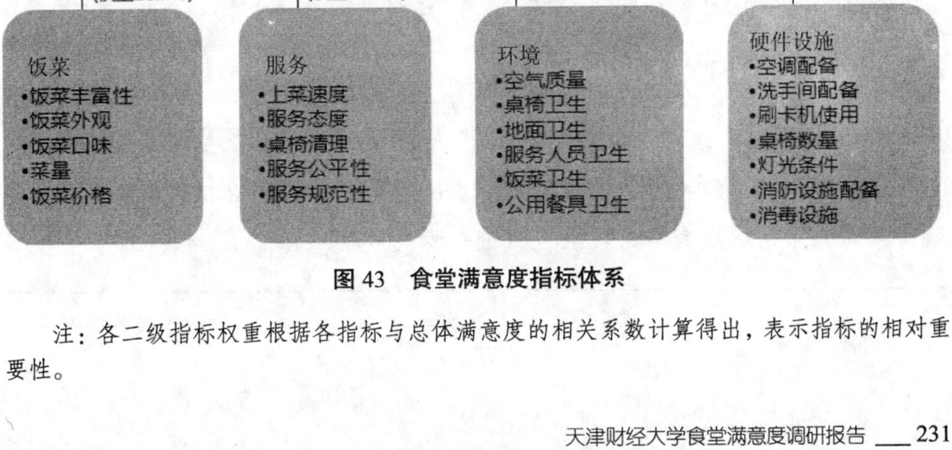

图 43　食堂满意度指标体系

注：各二级指标权重根据各指标与总体满意度的相关系数计算得出，表示指标的相对重要性。

（2）问卷设计

采用鱼骨图法。见最终调查问卷。

（3）问卷调查的具体实施技术

等距抽样。以宿舍单元内各寝室为基本单位。

（4）数据分析与解读方法

需求缺陷二维分析，它以顾客重要程度和满意程度为坐标轴，将平面区域划分为四部分，分别为：优势区（保持优势）、保持区（锦上添花）、忽略区（可以容忍）以及亟待改进区（亟待改善）。落在亟待改进区的项目是很重要但满意度低的项目，需要迫切改进。

（5）市场调查报告的撰写方法

标题页、摘要、目录、正文。

四、教学组织方式

1. 问题清单及提问顺序

（1）食堂满意度指标如何确定？

（2）为方便后期的分析，调查问卷该如何设计？

（3）问卷调查的具体实施方式、时间、质量控制如何保证？

（4）数据分析与解读的框架如何设计？

（5）数据分析中可能采用的分析方法有哪些？

2. 课时分配

（1）课前自行阅读资料：约 6 小时；

（2）小组讨论并提交分析报告提纲：约 3 小时；

（3）课堂小组代表发言、进一步讨论：约 3 小时；

（4）课堂讨论总结：约 3 小时。

3. 讨论方式

本案例可以采用小组式进行讨论。

4. 课堂讨论总结

课堂讨论总结的关键是：归纳发言者的主要观点；重申其重点及亮点；提醒大家对焦点问题或有争议观点进行进一步思考。

线性回归模型在财险公司偿付能力分析中的应用

杨贵军　孟杰

回归模型是研究变量之间关系的方法之一，已经被应用到自然科学和社会科学的许多领域。本案例以线性回归模型建模为主要学习内容，详细介绍了回归分析建模的八个步骤，分别是：问题表述、变量选择、收集数据、模型设定、拟合方法选择、模型拟合、模型评价和模型应用。案例以我国财险公司偿付能力额度的建模过程为例，利用《中国保险年鉴》的有关数据，运用回归模型量化我国财险公司最低偿付能力额度。

一、回归模型

“回归”一词是由英国著名生物学家和统计学家 Francis Galton（1822～1911年）提出的。在人类遗传学中，为了研究父代与子代身高的关系，Galton 搜集了 1078 对父亲及其儿子的身高数据，这些数据的散点图大致呈直线状态。也就是说，父亲的身高增加，儿子的身高也倾向于增加。Galton 对数据进一步分析发现了“回归效应”。当父亲高于平均身高时，其儿子身高比其更高的概率要小于比他更矮的概率；当父亲矮于平均身高时，其儿子身高比其更矮的概率要小于比他更高的概率。这是一个规律，儿子的身高倾向于向父辈的平均身高回归的趋势。大自然具有一种约束力，人类身高的分布相对稳定而不产生两极分化，这是所谓的回归效应。

随着统计学的不断发展，回归模型被广泛用于研究变量间的数量关系，揭

示两个或多个变量间是否相关、相关方向与相关强度，并依据某变量来预测感兴趣的变量。常用的线性回归模型可以写为

$$Y=\beta_0+\beta_1X_1+\beta_2X_2+\cdots+\beta_nX_n+\varepsilon \tag{1}$$

其中，β_0，β_1，β_2，…，β_n 称为回归系数，是未知的，利用观测值进行估计。ε 是随机误差项，表示理论模型不能拟合观测数据的部分。Y 是响应变量，也称因变量。$X=(X_1, X_2, \cdots, X_n)$ 是解释变量，即自变量，用来分析和预测响应变量 Y。

目前，回归模型已经被应用于自然科学和社会科学的许多领域。例如，在碳含量对电阻的影响研究中，将电阻作为响应变量，碳含量作为解释变量，建立回归模型。再有，考虑香烟的消费量是否与年龄、受教育程度、收入及香烟价格等社会经济变量及人口统计变量之间存在相关关系，将香烟的消费量作为响应变量，其余变量作为解释变量，建立回归模型。若回归模型的函数是非线性的，有时需要进行变量转换，将非线性函数转化为线性函数。另外，也可以考虑建立非线性回归模型。当响应变量是分类变量，可以建立 Logistic 回归模型。回归模型在实际应用中的作用简单归纳为以下几点。

第一，确定响应变量 Y 与解释变量 $X=(X_1, X_2, \cdots, X_n)$ 间的回归模型，即变量间相关关系的数学表达式，对所研究问题的变量之间关系进行描述。

第二，根据样本数据，估计并检验回归模型及其系数的适用性，给出变量之间关系的经验描述。

第三，在解释变量中，判断哪些变量对响应变量 Y 的影响是显著的，哪些是不显著的，评价所研究的变量的重要程度。

第四，根据预报变量的已知值或给定值来估计或预测响应变量 Y 并给出预测精度，对所研究问题的未来发展趋势进行分析。

总的来说，回归模型的建模过程可以分为八个步骤，分别是问题表述、变量选择、数据收集、模型设定、拟合方法选择、模型拟合、模型评价和模型应用。

（一）问题表述

通常来说，回归分析从正确表述所研究的问题开始。这是回归分析的第一步，也是最重要的一步。如果问题表述不正确，不能明确所要解决的问题，会影响后续分析，更无法得到合理的回归分析结果，影响分析结论的可信度。目前，有关回归分析的很多文献在此步骤中都存在问题。比如，想研究是否存在雇主歧视雇员的现象，如用工性别歧视等。为此，需要明确用工歧视的含义。

通常，从两个角度分析用工歧视。一个角度是女性职工收入少于同等资历的男性职工收入，另一个角度是女性职工资历高于同样收入的男性职工资历。从第一个角度去分析用工歧视，选择收入作为响应变量。从第二个角度分析用工歧视要选择资历作为响应变量。响应变量选择的不同可能会得到完全相反的统计结论。问题表述应当准确严谨，这对后续的回归分析十分重要。

（二）变量选择

在问题表述准确之后，就要选择影响响应变量的可能解释变量，这些解释变量要与响应变量有显著的相关关系。比如，研究某上市公司的资产负债率，可能的解释变量包括流动比率、速动比率、总资产周转率和每股价格等变量。在选择解释变量时，应当尽可能不要漏选，若少选或漏选了重要的变量，将直接影响回归模型的精度。

（三）数据收集

确定了响应变量和解释变量，接下来是收集数据。在有些情况下，可以利用试验设计来收集数据，也利用抽样调查来收集数据。在分析宏观经济问题时，也会从年鉴中搜集数据。收集的数据可能是定量数据，也可能是定性数据，还可能是定量与定性混合的数据。响应变量是定性的，建立的回归模型是 Logistic 回归模型。有些解释变量是定量的，有些解释变量是定性的，可应用协方差分析。通常，直接收集的数据要进行数据预处理，并写成 n 行且 m 列的矩阵形式，以便于后续的回归分析。

（四）模型设定

模型设定是指确定响应变量和解释变量之间的函数形式。函数形式的确定可以根据专家学者的主观知识或者先验信息来确定初步模型，再利用收集的数据对该模型的合理性进行统计检验。若模型的统计检验没通过，设定的模型不合理，要对设定的模型进行适当调整。另外，也可以建立响应变量和解释变量的散点图，预判变量之间的数量关系，再选择合理的函数形式。回归模型的函数形式主要分为两类，分别为线性的和非线性的。常见的线性回归模型的表达式为

$$Y=\beta_0+\beta_1X_1+\beta_2X_2+\cdots+\beta_nX_n+\varepsilon \tag{2}$$

$$Y=\beta_0+e^{\beta_1X}+\varepsilon \tag{3}$$

这是一种非线性回归模型。需要特别强调的是，通常的线性回归模型并不是指响应变量和预测变量之间的线性函数关系，而是指回归参数之间是线性关

系。有时，通过变量变换将响应变量和预测变量的非线性关系转换成变换后的响应变量和预测变量之间的线性关系。可以通过变换转化成线性函数的非线性函数，称其为可线性化函数。

根据解释变量的个数，回归模型分为一元回归方程和多元回归方程。只有一个解释变量的回归模型称为一元回归模型或简单回归模型。如上文提到的碳含量与电阻之间的回归模型就是一元回归模型。存在多个解释变量的回归模型称为多元回归模型。如分析不同地区的出生率，出生率为响应变量，很多的环境因素与经济因素作为解释变量，这些变量所构造的模型就是多元回归模型。根据响应变量的个数，回归模型分为单重回归模型和多重回归模型。单重回归模型的响应变量只有一个。本案例采用的是单重回归模型。多重回归模型的响应变量有两个或多个。表 1 总结了回归模型的分类。

表 1　回归模型的分类

类型	适用条件
简单回归模型	只有一个解释变量
多元回归模型	有两个或两个以上的解释变量
单重回归模型	只有一个响应变量
多重回归模型	有两个或两个以上的响应变量
线性回归模型	可线性化的回归模型
非线性回归模型	不可线性化的回归模型
方差分析	全部解释变量为定性变量
协方差分析	部分解释变量为定性变量，部分解释变量为定量变量
Logistic 回归模型	响应变量为定性变量

（五）拟合方法选择

利用选择的回归模型拟合所收集的数据，需要估计模型参数。目前，常用的回归模型参数估计方法有最小二乘法和最大似然估计。本案例将应用最小二乘估计法。近年来，从最小二乘法衍生的加权最小二乘估计也被广泛应用。最小二乘法的思想是响应变量的观测值与理论值的距离平方和达到最小，即响应变量拟合值的残差平方和达到最小。

（六）模型拟合

模型拟合用选定的参数估计方法估计回归模型参数，得到模型参数的估计值。回归模型参数 β_0，β_1，β_2，…，β_n 的估计值记为 $\hat{\beta}_0$，$\hat{\beta}_1$，$\hat{\beta}_2$ … $\hat{\beta}_n$，得

到的拟合模型为

$$\hat{Y} = \hat{\beta}_0 + \hat{\beta}_1 X_1 + \hat{\beta}_2 X_2 + \cdots + \hat{\beta}_n X_n \quad (4)$$

拟合模型描述变量之间的函数关系，给定解释变量的条件下，对响应变量 Y 进行预测。

（七）模型评价

统计分析结论的可信度依赖于统计模型的假定条件。假设条件与客观实际之间的差异会影响统计结论的可信度。回归模型诊断是回归模型的假定条件检验和违背假定条件的模型修正。模型诊断的具体内容包括模型函数形式设定的合理性检验，模型残差的零均值检验、独立性检验、奇次性检验、正态性检验，解释变量的共线性检验等。模型检验指出拟合模型的不当之处，需要进行模型修正，之后再检验修正的拟合模型，这个过程可能会反复进行，直到拟合模型满足模型的假设条件为止。

（八）模型应用

依据最终的回归模型解释所研究的问题。拟合的回归模型描述响应变量与解释变量之间的数量关系；评价每个解释变量对回归模型的重要程度；在解释变量数值给定的条件下，预测响应变量的可能取值；在响应变量的取值范围给定条件下，确定解释变量的取值区间，用于过程控制。

上述是回归分析的建模过程，每个步骤都很重要，都直接影响回归模型的合理性和统计分析结论的可信度。但上述过程只是建立回归模型的指导性方法。在实际建模过程中，还需要结合具体实际情况，才能得到更合理的回归模型。

二、案例背景——保险公司偿付能力

保险业对各国国民经济发展和国民生活安定具有重要的保障作用。美国次贷危机引发的全球金融危机和欧债危机都引起各国政府对保险监管在内的金融监管制度的高度关注。近年来，在我国保险市场运营的保险公司数量和规模都快速增加，保险业竞争不断加剧。为了有效监督和管理保险市场，各国都设立保险监管机构，颁布并实施保险监管法规。各国保险监管制度都与本国保险业发展历程和保险业现状相适应，促进保险市场更好的运行和发展。我国保险业发展的历史不长，保险监管机构还需要积累更多监管经验，监管制度有待于进一步完善。

保险公司偿付能力监管是保险监管的核心内容。保险事故发生时，保险公司及时履行保险合同约定的保险责任的能力，称为偿付能力。保险公司偿付能力监管要兼顾保险公司良好运营和偿付能力充足两个方面。保险公司偿付能力额度是衡量保险公司偿付能力的重要指标。偿付能力额度为保险公司认可资产与认可负债的差额。为了保障本国保险业良好发展，很多保险监管制度都明确规定了保险公司偿付能力额度法定要求及计算方法。保险公司偿付能力充足的识别方法是判断其实际偿付能力额度是否满足保险监管制度要求。如果偿付能力额度不满足保险监管制度要求，则该公司偿付能力不足，或称为偿付无力。依据偿付能力不足程度，保险监管机构采用不同方式干涉公司经营和管理，促使其偿付能力改善。

国外学者研究了很多保险公司偿付能力及其额度的计算方法。相对于其他偿付能力额度的计算方法，比率法更简单实用，至今许多国家保险监管机构依然使用比率法制定最低偿付能力额度法定要求。对于比率法，比率是指正常运营保险公司所必须拥有的最低偿付能力额度与其净保费收入或者与净赔款金额之比。依据事前限定的保险公司偿付无力概率，求出比率取值的正常范围，计算最低偿付能力额度，这就是比率法。利用数学公式可表述为，令 $i=1,\cdots,a$ 表示第 i 年，$j=1,\cdots,b$ 表示 j 公司，S_{ij}、P_{ij}、C_{ij} 依次表示第 i 年 j 公司的净赔付金额、净保费收入、成本费用（包括再保险的费用）。净保费收入和净赔付金额的计算公式分别为，净赔付率=赔付金额+再保险赔付金额-再保险摊回赔款，净保费收入=保费收入+再保险保费收入-再保险费用支出。

净保费比率法假定第 i 年 j 公司必须具有的最低偿付能力额度 F_{ij} 是上年度扣除营业税 $T_{(i-1)j}$ 后净保费收入的比率 f, 即 $F_{ij}=f(P_{(i-1)j}-T_{(i-1)j})$。营业税 $T_{ij}=tP_{ij}$，为保费收入的比率，t 为营业税税率。于是，$F_{ij}=f(1-t)P_{(i-1)j}$。第 i 年 j 公司的赔付率 $r_{ij}=S_{ij}/P_{ij}$ 为随机的，相互独立且服从相同分布。财险公司要及时履行赔偿和给付债务的义务，会计年度内总支出小于总收入与年初偿付能力额度总和，即 $C_{ij}+S_{ij}<F_{ij}+P_{ij}$。对于财险公司偿付无力概率为 ε，

$$P=(C_{ij}+S_{ij}>F_{ij}+P_{ij})\leqslant\varepsilon$$

于是，$P(r_{ij}>(1-c)+f(1-t)/(1+h))\leqslant\varepsilon$，其中 h 为保费收入增长率，c 为成本率，h 和 c 均为常数。令 r^* 满足 $P(r_{ij}>r^*)=\varepsilon$，则 $f=(r^*-1+c)(1+h)/(1-t)$。于是，净保费比率法给出第 i 年初 j 公司必须拥有的最低偿付能力额度

$$F_{ij}=\frac{(r^*-1+c)(1+h)}{1-t}(P_{(i-1)j}-T_{(i-1)j}) \tag{5}$$

净赔款比率法约定最低偿付能力额度为上年度净赔付金额的比率 g，即 $F_{ij}=gS_{(i-1)j}$。对于偿付无力概率 ε，由不等式 $P=(C_{ij}+S_{ij}>F_{ij}+P_{ij})\leqslant\varepsilon$ 可以得到 $g=(c+r^*-1)(1+k)/r^*$，其中 k 为净赔付金额增长率，r^*满足 $P(r_{ij}>r^*)=\varepsilon$。于是，第 i 年初 j 公司必须拥有的最低偿付能力额度为

$$F_{ij}=\frac{(c+r^*-1)(1+k)}{r^*}S_{(i-1)j} \tag{6}$$

三、回归模型的案例分析——财险公司最低偿付能力额度分析

本案例将利用线性回归模型对我国财险公司最低偿付能力额度进行分析，演示回归模型的建模过程，培养学生在实践中正确运用回归模型的能力。为了简单，比率法的假设条件是每年各公司的赔付率相互独立且服从相同分布。根据我国保险业的实际情况，本案例放宽赔付率服从相同分布的假设条件，建立我国保险公司赔付率的线性回归模型，给出更合理的赔付率的分布函数。

（一）问题表述

对于比率法，赔付率是重要参数，是计算保险公司最低偿付能力额度的基础。为了应用比率法研究保险公司最低偿付能力额度，需要先分析保险公司赔付率的统计规律，确定赔付率的分布函数。赔付率的分布函数不同，保险公司最低偿付能力额度法定要求也不一样。为了简单，比率法的假设条件是每年各公司的赔付率相互独立且服从相同分布。

但实际上，中国人民财产保险股份有限公司和中国太平洋财产保险股份有限公司的规模较大，其余保险公司的规模和经营状况都相对较小。财险公司规模、保险业务经营区域的差异以及各年度的经济环境都会影响保险公司赔付率的统计规律，很难满足赔付率独立同分布的假设条件，需要对保险公司赔付率进行深入分析。公司效应和年度效应对财险公司赔付率可能有显著影响，考虑用线性回归模型分析财险公司赔付率的年度效应和公司效应，修正赔付率 r 的

拟合分布函数，以改进最低偿付能力额度的计算。响应变量是我国财险公司的赔付率 r。

（二）变量选择

我国财险公司的规模、经营业绩、主营方向和所在区域对赔付率都有较大影响。从 2006 年到 2010 年间不断变化的外部社会经济环境也对赔付率产生显著影响。本案例选择三个解释变量来分析响应变量赔付率 r，分别是 θ_i、η_j 和 μ。θ_i 代表财险公司赔付率的年度效应，反映第 i 年度和第 1 年度的社会经济环境对各财险公司赔付率的影响差异。η_j 为 j 公司与 1 公司的赔付率差值，称为 j 公司效应。μ 为总平均值，代表扣除年度效应和公司效应之后保险公司赔付率的平均水平，相当于回归模型的截距项。

表 2　财险公司的名称

序号	公司名称	序号	公司名称
1	中国人民保险公司	10	上海安信农业保险股份有限公司
2	中国平安财产保险股份有限公司	11	永诚财产保险股份有限公司
3	中国太平洋财产保险股份有限公司	12	天平汽车保险股份有限公司
4	华泰财产保险股份有限公司	13	安华农业保险股份有限公司
5	大众保险股份有限公司	14	阳光农业相互保险公司
6	永安财产保险股份有限公司	15	渤海财产保险股份有限公司
7	天安保险股份有限公司	16	都邦财产保险股份有限公司
8	中银集团保险有限公司	17	安邦财产保险股份有限公司
9	中华联合财产保险股份有限公司	18	阳光财产保险股份有限公司

（三）数据收集

本案例的数据主要来源于《中国保险年鉴》（2006～2011）的 2006 年至 2010 年保险公司的保险数据。不选用新运营公司前两年营业数据、2005 年之后新成立的财险公司数据和在我国保险市场运营的外资和合资财险公司的保险数据，以避免数据波动对模型造成干扰。2007 年初，华安财产保险股份有限公司进行业务调整，赔付率波动大，保险年鉴没有该公司 2008 年数据，该公司不在分析的范围内。选用的财险公司见表 2，数据来源包括第 14 至 18 公司的 2007～2010 年数据和中华联合财产保险股份有限公司的 2006～2009 年数据，其余公司的 2006～2010 年数据。年鉴没有中华联合财产保险股份有限公司的 2010 年数据。

（四）模型设定

对 2006～2010 年的保险数据分析表明，我国的实际情况并不满足不同年度和不同公司的赔付率 r 服从相同的正态分布的假设条件。图 1 和图 2 分别是各保险公司赔付率的散点图和各年度赔付率散点图。

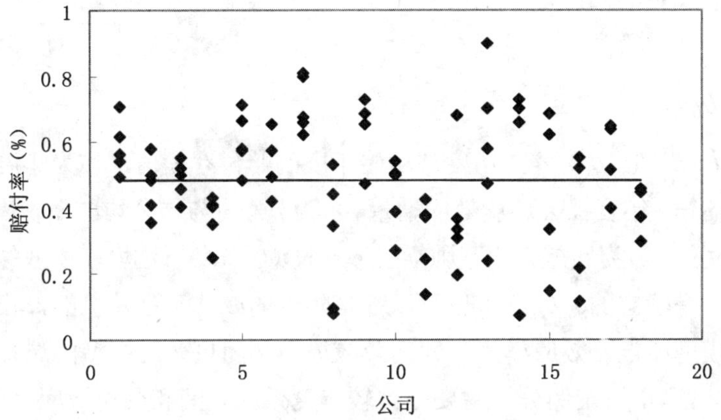

图 1　各财险公司的赔付率

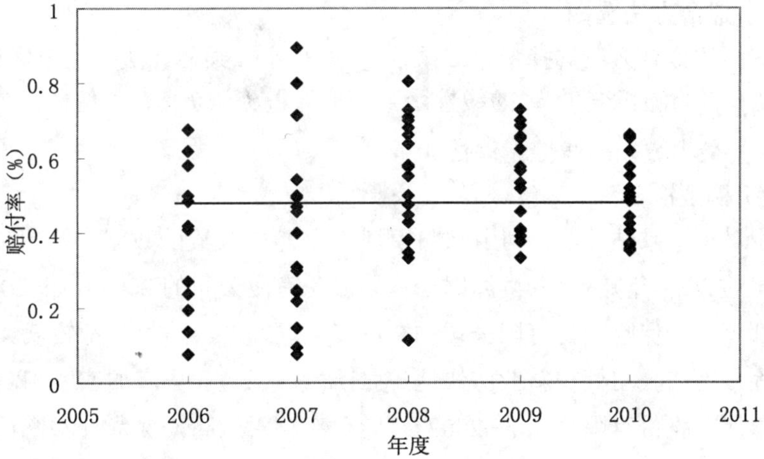

图 2　各年度的赔付率

图 1 中横坐标为财险公司序号，序号和公司对应关系见表 2，纵坐标为赔付率，横线表示赔付率的总平均。图 1 显示，公司 1、公司 5、公司 7 的各年赔付率都高于总平均值，公司 4、公司 11、公司 18 的各年赔付率都低于总平均值。这些特征不支持各财险公司赔付率服从同一分布的假设。图 2 中横坐标表示

2006 年至 2010 年度，纵坐标表示各财险公司赔付率，横线表示赔付率的总平均。图 2 显示，每年度的各财险公司赔付率都在总均值周围波动，2006 年和 2007 年度的多数公司赔付率低于平均值，2008 年至 2010 年度的多数公司赔付率高于平均值。这些特征也不支持各年度的财险公司赔付率服从同一分布的假设。

本案例设定的回归模型采用多元线性回归模型。为了描述各财险公司赔付率的差异，选用模型：

$$r_{ij}=\mu+\theta_i+\eta_j+\varepsilon_{ij} \tag{7}$$

其中 $\theta_i=\eta_j=0$。θ_i 为第 i 年度与初始年度的赔付率差值，称为年度效应，描述赔付率的第 i 年度社会环境效应增量。η_j 为 j 公司与 1 公司的赔付率差值，称为 j 公司效应。ε_{ij} 为残差，相互独立且 $\varepsilon_{ij}\sim N(0, \sigma^2)$。这里，模型的年度效应和公司效应是确定的。$\theta_i$ 和 η_j 也可以都是随机的或其一是随机的，相应模型为随机效应模型或混合效应模型。固定效应模型和随机效应模型的选择主要取决于研究的问题。本章案例分析主要是比较年度效应之间和公司效应之间的差异，关注近年来保险公司赔付率变化规律受每年度社会经济环境变化影响的差异和公司经营状况影响的差异，选择固定效应更合适。

（五）拟合方法选择

本案例的拟合方法选择最小二乘估计法。最小二乘估计法有三个优良性质。估计量 $\hat{\beta}_0$，$\hat{\beta}_1$ 为随机变量 y_i 的线性函数；估计量 $\hat{\beta}_0$，$\hat{\beta}_1$ 具有无偏性；$\hat{\beta}_0$，$\hat{\beta}_1$ 是 β_0，β_1 的最小方差的线性无偏估计量。

（六）模型拟合

采用最小二乘估计法，利用回归模型（7）拟合收集的数据。阳光农业相互保险公司的 2007 年赔付率、渤海财产保险股份有限公司的 2007 年和 2008 年赔付率、都邦财产保险股份有限公司的 2007 年和 2008 年赔付率都较低。主要的可能原因是这些公司处在新业务快速扩张阶段，保险业务增加速度相对较快。天平汽车保险股份有限公司的 2008 年赔付率相对过高，保费收入增长率为负值。安华农业保险股份有限公司的 2007 年赔付率过高，保费收入增长率约为 5，而赔付金额增长率高于 20。为了提高模型拟合精度，模型不包含这些数据。回归模型（7）的参数估计结果见表 3。

表 3　模型的统计分析结果

效应	参数估计	标准误	T 值	p 值
常数项	0.4952	0.0481	10.3051	0.0000
2007 年度	0.0697	0.0366	1.9024	0.0624
2008 年度	0.1563	0.0362	4.3124	0.0001
2009 年度	0.1365	0.0351	3.8903	0.0003
2010 年度	0.0931	0.0357	2.6034	0.0118
中国平安财产保险股份有限公司	−0.1205	0.0593	−2.0307	0.0471
中国太平洋财产保险股份有限公司	−0.0982	0.0593	−1.6552	0.1036
华泰财产保险股份有限公司	−0.2181	0.0593	−3.6755	0.0005
大众保险股份有限公司	0.0172	0.0593	0.2892	0.7735
永安财产保险股份有限公司	−0.0426	0.0593	−0.7187	0.4754
天安保险股份有限公司	0.1259	0.0593	2.1224	0.0383
中银集团保险有限公司	−0.2871	0.0593	−4.8392	0.0000
中华联合财产保险股份有限公司	0.0477	0.0632	0.7553	0.4533
上海安信农业保险股份有限公司	−0.1444	0.0593	−2.4339	0.0182
永诚财产保险股份有限公司	−0.2742	0.0593	−4.6214	0.0000
天平汽车保险股份有限公司	−0.2686	0.0632	−4.2520	0.0001
安华农业保险股份有限公司	−0.0933	0.0632	−1.4769	0.1454
阳光农业相互保险公司	0.0725	0.0691	1.0481	0.2992
渤海财产保险股份有限公司	0.0434	0.0796	0.5451	0.5879
都邦财产保险股份有限公司	−0.0744	0.0796	−0.9341	0.3543
安邦财产保险股份有限公司	−0.0577	0.0632	−0.9128	0.3653
阳光财产保险股份有限公司	−0.2154	0.0632	−3.4077	0.0012

（七）模型评价

拟合模型的决定系数 R^2 为 0.7517，拟合优度的 F 值为 7.928，P 值小于 0.0001，标准误为 0.09381。基本认为，模型拟合程度较好，能够真实地反映实际数据中的信息。接下来，对赔付率的回归模型进行简化。

在表 3 中，将参数估计值近似相等的设定为相同，P 值较大的公司效应设定为 0，则简化模型的参数约束为 $\eta_1=\eta_5=\eta_6=\eta_9=\eta_{14}=\eta_{15}=\eta_{16}=\eta_{17}=0=\theta_1$；$\eta_2=\eta_3=\eta_{10}=\eta_{13}$；$\eta_{14}=\eta_8=\eta_{11}=\eta_{12}=\eta_{18}$。简化模型与具有约束 $\theta_1=\eta_1=0$ 模型之等价性的 F 检验统计量的观测值 F=0.7347，与自由度为 14 和 55 的 F 分布下侧相应的概率为 0.2781，两个模型没有显著差异。

简化模型的参数估计结果见表 4，模型的决定系数 R^2 为 0.7047，拟合优度

的 F 值为 23.52，P 值小于 0.0001，标准误为 0.09133。图 3 和图 4 给出了各财险公司残差和各年度残差的散点图，纵坐标表示拟合模型的残差。两幅图形都显示，拟合模型残差的随机性好于图 1 和图 2。

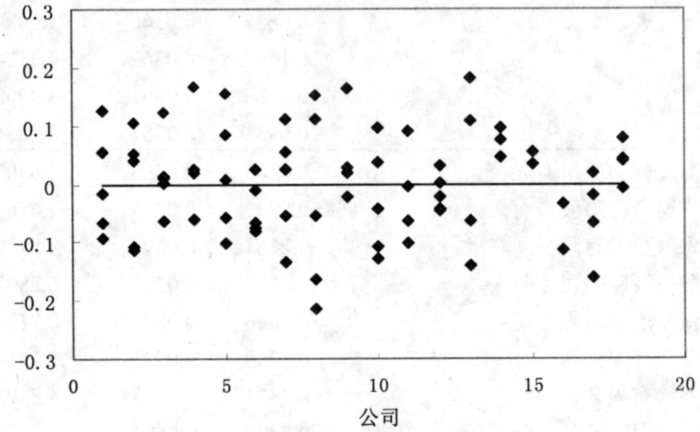

图 3　各财险公司赔付率残差

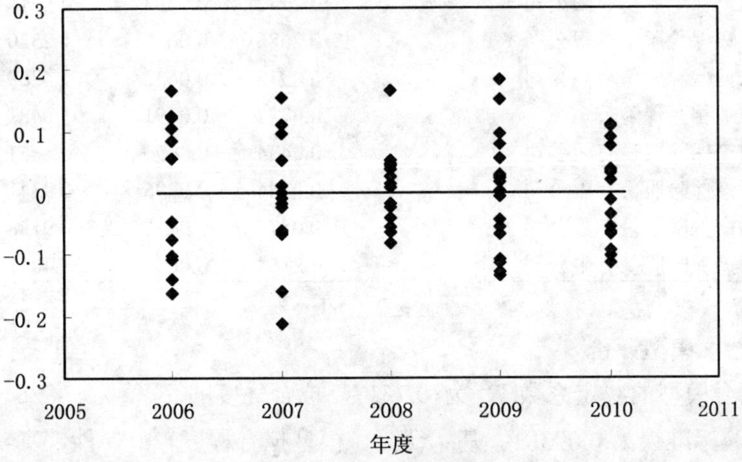

图 4　各年度赔付率残差

表 4　模型的统计分析结果

效应	参数估计	标准误	T 值	P 值
常数项	0.4943	0.0294	16.8291	0.0000
2007 年度	0.0668	0.0353	1.8945	0.0623
2008 年度	0.1610	0.0347	4.6430	0.0000
2009 年度	0.1380	0.0334	4.1329	0.0001

续表

效应	参数估计	标准误	T 值	P 值
2010 年度	0.0917	0.0337	2.7183	0.0083
第二类公司	−0.1148	0.0269	−4.2707	0.0001
第三类公司	−0.2529	0.0254	−9.9566	0.0000
第四类公司	0.1265	0.0442	2.8620	0.0056

（八）模型应用

利用拟合回归模型解释我国财险公司赔付率的变化规律。根据表 4，2007 年至 2010 年的年度效应都显著高于 2006 年，2008 年度赔付率的平均值比 2006 年高出 0.161，2009 年至 2010 年度赔付率的平均值有所下降，仍比 2006 年高出 0.138 和 0.092。原因之一是 2007 年我国保险公司正式实施新会计准则，影响到公司财务指标的计算。2006 年以来，财险公司业务扩张速度逐渐减慢，赔付金额增长速度相对较快，赔付率增加趋势明显。

依据拟合模型的参数估计，对财险公司进行分类，结果见表 5。根据表 5，各类公司之间赔付率差异显著。第二类财险公司赔付率平均值低于第一类财险公司，差值为 0.115。第三类财险公司赔付率平均值低于第一类财险公司，差值为 0.253。第四类的天安保险股份有限公司，赔付率的平均值高于第一类财险公司，差值为 0.127。该公司成立于 2003 年，2006 年后保费收入增长速度较慢，有的年度增长率为负值，而赔付金额增长率相对更快。赔付率过高的深层次原因需要进一步研究。依据模型（2），2010 年度，各类财险公司的平均赔付率在表 5 第 3 列给出。

表 5　我国财险公司的分类

类别	财险公司	赔付率均值
第一类	中国人民保险公司、阳光农业相互保险公司、永安财产保险股份有限公司、阳光农业相互保险公司、渤海财产保险股份有限公司、都邦财产保险股份有限公司、安邦财产保险股份有限公司	0.5860
第二类	中国平安财产保险股份有限公司、中国太平洋财产保险股份有限公司、上海安信农业保险股份有限公司、安华农业保险股份有限公司	0.4712
第三类	华泰财产保险股份有限公司、中银集团保险有限公司、上海安信农业保险股份有限公司、永诚财产保险股份有限公司、阳光财产保险股份有限公司	0.3331
第四类	天安保险股份有限公司	0.7125

利用得到财险公司的赔付率结合前文给出的财险公司最低偿付能力额度比率法，计算我国财险公司必须拥有的最低偿付能力额度。《保险公司偿付能力额度及监管指标管理规定》（2008）指出，财产保险公司应具备的最低偿付能力额度为 F_1 和 F_2 的最大值，其中，

F_1=1 亿元×α_1+（自留保费－营业税及附加－1 亿元）×α_2，

F_2=7000 万元×β_1＋（三年平均赔付金额－7000 万元）×β_2，

其中，《管理规定》给出的 α_1=18%，α_2=16%，β_1=26%，β_2=23%。

基于上面分析结果估计四类公司各自的 α_1、α_2、β_1、β_2 这四个参数。考虑到中国人民保险公司所占市场份额过大，可能会影响计算结果，因此剔除掉中国人民保险公司，利用剩余的公司，结合各公司相应的数据进行计算。选用正态分布描述各年度财险公司赔付率的分布规律。当破产概率为 0.001 时，利用前小节给出的各类财险公司赔付率均值和模型标准误，计算正态分布与上侧概率 0.001 对应的分位数，见表 6 第 2 列。根据等式 $\hat{f}=(\hat{r}^*-1+\hat{c})(1+\hat{h})/(1-t)$，计算最低偿付能力额度与净保费收入的比值 $\hat{f}$，得到 $\hat{\alpha}_1=\hat{\alpha}_2=\hat{f}$，见表 6 第 3 列。由 $\hat{g}=(\hat{c}+\hat{r}^*-1)(1+\hat{k})/\hat{r}^*$，得出最低偿付能力与赔付金额的比值 $\hat{g}$，见表 6 第 4 列。再由财险公司赔付金额与该公司近三年平均赔付金额的数量关系，可以得出 $\hat{\beta}_1$ 和 $\hat{\beta}_2$，见表 6 第 5 和 6 列。

表 6 显示，对于第一、二和四类财险公司，按照保费收入计算公式，系数估计值都显著高于 0.16 和 0.14；按照赔款金额的计算公式的系数估计值也明显高于 26%和 23%。因此，这三类财险公司应具有的最低偿付能力额度应高于《管理规定》的法定要求。按照最低偿付能力额度的保费收入计算公式，第三类财险公司的系数估计值为 0.0318 和 0.0318，都低于 0.16 和 0.14；按照赔款金额的计算公式的系数估计值为 0.1039 和 0.0657，也低于 26%和 23%，第三类财险公司应具有的最低偿付能力额度低于《管理规定》的法定要求。

表 6　我国财险公司最低偿付能力额度的估计

类别	$\hat{r}^*$	$f=\alpha_1=\alpha_2$	G	β_1	B_2
第一类	0.9257	0.4104	0.4982	0.9510	0.6013
第二类	0.8109	0.2385	0.3337	0.6370	0.4027
第三类	0.6728	0.0318	0.0544	0.1039	0.0657
第四类	1.0522	0.5998	0.6355	1.2131	0.7670

基于上述的分析过程，可以得到如下结论。

第一，各年度财险公司赔付率服从相同分布的假设不适用于当前我国保险业实情，基于该假设的结论也需要进一步研究其可信度。根据我国保险业数据，本章案例分析将赔付率服从相同分布的假设条件放宽为分布类型相同而分布参数不同，这种改进更好地描述了我国保险业数据。按照赔付率的变化规律，将财险公司分为四类，四类公司的赔付率之间存在显著差异。这种差异更多地反映了财险公司的发展状况。

第二，针对偿付能力额度变化规律不同的保险公司，保险监管部门应当采取有针对性的监管措施，提高监管效率。保险公司也要充分利用自身偿付能力额度变化规律的信息，改进保险业务结构和资产结构。

本案例基于线性回归模型放宽了比率法中赔付率同分布的约束条件，提高了统计分析结果的精度和可信度。基于以上讨论与分析，根据我国财险公司最低偿付能力额度的经验分析结果显示，建议我国财险公司偿付能力额度应当分类监管。针对不同情况，保险公司要充分利用自身偿付能力额度变化规律的信息，调整保险业务结构和资产结构，并选择更稳健的经营策略。保险公司经营高赔付率的保险业务，并不意味着保险公司偿付能力风险也大。只要赔付率的波动范围在一定限度之内，保险公司的偿付能力风险会较小并能够控制在法定要求范围内。保险公司赔付率的方差较大，保险公司应当调整业务结构，尽可能降低赔付率，以保证偿付能力满足法定要求。

四、讨论题目

本案例介绍了回归模型在我国财险公司最低偿付能力额度分析中的应用，侧重于解释回归模型的建模过程和具体应用。重点讨论以下几个问题：

（一）在模型检验阶段，主要检验哪些内容？回归诊断的主要方法有哪些？

（二）比率法的假设条件为什么在本案例中不合适？如何放宽基本假设？

案例说明书

一、本案例要实现的教学目标

本案例要实现的教学目标有两点：第一，帮助学生了解回归分析的相关概念、思想和建模过程。第二，通过具体案例，帮助学生正确使用回归分析方法处理实际中的问题。本案例的关键问题是应用线性回归模型计算我国财险公司的赔付率，进而更准确地计算偿付能力额度。

二、案例讨论的准备工作

为了更好地掌握本案例的主要内容与方法，学生应提前了解以下有关内容。

1. 回归分析的理论背景

回归分析方法的基本思想；回归分析的建模过程；通过阅读有关文献，了解回归分析的应用领域。

2. 保险公司偿付能力

保险业对国民经济的稳定和发展具有重要保障作用。为了有效监督管理保险市场，各国都设立保险监管机构，颁布并实施保险监管法规。各国都将保险公司偿付能力监管作为保险监管的核心，偿付能力是保险事故发生时，保险公司按照保险合同约定的赔偿和给付能力，有效实施偿付能力监管，保险监管能有效监控保险市场风险。2007 年 7 月，中国保监会发布《关于成立中国保险业偿付能力监管标准委员会的通知》，宣布成立中国保险业偿付能力监管标准委员会，作为我国保险业偿付能力监管标准的专业技术咨询机构，职责是对我国保险公司偿付能力监管标准研究制定过程中的重大技术问题提供咨询和论证。

3. 保险公司偿付能力额度

这包括偿付能力额度的概念、偿付能力额度的主要计算方法、比率法的假设基础。

三、案例分析要点

1. 需要学生识别的关键问题

（1）回归分析的建模过程；

（2）回归分析中回归诊断的主要内容与方法；

（3）回归模型的实用性评价；

（4）保险公司偿付能力的研究意义；

（5）保险公司偿付能力额度的比率计算方法；

（6）基于回归模型分析我国保险公司偿付能力存在的问题。

2. 保险公司偿付能力量化分析的可供选择方案及其评价

保险公司偿付能力的影响因素很复杂，因此偿付能力额度的计算方法与分析方法有很多。本案例选择的是使用比率法计算保险公司偿付能力额度，除去比率法还有统计模型、数学模型、计量经济模型和数据挖掘模型等多种计算偿付能力额度的方法。以下我们将结合有关文献对这些方法进行简单回顾与评述。

20 世纪 50 年代的多数学者认为保险公司偿付能力主要依赖于保险公司投资组合的回报，而不是保费收入。因此，包括 Markowitz 等诸多学者将投资组合模型用于分析保险公司偿付能力。还有很多文献利用计量经济学模型计算保险公司偿付能力保证金、静态分析经营结果和投资回报之间的关系。Pentakainen 和 Rantala（1982，1985）选用动态模型，考虑未来新保险业务。Cumming 和 Paulson（1984）认为模型应基于保险公司资本理论，包含公司资产和负债及交互效应。另外，统计方法的假设条件与客观实际间的差异会影响统计结论的可信度。Segovia-Vargas 等（2003）利用粗糙集预测保险公司偿付无力，粗糙集更有效利用经验知识，剔除冗余变量，简化决策过程。Costello（2003）总结了保险公司偿付无力预测的五种主要方法，主要有比率法、多元回归模型、人工神经网络、传闻和定性分析。其中，比率法分析是最简单最广泛使用的方法，被很多国家监管者所使用。以上这些文献罗列了很多有关保险公司偿付能力及其额度计算的模型，但在实际应用中，判断和选择最优模型是困难的。不同模型的数据分析不完全相同，对偿付能力的解释也不完全一致。这些模型可以从不同角度解释偿付能力的现状和发展趋势，更全面分析保险公司偿付能力，计算偿付能力额度。

3. 推荐解决问题的方案

在实际保险公司偿付能力额度计算的应用中，最简单实用的方法就是比率法。比率法曾是国际上广泛使用的偿付能力额度分析方法，具有易于使用等诸多优点。Campagne（1961）曾用比率法计算欧盟《第一寿险指令》寿险公司最低偿付能力额度。经济合作发展组织的年度报告（1961 年）利用欧共体成员国

1952~1957 年保险数据,用比率法计算欧共体成员国最低偿付能力额度法定要求。在1980年的第21届国际精算大会上,Buoro详细介绍了比率法。Islam(2006)将比率法同其他方法进行了比较。粟芳(2002)采用比率法分析2000年前我国保险数据,试图评价《保险公司管理规定》(2000 年)中对财险公司最低偿付能力额度法定要求的合理性。

由于比率法简单,且主要用于计算最低偿付能力额度,如今很少出现在国外学术性文献中。国外保险公司数量多且规模大,保险公司破产很多,为国外学者研究保险公司偿付能力的变化规律提供了丰富资料,国外学者更倾向于使用复杂的金融、统计等模型分析保险公司偿付能力,正如上节中所介绍的那些模型。但是我国保险公司数量相对较少,且保险监管制度还不够完善,还处在探索阶段,即使使用复杂的模型也很难给出有价值的结果。因此,本章案例分析选择比率法分析我国保险公司偿付能力额度具有较高的时间价值。利用线性回归模型考察比率法的基础赔付率变化规律是本案例的重点,结合我国实际情况,放宽比率法的假设条件,使分析结果更加可靠、可信。基于以上分析,本案例选择了回归模型和比率法分析我国保险公司偿付能力问题。

四、教学组织方式

1. 问题清单及提问顺序、资料发放顺序;

(1)在模型检验阶段,主要检验哪些内容?

(2)回归诊断的主要方法有哪些?

(3)比率法的假设条件为什么在本案例中不合适?

(4)如何放宽基本假设?

(5)请自己寻找一篇有关回归分析的论文,按照回归分析的八个建模步骤,分析论文中的回归分析是否使用得当。

(6)试着利用回归分析解决一个实际问题。

2. 本案例中所需要的资料、数据和参考文献将一次性发给学生

(1)课时分配(时间安排);

(2)课后自行阅读有关材料:约5小时;

(3)小组讨论并提交分析报告提纲:约3小时;

(4)课堂小组讨论并发言:约3小时;

(5)课堂讨论总结:约0.5小时;

（6）讨论方式：本案例计划采用小组式进行讨论；

（7）课堂讨论总结：课堂讨论将归纳各小组的讨论重点，对大家不明白的、有争议的重点问题进行进一步思考与解答。并且对回归方法的应用进行拓展研究。

从 A 公司诉 B、C 公司融资租赁纠纷案看有关司法解释的完善

陈灿平　吴蕊

2011 年 8 月 30 日，原告 A 公司与 B 公司签订了一份《融资租赁合同》，约定由 B 以融资租赁方式，承租由原告从他处购买的挖泥船，租金总额为人民币 154526908.40 元，支付方式为起租日后每一季度支付一期租金，起租日为“出租人支付完租赁船舶购买价款之日后第一个日历日的 15 日”。同日 A 与 C 签订《保证合同》，C 为 B 提供保证，并且为不可撤销的连带责任保证。至 2012 年 5 月 15 日，B 有两期租金不能支付，此后 B 也未支付任何租金，而且此时的 B 经营状况严重恶化，彻底丧失履约能力，A 遂提起诉讼，要求 B 支付拖欠租金及相应的违约金，且 C 与其共同承担连带责任，与此同时，A 还提出 B 的全部租金与留购款加速到期的请求。所以，本案例在素材选择、题目设计上都侧重于引导学员进一步关注融资租赁合同的法律条文与实务的差异性，从而完善相应的司法解释。

一、背景简介

（一）金融创新的大趋势

天津的金融创新是继深圳特区和上海浦东金融创新后，我国经济发展的又一重大任务。但是与其不同的是，天津的金融创新主要有两大亮点，即“私募基金”和“融资租赁”。在第四届中国金融年会中，天津市副市长任学峰在致辞中表示融资租赁业已经成为天津金融改革创新主要成果和亮点之一，天津的融

资租赁合同余额占全国的四分之一。由于融资租赁业在我国起步较晚，发展较缓慢，因此，对于融资租赁的理论性分析可以帮助其更好地与天津的良好发展环境相结合。本案例对于天津地区融资租赁的金融创新立法和实践可能具有总结教训、促进其完善的重要意义。

（二）地方性规范的配合

天津市人民政府和天津市高级人民法院向社会发布《天津市高级人民法院关于审理融资租赁物权属争议案件的指导意见（试行）》。其对中国人民银行征信中心融资租赁登记公示系统的运用有所确认和保护，说明在融资租赁合同中公示的重要性。在该《指导意见》中，还明确了其适用的范围和效力。但是，无论是天津市的《指导意见》还是最高人民法院的《关于审理融资租赁合同纠纷若干案件的规定》，目前仍有许多理论问题值得关注。本案例对于发展合同法和融资租赁理论有重要意义。

二、案例概况

（一）A 与 B 签订《融资租赁合同》

2011 年 8 月 30 日，原告 A 与被告 B 签订《融资租赁合同》一份，约定由 B 以融资租赁方式，承租由原告从他处购买的挖泥船，租金总额人民币 154526908.40 元。《融资租赁合同》约定：起租日为“出租人支付完租赁船舶购买价款之日后第一个日历日的 15 日”，即 2011 年 11 月 15 日；租金支付方式为：起租日后每季度支付一期租金，租金总额为人民币 154526908.40 元，每期为 726345.42 元，共 20 期。租赁期间届满，B 以人民币 6800 万元留购船舶或续租。若 B 未按本合同约定按期足额支付到期应付租金及其他款项，或者未能按期偿付 A 代 B 支付的任何费用时，B 应就逾期未付款项按日万分之五向 A 支付违约金，直至全部付清之日；B 连续两期或者三期未按本合同约定向 A 支付租金的，视为 B 根本违约；若 B 发生预期违约或根本违约，A 除有权要求 B 承担违约责任、赔偿损失外，还有权采取多种救济方式，包括提前终止合同，要求 B 立即支付合同项下其应付的所有到期未付租金、违约金、损害赔偿金、全部未到期租金和其他应付款项。

（二）A 与 C 签订《保证合同》

同日，原告 A 又与被告 C 签订《保证合同》，该合同上加盖 C 公司公章及法定代表人签字，签署合同时，A 收到 C 公司的董事决议一份，并且上有三名董事的签名，内容为 C 更换了其法定代表人，但其工商登记并未做变更。相关鉴定表明：法定代表人的名章与工商部门所出具的资料上的名章不是同一印章所盖；三名董事中有两位的签名并非自己所写。该《保证合同》约定：由 C 对《融资租赁合同》项下 B 全部债务承担不可撤销的保证责任。保证范围为承租人在主合同项下应向债权人支付的全部租金、违约金、损害赔偿金、债权人为实现债权而支付的各项费用和其他所有承租人的应付款项。保证期间自本合同生效之日起至主合同履行期限届满之日后两年止。签订该合同时，C 向 A 交纳 3000 万元保证金，A 可从此款项中抵扣 B 所负债务。

（三）合同纠纷

《融资租赁合同》和《保证合同》签订以后，由于挖泥船在合同签订前即由 B 实际占有、使用，原告于 2011 年 10 月 17 日支付完租赁物购买的全部价款，即人民币 170000000.00 元，即视为对租赁物已交付完毕。至 2012 年 5 月 15 日，B 有连续两期租金不能支付。此后，B 也未支付任何租金。

由于 A 发现被告 B 经营状况严重恶化，彻底丧失履约能力，遂在诉前保全后于 2012 年 5 月向法院起诉，请求：被告 B 履行已到期租金 7726345.42 元的还款义务，并主张《融资租赁合同》项下的未到期租金 146800562.98 元及船舶留购款 68000000.00 元全部提前到期；被告 C 对 B 公司的债务承担连带责任；两被告未按判决规定期限清偿以上债务时，根据原告申请可拍卖租赁船舶以清偿债务。

（四）判决结果

2012 年 12 月，法院一审判决：一、解除 A 与 B 的《融资租赁合同》；二、被告 B 支付未缴纳的租金、违约款及 A 支付的余下购船成本，船归 B 所有；三、被告 C 承担连带清偿责任，诉讼费及保全费由被告 B、C 连带承担；四、如果未能按指定期间履行金钱给付义务，应当加倍支付迟延履行期间的债务利息；五、B 履行完上述债务后，船舶所有权归其所有，A 协助其办理过户手续。

C 不服原判决，提起上诉，2013 年 3 月，法院二审判决：维持一审判决，保证金 3000 万元从购船成本中扣除；C 可以向 B 追偿。

三、参考利率

本案例通过上述内容性的阐述，其中的租赁率主要是以同期中国人民银行五年以上贷款基准利率为参照：

2011 年 7 月 7 日后，中国人民银行人民币贷款利率：三年至五年（含）期为 6.9%，五年以上期为 7.05%；

2012 年 6 月 8 日后，中国人民银行人民币贷款利率：三年至五年（含）期为 6.65%，五年以上期为 6.8%；

2012 年 7 月 6 日后，中国人民银行人民币贷款利率：三年至五年（含）期为 6.4%，五年以上期为 6.55%。

四、讨论题目

此案例中，原告 A 与被告 C 之间的保证合同是建立在 A 与 B 的融资租赁合同之上的，C 的责任承担要与 A、B 之间的责任分配问题密切相关。因此，本案的侧重点主要在于：A 与 B 的融资租赁合同纠纷责任分配，重点思考以下几个方面：

1. 融资租赁合同中的缔约过失问题；
2. 预期违约和根本违约的问题；
3. 保证金性质的问题；
4. 融资租赁物的处理问题；
5. 增加或者变更诉讼请求的时间和条件；
6. 司法鉴定中部分真实与部分不能确定真实的结论在裁判中的运用问题；
7. 合同加速到期的问题；
8. 留购款性质问题。

案例说明书

一、本案要解决的关键问题

本案例要实现的教学目标在于：引导学员进一步关注融资租赁合同纠纷的

立法思想及有关司法解释的完善。即：一方面，学员可以进一步理解融资租赁立法中所涵盖的缔约过失、预期违约、根本违约、保证金性质、融资租赁物的处理等重大理论问题，以及融资租赁合同实务中的具体举证和诉讼程序问题；另一方面，学员可以在重点了解融资租赁合同法律内容的基础之上，进一步发现我国有关融资租赁合同法律的缺陷，发展融资租赁合同的理论，拓宽研究领域与研究思路。

二、案例讨论的准备工作

为了有效实现本案例目标，学员应该具备下列相关知识背景：

（一）理论背景

融资租赁合同与普通的租赁合同有很大不同，主要体现在以下几个方面：首先，融资租赁合同是由两个合同（买卖合同和租赁合同），三方当事人（出卖人、出租人、承租人）结合在一起而构成的独立合同；其次，融资租赁合同以融资为目的，以融物为手段；再次，融资租赁合同的出租人只能是依法从事融资租赁业务的租赁公司，不能是一般的自然人、法人和其他组织；最后，融资租赁合同是有偿的要式合同。

融资租赁合同当事人的权利义务也各不相同。由于租金并非融物的对价，而是融资的对价，实质上是借款本金加上利息的分期偿还，因此，承租人应当按照约定支付租金，租赁物存有瑕疵时，承租人不能拒付租金，出租人虽然是买卖合同中的购买人，也不承担租赁物的瑕疵担保责任，但是有协助承租人追究出卖人瑕疵担保责任的义务；因承租人违约而由出租人收回标的物时，承租人不能以标的物收回而拒绝履行支付租金。

对于租赁物所有权的归属问题，当事人之间对租赁期间以及租赁期间届满后租赁物所有权的归属没有约定的，租赁物的所有权归出租人；承租人破产的，租赁物不属于破产财产，出租人享有取回权。

（二）立法背景

我国合同法中专门设有融资租赁合同一章来解决融资租赁合同纠纷，其中规定了融资租赁合同当事人的权利义务。由于该项合同的特殊性，最高人民法院之后印发了《关于审理融资租赁合同纠纷案件若干问题的规定》，结合人民法院的司法实践，主要针对法律实用性、合同的效力以及权利与义务关系问题，详细给予阐述。融资租赁既属于民法调整范围，又属于经济法调整范围，因此

《民法通则》、《金融租赁公司管理办法》等相关法律规范也可以为融资租赁合同纠纷提供相应的法律对策，我们可以依据相关条款参照适用。

三、案例分析要点

（一）需要学员识别的关键问题

本案例需要学员识别的主要知识点有：融资租赁合同签订过程中的缔约过失问题、丧失履约能力问题、预期违约和根本违约的问题、增加或变更诉讼请求的时间和条件、保证金性质问题、合同加速到期问题、留购款性质问题、融资租赁物的处理问题。

（二）解决问题的方案

1. 融资租赁合同签订过程中的缔约过失问题

本案中的争论点主要有两个：

第一，缔约过失责任与违约责任的区别。缔约过失责任是指当事人为了订立合同接触或者磋商时，虽然合同尚未成立，当事人已然进入一种特别结合的关系，根据诚实信用原则，任何一方当事人均负有协助、照顾、保护、忠实、通知、保密等先合同义务。因此，缔约过失责任的基础是依据诚实信用原则而产生的先契约义务，当事人之间并不存在有效的合同。与缔约过失责任不同的是，违约责任是在有效的合同基础之上，违反合同义务而产生的责任。

第二，缔约过失责任的尽职调查标准。由于缔约过失责任依赖的是诚实信用的原则产生的，因此在合同未签订之前，合同双方要对交易各方所涉财产和行为进行准确、完整的了解，积累交易目的和交易方案所需要的信息，以便发现可能限制、干涉、阻止交易成立或履行的各种与法律权利、义务和责任有关的制约因素和风险因素。正是由于对方没有尽到诚实信用的先合同义务，使本方受到损害，所以本方需要证明对方具有过错。

本案例中，A与C签订的《保证合同》所署法定代表人的名章的真实性不能确认，相关董事会决议上两名董事签名的真实性也不能确认，但是由于合同所盖印章的真实性可以确认，而且合同上签章的法定代表人在董事会决议上的签名真实性能够确认，因此《保证合同》仍然合法有效；C没有证据证明A明知涉案船舶有质量问题，或收取手续费非法，也无理由认为A收取了较高的手续费或明知船舶有质量问题仍签订合同即为恶意串通，损害其利益，因此其相关主张便不成立。

2. 丧失履约能力的问题

根据我国《合同法》第六十八条第（四）款的规定，应当先履行债务的当事人，有确切证据证明后履行方有丧失或者可能丧失履行债务能力，可以中止履行。倘若先给付义务人中止履行后，后给付人在合理期间内未恢复履行能力并且未提供适当的担保，先给付义务人可以解除合同。

何为对方已丧失履约能力？我国合同法中的规定，后履行方丧失或可能丧失履行能力的原因有：①财产显形减少。包括经营状况恶化、转移财产、抽逃资金以逃避债务；②丧失商业信誉；③提供劳务或完成工作的合同中，债务人丧失劳动能力；④给付特定物的债务中，该特定物丧失；⑤其他情形。我们认为，在确定对方履约能力时，如果相对人的履行能力达不到相当于合同价值一半以上的，应认为不具有履行主要义务的能力。另外，由于个案中对商业信誉的认定标准不一，因此，先履行方对事实的举证责任也不同。

本案中，B 长期停产，涉案船舶已经处于停产检修状态，一直没有经营项目，而且目前该公司没有办公场所，欠付员工工资，大量债款无力偿还，已经证明其财产在明显减少，无法履行合同义务，其涉案船舶现已由 A 与 C 出资委托，案外人管护。大量事实证明 B 已经缺乏继续经营的能力，公司资金无法正常运转，存在严重的财务风险，由此认定，B 也已经丧失了相应的商业信誉，《融资租赁合同》实际已经无法继续履行，合同目的已经不能实现，应当解除。

3. 预期违约和根本违约问题

自违约行为发生的时间而言，在合同有效成立履行期限之前，当事人一方明确表示或者以自己的行为表明不履行主要债务的，是预期违约，其内容规定在《合同法》第 94 条第（二）款，发生预期违约的情况，当事人可以解除合同。而根本违约是指履行期限到来之后，当事人根本没有履行合同所规定的义务。法律规定在发生根本违约之后，对方有权解除合同并要求其承担违约责任。

预期违约中的认定存在着两种形式：一是合同的另一方当事人用言词表明或出面通知不拟履行所承担的合同义务，此即明示的事先违约；二是合同的另一方当事人的行动表明不拟履行所承担的合同义务，此即默示的事先违约，其发生是由于缔约一方已使其自己不具有履约的能力。预期违约制度的确立可以使双方当事人的实际损失降到较低限度，并有利于保护无过错方的利益，使无过错方及时解除合同，另订其他补救合同，以实现其所期望的经济利益，符合法律的公平原则。

根本违约的认定需要满足以下条件：第一，必须存在违反合同的事实，这是构成根本违约的前提条件；第二，违约的后果使受害人蒙受损害，这里的损害应作广义解释，应涵盖商业利益损失、标的物损坏、商业机会损失等各种情况。我国《合同法》第 94 条规定：在履行期限届满之前，当事人一方明确表示或者以自己的行为表明不履行主要债务；当事人一方迟延履行主要债务，经催告后在合理期限内仍未履行；当事人一方迟延履行债务或者有其他违约行为致使不能实现合同目的。这些允许解除合同的情形均可以归纳为违约所造成的结果严重，使合同目的落空或不可期待，实即根本违约。

区分根本违约与预期违约之最大意义在于判断合同是需要继续履行还是应解除。如果违反的是根本性条款，则肯定构成根本违约，违约者不能享受免责条款。相反，如果没有构成根本违约，那么合同不能被解除，免责条款有效。如果一方根本违约，相比预期违约来说，另一方所预期的利益可以通过赔偿获得较大程度的救济。

本案例中，《融资租赁合同》约定：若 B 发生预期违约或根本违约，A 除有权要求 B 承担违约责任、赔偿损失外，还有权采取多种救济方式，包括提前终止合同，要求 B 立即支付合同项下其应付的所有到期未付租金、违约金、损害赔偿金、全部未到期租金和其他应付款项。因此，A 以 B 拒不付租金为由，除要求 B 支付到期租金外，同时请求确认 B 应付未到期租金及涉案船舶租赁期末的留购款全部提前到期。显然，A 提出上述主张系基于双方关于 B 存在根本违约行为时所能采取的救济方式的约定，是遵循当事人双方意思表示一致的表现，符合法律规定及双方约定。

4．增加或变更诉讼请求的时间和条件

我国民事诉讼法规定诉讼请求可以依法变更，其根本目的在于贯彻诉讼经济原则，使有关当事人之间的纷争尽可能一次解决，防止反复争讼不休，使法院和当事人消耗不必要的时间和人力、物力。最高人民法院关于适用《中华人民共和国民事诉讼法》若干问题意见的 156 条规定：在案件受理后，法庭辩论结束前，原告增加诉讼请求的……可以合并审理的，人民法院应当合并审理。”而最高人民法院印发的有关《民事诉讼证据规定》第 34 条规定：当事人增加、变更诉讼请求或者提起反诉的，应当在举证期限届满前提出。

理论上认为，根据新法优于旧法的原则，《民诉规定》应该优于《民诉意见》，具体情况具体对待，即属于变更诉讼标的，要求有相应的证据的，应在举证期限内提出；属于变更诉讼标的额，无须举证质证的，可以当庭提出。实践中，原告于案件审理后的诉讼请求的变更，大多是在法庭辩论终结前提出。因为在法庭辩论终结以后提出变更诉讼请求，必须就新请求进行审理，使以前的诉讼程序归于无效，违反诉讼经济的原则。因此，原告关于诉讼请求的变更，必须在法庭辩论终结前提出。

本案中，2012 年 5 月 2 日，A 以 B 未支付涉案船舶《融资租赁合同》项下的第一期租金，要求其按约支付第一期租金及违约金；8 月 29 日，A 将诉讼请求变更为 B 应当支付拖欠的三期租金及其违约金。由于法院审理期间，第二、三期租金陆续到期，而 B 在接到法院“审理期间可继续履行租金义务的通知”后，仍未履行付款义务。因此，A 对 B 支付拖欠的三期租金及相应违约金的请求，于法有据，应予支持。而且，按照上述变更诉讼请求的规则，A 仅仅变更了相应的诉讼标的额，因此只需要在辩论终结前提出就可以，也符合法律规定的诉讼程序和公平原则。

5. 司法鉴定中部分真实及部分不能确定真实的结论在裁判中的运用问题

司法鉴定作为一种特殊的证据形式，不仅仅具有客观性，而且由于是靠鉴定人的鉴别得出的，同时也具有一定的主观性。当司法鉴定中的结论在并不能完全认定该证据可以证明案件真实性的情况下，法院是否可以采纳其作为定案依据，这需要我们对相关的情况了解之后进行排除、推定，仍旧无法确定的，我们可以要求对其重新鉴定，或者根据补强证据规则，用其他证据佐证补强该司法鉴定的证明力，使其作为本案的定案根据。

而补强的证据需要满足以下几个方面：首先，要是法定的证据，要具备法定的证据资格，作为补强证据的证据同样需要具有证据的“三性”，即客观性、关联性和合法性；其次，证据要真实，不真实的证据不可能成为补强证据；再次，证据要充分，要能与其他证据相结合后认定案件的真实情况。只有通过补强证据与部分真实的司法鉴定相结合，才能认清案件的真相。

本案中，相关鉴定结论表明，《保证合同》中 C 的印章真实，故应认定《保证合同》有效。作为 C 的法定代表人，其持有多枚人名章的情形也属正常，因此，虽然《保证合同》中加盖的人名章与送检样本中的人名章非同一枚印章所盖，但该结论不能直接否定《保证合同》的效力。虽然鉴定结论显示董事会决议中两名董事的签名非本人书写，但该董事会决议作为 C 内部决议的书面载体，A 并不负有审查其内容及相关人员是否真实的义务，因此相关董事签名不真实的鉴定结论不能否定其对外效力。而且该董事会决议中盖有C的公章，A有理由相信该董事会决议系C的真实意思表示，C应该对其承担担保责任。

6．保证金性质问题

《最高人民法院关于适用<中华人民共和国担保法>若干问题的解释》中第一百一十八条规定：当事人交付留置金、担保金、保证金、订约金、押金或者订金等，但没有约定定金性质的，当事人主张定金权利的，人民法院不予支持。因此保证金并不可以类推适用定金罚则。有鉴于此，我们要贯彻意思自治的原则，按照当事人的约定赋予保证金相应的法律效果。保证金主要有备用金类型的保证金、预付款类型的保证金、定金类型的保证金和保有返还请求权的保证金、无双倍返还效力的保证金。

我们国家对保证金的法律性质说法不一。大致有以下三种说法：(1)“违约金说”。违约金是我国经济合同违约责任中最为常见的一种责任方式，其目的也是为了保证合同履行，但是与保证金也有区别：违约金是以发生违约事实为前提，保证金并不是；违约金具有制裁违约方和补偿守约方的双重功能，而保证金只具有一定的补偿性。(2)“定金说”。定金担保具有象征性，而保证金的数额必须高于相应的价款；保证金可以由金钱以外的其他证券担保，而定金不能。(3)“抵押说”。《民法通则》规定，担保人提供的担保财产无论是动产还是不动产，也不论是否转移占有，都称为抵押。从这点上说，保证金的性质属于抵押。但《担保法》规定，以担保财产是否转移占有区分抵押与质押，这就否定了保证金属于抵押性质的说法。(4)“代偿说”。2012年4月5日，融资性担保业务监管部际联席会议发布了《关于规范融资性担保机构客户担保保证金管理的通知》，其认为融资性担保机构收取的客户保证金，用途仅限于合同约定的违约代偿，严禁将客户保证金用于委托贷款、投资等其他用途，也不得用于向银行业金融机构缴纳保证金，担保机构不能擅自动用或截留。

根据本案例中的情况，我们大致可以认为A与B的保证金从分类上讲，属于备用金类型的保证金，即作为当事人一方履行付款义务的备用金，并且储存于债权人的账户上，该当事人未及时或如数地支付应付款额，相对人有权从保证金中提取相应的数额。这种保证金对于债权人的债权而言，具有较强的保障实现的作用。在涉案《融资租赁合同》依法解除、双方权利义务提前终止的情况下，该笔保证金应用于抵扣A在《融资租赁合同》项下的债权，根据双方关于“B未能按照约定履行债务，A有权在未经B同意的前提下按费用、其他应付款项、违约金、应付租金的顺序自行从B缴纳的保证金中抵扣相应的未付款项”之约定，由此得知，A、B约定的保证金可以充抵部分租金，从某个角度看，其目的也是为了保证合同履行。

7. 合同加速到期的问题

合同加速到期制度类似于贷款合同中，贷款加速到期条款。一般认为这一权利应受到一定限制，即违约事件必须“持续存在”。如果贷款人在行使上述权利时，借款人已经对其自身违约行为做出补救并取得成效，则贷款人无权针对这一违约事件采取有关措施。此外，贷款人宣告贷款加速到期还可能受到“公平原则”的限制。融资租赁合同中，出租人一般是非银行金融机构，因此，其在行使加速支付未到期租金的权利时，也应受到一定的限制：一是承租人的违约事实持续存在；二是要公平。

承租人到期不支付租金的原因主要有：在租赁物使用期间，租赁物因不可抗力或不可责于双方当事人的事由而被盗及毁损而不能修复的情况下，承租人拒付租金；承租人因经营不善，资不抵债被迫停产、关闭破产造成租金落空。正是由于上述两个原因造成出租人租金落空，而租金的加速到期请求权是在承租人未按照约定支付租金时，出租人曾约定过合理期限要求其支付，经出租人催告，承租人在规定期限内仍不支付租金时，出租人才可以请求承租人支付所有的租金，包括到期的和未到期的均视为全部到期，而承租人必须立即偿付。

本案中，根据A与B的《融资租赁合同》约定，B的行为已经构成根本违约，在该情形下，根据《合同法》第248条规定：承租人经催告后在合理期限内仍不支付租金的，出租人可以要求支付全部租金。A除有权要求B承担违约责任、赔偿损失外，还有权采取多种救济方式，而合同的加速到期不仅是基于上述法律的规定，也是基于双方的约定。依据《合同法》第93条的规定：当事人协商一致，可以解除合同。因此，本案例中对于到期租金和留购款的合同加速行为是根据双方当事人的约定正确做出的。

8. 留购款性质问题

留购款是指在租赁关系终止后，承租人支付租赁物的残值或者合同约定价值之后获得租赁物的所有权，该价格就是留购价。留购款在融资租赁合同中不是一定的，而是根据租金的价格设定的，如果留购款（租赁货物的残值）定得多，租金就可以少一点，如果没有设定留购款，那么标的物的价值就完全摊在租金中了。

在美国等一些国家的某些法律中规定，只有约定了支付的留购价的租赁关系才可认定为融资租赁关系，但我国并没有具体规定，它属于选择性条款，不属于必要性条款。根据《合同法解释（二）》第一条的规定：买卖合同当事人可以约定买卖合同的主要条款，没有约定的，能够确定当事人的名称或者姓名、标的、数量等必要性条款的，一般应当认定合同成立。但是，由于融资租赁合同的特殊性，留购款是否应该作为一个特殊内容写到融资租赁合同中去，还需要我们在立法与实践中给予考量。

本案中，A 与 B 的《融资租赁合同》中约定：租赁期间届满，承租人 B 以 6800 万元留购船舶或者续租。合同约定期间届满时，B 有两个选择，续租或者支付留购款，显然，此时的 B 已经没有续租的可能，所以只能选择支付留购款，反映了租赁物仅在 A 与 B 之间交易的合意，并无意以租赁物在租赁市场牟利。而且本案合同中租金较低，不抵租赁物本金，留购租赁物价格达到 6800 万元，其订立《融资租赁合同》的目的在于支付购船成本后，按约收回购船成本及获取正常融资利息，因此留购款对 A 具有实质意义。

9．融资租赁物的处理问题

根据《合同法》第 250 条的规定，出租人对租赁物享有所有权，但是在租赁期间届满时，出租人和承租人可以约定租赁期间届满租赁物的归属。对租赁物的归属没有明确约定或者约定不明的，依照《合同法》第 61 条确定，如果仍旧不能确定的，租赁物的所有权归出租人所有。

实务中处理该案时，出租人要求支付全部租金和解除合同收回租赁物的救济方法往往只能择一行使，且在行使解除合同收回租赁物的情况下，如果收回的租赁物价值超过承租人欠付的租金以及其他费用的，承租人还可以要求部分返还。以上法律规定在保证出租人行使违约救济权利的同时，也尽量避免对承租人造成过苛的、不公平的负担，从而维持出租人与承租人之间的利益平衡。

在本案中，关于涉案船舶的处理问题，A 与 B 签订《融资租赁合同》的目的在于支付购船成本后，按照约定收回购船成本及获取正常融资利息，而非获取暴利，更非希冀船舶。A 作为金融租赁性质的公司，保留涉案船舶的所有权并非订立合同的初衷。在 B 支付完到期租金、违约金、剩余购船成本等款项后，涉案船舶归 B 所有，并无失当之处。

（三）对于方案的评价

1．融资租赁合同的签订以法人为例，首先要对双方的情况进行考察，需要从其资金是否运转良好、商业信誉是否没有受到损失等方面了解，并且收集相应的资料，作为纠纷发生后的证据；其次，对其法定代表人的签章，确认其是否合法有效，避免出现合同效力不真实不完备的情况。

2. 融资租赁合同中，双方当事人会对一些违约之后的情况进行约定，这是意思自治的表现，在出现纠纷时，法院应当在不违反法律和合同目的的前提下，首先遵循当事人双方的意思表示内容，其次再根据双方当事人的权利义务平衡，遵照法律规定，对违约责任进行考量，公平处理。

3. 独立于融资租赁合同之外的保证金合同，其性质要贯彻意思自治的原则，即按照当事人的约定赋予保证金以法律效果。究竟是备用型还是预付款类型，完全取决于其债权是否可以提前全部或者部分得到实现。

4. 我们国家对于留购款没有相应的限制，所以完全取决于融资租赁合同双方当事人的约定，是选择性条款。融资租赁公司根据其相应的融资租赁方式，确定究竟是属于融资结束后象征性的价格，还是属于期初约定保留部分残值融资后的价格。

四、教学组织方式

1. 问题清单及提问顺序、资料发放

本案例讨论顺序依次为：

(1)融资租赁合同签订过程中的缔约过失问题：主要涉及尽职调查的标准，证据提交的标准，举证责任的分配等具体问题；

(2) 丧失履约能力问题：主要涉及丧失履约能力和商业信誉的认定标准、证据标准；

(3) 预期违约和根本违约问题：主要涉及实践认定中合同约定标准与法律法规规定标准的取舍与平衡问题；

(4) 增加或变更诉讼请求的时间和条件：何为辩论结束前？增加和变更诉讼请求被法院采纳的程序和实体条件。

(5) 司法鉴定中部分真实及部分不能确定真实的结论在裁判中的运用问题：对于司法鉴定报告中，部分真实，部分不能确定真实的，应否重新鉴定？如何在确定关键事实中进行运用？

(6) 保证金性质问题：是属于保证整个合同的履行，还是可以冲抵部分租金？

（7）合同加速到期问题：何种条件下，合同可以判令加速到期？判令加速到期时，如何公正平衡原告和被告的利益？

（8）留购款性质问题：是选择性条款还是必然性条款？留购款是否可以加速到期？

（9）融资租赁物的处理问题：如何既公平地处理融资租赁物又实现出租方的合同目的？合同法有关条款是否存在不足、是否过于简单、是否需要完善？

2. 课时分配

（1）课后自行阅读资料：约 3 小时；

（2）小组讨论并提交分析报告提纲：约 3 小时；

（3）情景模拟、进一步讨论：约 2.5 小时；

（4）课堂讨论总结：约 40 分钟。

3. 讨论方式

本案例可以采用小组讨论、情景模拟式进行讨论。

4. 课堂情景模拟总结

情景模拟的关键在于能使人进入“角色”，通过案例中的特定情景，面临“问题”，描述介绍，深层隐含，做决策分析，从中掌握到足够的知识和提高学习使用者的能力。

5. 课堂讨论总结

课堂讨论总结的关键是：归纳发言者的主要观点；重申其重点及亮点；提醒大家对焦点问题或者有争议观点进行进一步思考；建议大家对案例素材进行扩展性研究和深入分析。

从许霆案看盗窃罪司法适用中的有关难点问题

白冬　陈灿平　于滨　胡鑫

2006年4月21日21时许，许霆到广州市一商业银行ATM取款机取款，同行的郭安山（已判刑）在附近等候。在许霆输入取款1000元的指令后，柜员机即出钞1000元，而账户只扣除了1元。于是，许霆先后在该柜员机170次主动指令取款174000元。同行的郭安山也趁机先后取款19000元。2007年5月，潜逃中的许霆在陕西宝鸡被警方抓获，17.5万元赃款已挥霍一空。2007年11月20日，广州市中院一审以盗窃罪判处许霆无期徒刑。此事引起全国热议，不少法律专家提出判得太重。2008年1月，广东省高院撤销原判，发回重审。3月，广州中院作出判决，许霆被改判为5年有期徒刑。许霆不服，上诉到广东省高院，5月23日被省高院驳回。2008年8月20日，最高人民法院作出刑事裁定书，核准了广东省高院的判决，许霆被以盗窃罪判处五年有期徒刑的判决正式生效。

但是关于本案的争论依旧没有结束，争议点主要在于定罪与量刑的两方面。案件涉及到刑法立法技术、解释技术、盗窃罪与侵占罪的界限、刑法犯罪与民法不当得利的界限、减轻处罚的依据、刑事诉讼程序的完善、民意与司法等问题，将此案确定为盗窃罪犯罪和涉及银行柜员机犯罪的典型案例，对于丰富教学实践，发展刑法和刑事诉讼法理论，联系有关理论与实践具有重要意义。下面，就本案涉及到的难点问题进行分析，力求给予学习研究本案例的人员以启发。

一、盗窃罪是否以“秘密窃取为条件”

（一）盗窃罪的定义

我国刑法第二百六十四条规定对盗窃罪的构成要件的表述是“盗窃公私财

物，数额较大或者多次盗窃的……”，并没有明确规定“秘密窃取”的行为要件，故而刑法学界对盗窃罪的客观方面是否以“秘密窃取”为必要条件发生了争议。1998 年 3 月 10 日最高人民法院出台了对盗窃罪的司法解释，以此来细化盗窃罪的构成要件及盗窃罪的数额、情节、对象、非法占有目的等问题。解释第一条规定：“根据刑法第二百六十四条的规定，以非法占有为目的，秘密窃取公私财物数额较大或者多次盗窃公私财物的行为，构成盗窃罪。”最高人民法院的解释给司法实践以明确的指导，但刑法学理论界的纷争并未平息。对盗窃罪的行为要件，是否以“秘密窃取为必要”，存在着对立的学说。

（二）争议点

1．肯定说。在我国，刑法理论和司法实践中的通说都认为，盗窃罪的行为只能表现为秘密窃取他人财物的行为。从我国刑法规定来看，盗窃罪在客观方面应以秘密行为为要件，在理论上，一般也认为盗窃罪在客观方面表现为秘密窃取。赵秉志教授也主张，“盗窃罪的本质特征是对他人财物的秘密窃取。秘密窃取，是指实施盗窃行为的行为人，采取隐秘的、自认为不为财物所有人或保管人所知的方法将财物取走。换言之，取财的秘密性是盗窃罪区别于其他侵犯财产犯罪的本质特征之一。还有的学者明确指出，“盗窃罪客观方面表现为如下两种行为，即秘密窃取数额较大的公私财物的行为和多次盗窃公私财物的行为”。虽然刑法典对此并没有明文规定，但是在 1998 年司法解释中已经得到明确认可。由于秘密窃取行为是盗窃罪客观方面的本质特征，也是盗窃罪区别于其他财产犯罪的重要标志，所以如何正确理解秘密窃取行为，就成了把握盗窃罪客观方面的关键。

2．否定说。张明楷教授认为，盗窃罪的行为是窃取他人占有的财物。窃取是指使用非暴力胁迫手段（和平手段），违反财物占有人的意志，将财物转移为自己或第三者（包括单位）占有。首先，窃取行为虽然通常具有秘密性，其原本含义也是秘密窃取，但是，如果将盗窃限定为秘密窃取，则必然存在处罚上的空隙，造成不公正现象。所以国外刑法理论与司法实践均不要求秘密窃取，事实上完全存在公开盗窃的情况。盗窃行为的本质是侵害他人对财物的占有，即一方面盗窃行为破坏或者排除了他人对财物的占有，另一方面建立了自己或第三人对财物的新的占有，建立新的占有与秘密窃取之间没有直接联系。

（三）笔者的观点

笔者认为肯定说更为合理。为了说明笔者观点，首先分析“否定说”，即盗窃罪的行为不限于秘密窃取，甚至包括公开盗窃的行为。否定说的观点认为“窃取是指使用非暴力胁迫手段（和平手段），违反财物占有人的意志，将财物转移为自己或第三者（包括单位）占有。”此处强调的是“秘密窃取”的非暴力性，笔者赞同。但是，用“国外刑法理论与司法实践均不要求秘密窃取，事实上完全存在公开盗窃的情况”的观点，来解释我国刑法典中的盗窃罪，则存在疑义。盗窃罪的概念在各国刑法中的含义是不同的。目前我国和俄罗斯采用的是最狭义的盗窃罪概念，而德、日等国家的盗窃罪包括了抢夺行为，因为这些国家没有另行规定抢夺罪。我国的盗窃罪经过历史的发展，已经与抢劫罪、抢夺罪、侵占罪、毁坏财物罪等罪界限分明。况且我国单独规定了抢夺罪，没有必要把公然夺取他人财物的行为纳入到盗窃罪中处罚。有些学者认为我国刑法典并没有明确规定盗窃罪的客观行为要件为秘密窃取，只是司法解释对此做出规定，从法律效力上讲，应以刑法典为准。这种观点值得商榷。司法解释属于有权解释，而且由于立法的抽象性、滞后性，必须由司法解释来指导司法实践。实践中，法官也认为司法解释越少越好，但没有司法解释却万万不行。目前我国对盗窃罪的具体适用，都是根据最高院《1998 年解释》及其他司法解释操作的。因此，不论是从盗窃罪的历史发展来看，还是从我国现行刑法的立法体例来看，都可得出这样的结论：我国盗窃罪的客观方面最本质的特征是秘密窃取，秘密窃取是盗窃罪的构成要件。否则将无法对司法实践中的盗窃罪与其他罪进行区分。

（四）许霆的行为是否属于秘密窃取

盗窃罪中的秘密窃取是指行为人采取自认为不被财物所有人或者保管人当场发觉的方法，违背财物所有人、保管人的意志，利用非暴力的手段劫取财物的行为。即秘密具有主观性、相对性的特点，主观性指的是行为人主观上自认为其行为未被发觉，至于实际是否被发觉不影响秘密性的成立，相对性是指行为的秘密性只是相对于财物的所有人或者保管人而言，至于是否被其他人发觉并不影响。秘密性还只是相对于行为实行当时而言，至于行为事后是否会被发觉也不影响秘密性的成立。而窃取指的是行为人的行为具有违背财物所有人、保管人的意志性和手段的非暴力性。本案中，柜员机只是银行用于经营、保管资金的智能工具，当柜员机出现故障时，已不能正确执行和代表银行的意志。许霆利用银行柜员机出现的故障，连续恶意取款。许霆取款时不仅明知柜员机出现了故障，而且通过第一次取款的成功，知道银行工作人员不会当场察觉到其恶意取款行为，上述事实足以说明许霆主观上产生了非法占有银行财产的目的。虽然许霆持有本人的银行卡，柜员机旁也有监控录像，这些都只是使银行事后能查明许霆的身份，但不足以使银行能够当场发觉并制止许霆的恶意取款行为，所以许霆的行为具有秘密窃取的特征。

二、"盗窃金融机构"如何解释，ATM机器是否属于"金融机构"

盗窃罪中"金融机构"的含义与一般的金融机构和特指的金融机构有所交叉，主要是指具有合法储备或者拥有经营资金资格的金融机构。盗窃罪中金融机构应该具备以下两个特征：

（一）具有合法资格

盗窃金融机构，是指盗窃具有合法资格的金融机构的行为，盗窃非法金融机构，不构成盗窃金融机构。盗窃金融机构行为不能等同于一般盗窃犯罪，其不仅仅是侵犯到公私财产，而且还对金融秩序造成了严重破坏，非法金融机构其本身就是在扰乱金融秩序，因此其资金的安全不能作为盗窃金融机构所保护的法益。因此，对于盗窃那些非法的金融机构资金，数额达到特别巨大的行为，不能以盗窃金融机构论处，而应根据具体情况以一般盗窃行为对待。

（二）储备或者拥有经营资金

盗窃金融机构是指盗窃金融机构中的经营性资金。因此，在对盗窃金融机构进行的认定过程中，"金融机构"与"金融机构的资金"是两个联系密切但又不能混淆的概念：前者是犯罪对象的范围，后者是犯罪对象。在司法认定中，应首先明确盗窃罪中所指的"金融机构"的含义，然后再在其含义范围内进行犯罪对象的认定。只有这样，才不至于在认定过程中产生混乱，导致错误认定。而对于金融机构经营性资金的判定，需要考虑两点：

一是由金融机构显名占有。金融机构显名占有是指金融机构具有采取以明确的方式向不特定多数人表明其对资金占有的义务。其中的"明确"的程度，应采用能让一般人了解的标准。强调显名占有的意义是为了突出金融机构资金的特殊性，对不特定多数人起到警示作用。如果在金融机构没有对其资金进行能使不特定多数人察觉的显名性标示的情况下，行为人在不可能获知资金性质的情况下对其进行了盗窃，由于缺乏占有金融机构资金的主观故意，对其就不能以盗窃金融机构进行认定。在日常生活中，金融机构的资金通常以显名的方式出现在公众面前，如营业场所会注明金融机构的名称、ATM 机的机身上会注明所属某某银行；在资金的转移过程中，金融机构的运钞车也会在车身明显处注明“金融押运”、“严禁靠近”等警示性标语，并且都由身着制服的专业人员跟随押运。这些方式都是金融机构在以显名的方式向人们警示这些资金属于金融机构，如果以这些资金为犯罪对象，将会构成以金融机构资金为犯罪目标的严重刑事犯罪。这种情况下，金融机构已经尽到显名标示的义务，如果有行为人对其进行盗窃，就应该对其以盗窃金融机构论处。

二是属于金融机构的经营性资金。资金的所有权属于金融机构还不能成为认定盗窃金融机构的充分条件，在资金满足了金融机构以显名的方式占有和属于金融机构所有后，还应该最后满足这些资金属于金融机构的经营性资金这一条件。根据司法解释，行为人盗窃的应该是金融机构的经营性资金，这个范围相对于上面提到的金融机构所有的资金又要更加狭窄一些，因为金融机构所有的资金形式呈现多样化，有一部分资金并不是被“金融机构”直接使用于进行经营业务活动的，比如金融机构拥有的办公用品或者交通工具等，它们虽然是金融机构开展业务活动所使用到的，但其并没有被用来进行如贷款、储蓄或者结算等专门业务活动。因此，在司法认定中，对这一部分资金也需要予以排除。

在许霆案中，判决时一审、一审重审、二审终审判决都判定许霆的恶意取款行为属于盗窃金融机构。笔者认为是有道理的：第一，ATM 机作为一种生活中的金融工具，它不仅仅属于银行的一个服务网点，还是金融机构的一个重要的组成部分，它和一般人工服务的银行网点的基本性质一样。第二，我国刑法第 264 条规定的盗窃金融机构的重点是保护金融机构内的资金，当我们认定 ATM 机里面的钱款属于银行所有时，我们也就没有理由把盗窃 ATM 机内的钱款排除在盗窃金融机构之外。我国刑法规定的“盗窃金融机构”指的是盗窃金融机构的经营资金、客户资金、证券等。本案中，金融机构所经营的资金存放点不影响对资金所有权的认定，因此，就应当认定盗窃银行 ATM 机里面的现金为盗窃金融机构。

三、“盗窃金融机构”加重处罚之合理性

通常来说，刑法选择提高某种犯罪行为的处罚是基于某种犯罪行为带来了

较其他犯罪行为更加严重的社会危害结果，以及犯罪行为人表现出来的更加深刻的人身危险性的考虑。在盗窃金融机构中，鉴于行为人敢于选择金融机构进行盗窃以及其行为所造成的严重危害结果，就能从主客观两方面验证刑法加重对其处罚的原因与合理性。

（一）客观上的根据

1．侵害特殊法益

金融机构的资金与一般市场经营者资金有所不同：由于职能或业务需要，金融机构在经营过程中必然吸收和累积大量的公共财产，金融机构的资金的特殊性表现在这些财产并不完全属于金融机构所有，而是金融机构通过向社会融资的方式筹集，代为经营管理，日后向客户偿本付息，金融机构担负着看护这些巨额资金安全的重要责任，所以金融机构的资金实质是巨额公共财产，盗窃金融机构所侵犯特殊法益就是“金融机构掌握的巨额公共财产的安全”。

2．侵害多重法益

刑法加重对盗窃金融机构处罚的原因除该行为侵犯法益特殊外，还在于行为所带来的严重社会危害，严重的社会危害来自于该行为侵犯的多重客体。笔者认为，盗窃金融机构的行为侵犯了三重客体，其社会危害程度远甚于一般盗窃行为。一般的盗窃罪侵犯的是单一客体，即公私财产所有权，而盗窃金融机构的行为除侵犯到国家和社会以及金融机构的财产所有权以外，还侵犯了金融机构的公信力和正常的金融秩序。一方面，金融机构是吸收或者储存社会资金的专门机构，具有管理和经营这些资金的职能，巨额资金一旦丢失，社会投资者会对金融机构保管财产的能力产生怀疑，金融机构业务无从开展，并且在我国，大部分金融机构都属于国家控股，国家通过金融机构对社会资金进行宏观调控，金融机构丧失信用，资金大量流失，国家无法准确掌握资金动向，引导和调控社会资金，最终损害的还将是国家和整个社会的利益。另一方面，金融机构巨额资金的失窃必然导致金融机构遭受巨大经济损失并出现内部资金流转和结算的困难，还可能出现社会公众争相挤兑的情形，将严重破坏金融秩序，更会造成公民对社会治安的深深恐惧和担忧，丧失对个人财产的安全感。因此，盗窃金融机构给社会带来的巨大恐慌也是加重处罚该行为的一个重要理由。

（二）主观上的根据

犯罪分子的主观恶性反映出其对侵害法益所持的态度，也反映出其非难可能性程度。金融机构是大量社会财富聚集的重要场所，金融机构资金的动向关系到整个金融市场的稳定和秩序，金融机构对其采取了极为严密的管理和防盗措施，任何人未经授权和允许都不能随意接近这些资金，凡是在盗窃金融机构过程中被发现的行为人都面临较一般盗窃行为更高的风险。因此，相对于一般的盗窃对象，行为人盗窃金融机构的难度巨大，要求行为人具备较一般盗窃行为更为强硬的心理态度和高超的技术手段，行为人不满足一般盗窃所带来的相对微小非法利益而以金融机构存放的巨额资金为盗窃目标，表现了其排除重重困难占有巨额资金的主观意图，凸显出了其较一般盗窃更为严重的主观恶性。因此，从立法的角度来考察，将“盗窃金融机构，数额特别巨大”的法定刑升格，旨在威慑和打击那些为满足个人巨大贪欲而不计后果，铤而走险的犯罪分子。

四、盗窃罪刑法条文修改问题

刑法修正案第39条将刑法第二百六十四条修改为：“盗窃公私财物，数额较大的，或者多次盗窃、入户盗窃、携带凶器盗窃、扒窃的，处三年以下有期徒刑、拘役或者管制，并处或者单处罚金；数额巨大或者有其他严重情节的，处三年以上十年以下有期徒刑，并处罚金；数额特别巨大或者有其他特别严重情节的，处十年以上有期徒刑或者无期徒刑，并处罚金或者没收财产。”

依据刑法修正案（八）规定，盗窃罪不再以盗窃财物数额较大为唯一构成要件，只要是入户盗窃，不管有没有偷得财物，都已触犯刑法，构成“入户盗窃”，涉嫌盗窃犯罪，一律追究刑事责任。其法条修改前后出现以下主要变化：

（一）将盗窃罪状表述为五种情形，更具体，更具操作性

刑法修正案（八）将原来的盗窃数额较大和多次盗窃两种罪状表述为五种情形：一是盗窃公私财物，数额较大；二是多次盗窃；三是入户盗窃；四是携带凶器盗窃；五是扒窃。罪状表述更具体，更具操作性。

（二）取消了盗窃罪适用死刑的规定

刑法修正案实施前，刑法规定盗窃金融机构，数额特别巨大；盗窃珍贵文物，情节严重的，最高可以判处死刑。刑法修正案（八）取消了这一规定，也就是说，现在犯盗窃罪，无论何种情况，最高只能判处无期徒刑。

与1997年《刑法》第264条的规定相比，盗窃罪的基本罪状做了较大幅度的变化，由原来的两种罪状增加为五种罪状。此次基本罪状的修改，不仅是盗窃罪行为类型数量上的增加，更主要的是体现了盗窃罪在理论和司法实践中一些新的趋向。

1．犯罪门槛降低

根据《刑法修正案（八）》的规定，盗窃罪中的“多次盗窃、入户盗窃、携带凶器盗窃、扒窃”这些行为类型并没有“数额较大”的要求，也即行为人实施盗窃行为，只要符合其中的某一犯罪情形，就可以盗窃罪论处，而不问其盗窃所获取的财物价值是否达到传统的盗窃罪的数额标准。这一规定与西方大多数国家关于盗窃罪的规定非常相似。西方国家在盗窃罪的犯罪构成上一般都没有罪量要求，即只要实施盗窃行为，侵犯财物占有人的合法权益，就可以盗窃罪进行定罪量刑。例如，《德国刑法典》未对盗窃罪规定起刑点，也即只要实施盗窃行为，都要受到刑事机关的追诉，只是对“所盗窃之物价值甚微的”，法律规定为告诉才处理，盗窃所得财物的价值不影响盗窃罪的认定。此外，意大利、瑞士等国的刑事法律也都没有规定盗窃罪的起刑点。

传统的盗窃类犯罪需要达到数额较大才能定罪量刑，是典型的数额犯，入罪有一定的数额上的门槛，而《刑法修正案（八）》中关于“多次盗窃、入户盗窃、携带凶器盗窃、扒窃”这四种行为类型没有规定数额要求，由此可见，我国的刑事立法降低了盗窃罪入罪门槛，也进一步扩大了打击盗窃的犯罪圈。

盗窃罪入罪门槛的降低，一方面是我国打击日益猖獗的盗窃行为的需要，符合一定的刑事政策。例如，近年来发案率较高的“入户盗窃、扒窃”行为，给人民群众的合法利益和社会的稳定带来了巨大的危害，对这些类型的盗窃行为用刑法进行规定，有利于遏制这些违法犯罪行为的发生；另一方面，入罪门槛的降低也有一定的弊端，把本来属于《治安管理处罚法》规制的治安案件纳为刑事案件，使案件基数大大增加，在很大程度上增加了诉讼负担，也体现了盗窃罪“泛刑化”的趋势。

2．盗窃的对象要求放宽

盗窃的对象，是指实施盗窃行为所获取的他人占有的财物。传统的盗窃罪对盗窃所获得的财物有价值大小和价值范围上的要求。1997 年《刑法》第 264 条将盗窃罪的基本罪状规定为“盗窃公私财物，数额较大或者多次盗窃的”，已充分说明一般的盗窃行为必须达到数额较大才能入罪；多次盗窃是否构成犯罪，司法实践中也是按照累计数额是否达到数额较大来进行评价。而所盗财物的数额计算方法，最高人民法院在 1997 年 11 月 4 日《关于审理盗窃案件具体应用法律若干问题的解释》中也进行了规定，即以财物的交换价值或经济价值为标准。因此，传统的刑法理论认为只有在所盗财物达到数额较大的价值标准，才有进一步对盗窃行为进行定罪量刑的必要，如果所盗财物没有交换价值或者经济价值较小，刑法就没有必要进行追究。

关于盗窃财物的价值范围，刑法理论一般认为财物的价值就是指财物客观的经济价值或交换价值，如家电、车辆、名画、金钱等，都具有客观的价值。可以肯定的是，作为盗窃对象的财物必须具有一定的价值。司法实践中，作为盗窃罪对象的财物，一般都是具有客观价值的财物，是否构成数额较大，也都可以用财物的经济价值来衡量。随着近年来刑法理论和实践的发展，盗窃罪财物价值的范围有进一步扩大的趋势。有学者指出，财物的价值不仅包括交换价值、金钱价值，还包括使用价值。没有交换价值但有使用价值的物品也可以成为盗窃罪财物的对象。笔者认为，《刑法修正案（八）》对盗窃罪基本罪状的修改正体现了这一观点，其增加的“入户盗窃、携带凶器盗窃、扒窃”等行为类型，法律本身没有规定这些犯罪情形的数额要求，与传统的要求一定价值标准的盗窃罪相比，一些不具有经济价值，但对所有人具有使用价值的物品也成为了盗窃罪规制的对象。如一些存放在家里的留念照片、文件材料，随身携带的身份证、信用卡等，客观上不具有经济价值或经济价值甚微，但法律规定表明，行为人入户盗窃、扒窃而窃取这些物品的就可以盗窃罪论处。把这些盗窃对象纳入盗窃财物的价值范围，正是《刑法修正案（八）》增加盗窃行为类型的应有之义。

五、侵占罪与盗窃罪的界限

侵占罪和盗窃罪在犯罪主体和客体上并无区别，两者的区别主要体现在三个方面：一是犯罪对象不同，前者的对象一般是动产，且只能是行为人在犯罪以前就已经合法持有他人财物；后者的对象包括动产和不动产，且必须是行为人在犯罪之前并不持有的他人财物。二是犯罪的客观方面不同，前者在客观方面既可以表现为以秘密的方式进行，也可以表现为以公开的方式进行，且必须是拒不退还或拒不交出他人财物的，才构成犯罪；而后者在客观方面只能表现为以秘密手段进行，即使窃取他人财物之后又主动退还的，也构成犯罪。三是犯罪的主观方面不同，前者的犯意只能产生于持有他人财物之后；后者的犯意则只能产生于非法获取他人财物之前。

根据我国刑法第270条的规定，所谓侵占罪，是指将代为保管的他人财物，或者将合法持有的他人的遗忘物、埋藏物非法据为己有，数额较大，拒不退还或拒不交出的行为。其犯罪对象仅限于三种财物：一是代为保管的他人财物；二是他人的遗忘物；三是他人的埋藏物。侵占罪与其他侵犯财产犯罪的一个关键区别即在于：侵占包括两个密不可分的行为特征，即由“合法持有”转变为“非法侵吞”。行为人已合法持有他人的财物，是构成侵占罪的前提条件。“代为保管”是指财产所有人、保管人基于委托关系以合法的方式将财物的占有权转移给行为人，这里的委托关系不一定要有成文的合同，如委托合同、保管合同、仓储合同等，只需根据日常生活规则，事实上存在委托关系即可。显然，许霆利用ATM机出现故障恶意取款17万余元的行为，只是由于银行在管理上的过失引起的，并不属于基于银行委托引起的代为保管行为。事实上，许霆在案发后迅速携款潜逃的行为，无疑在一定程度上印证了许霆的行为是代为银行保管财物看法的荒谬性。“遗忘物”是指财物持有者由于疏忽而暂时失去控制且知道忘于特定地点的财物，与拾得方的行为无关。具体到许霆案，在ATM机出现故障之前，其中的现金始终在银行的控制之下，没有脱离银行的占有，不存在被遗忘的问题。而且，如果把许霆恶意取得的17万余元解释为“遗忘物”，无疑与社会一般人对“遗忘物”的理解不同，有违社会常识。综上所述，许霆对银行资金不存在“合法持有”这一前提，不符合侵占罪的犯罪客观方面要件，其行为不构成侵占罪。值得注意的是，侵占案是告诉才处理的案件，是自诉案件的一种。根据刑法关于告诉才处理的规定，所谓告诉才处理是指被害人告诉才处理，如果被害人因受胁迫、威吓无法告诉的，人民检察院和被害人的近亲属也可以依法告诉。本案中，银行并没有依法提出告诉，而是在案发后直接向公安机关报案。而且，被害人银行也并没有受到胁迫和威吓。所以，如果把许霆的行为认定为侵占罪，在法律处理上存在诸多不妥之处。

六、盗窃罪与信用卡诈骗罪的界限

许霆的行为不符合信用卡诈骗罪的犯罪构成。信用卡诈骗罪作为一种特殊的诈骗罪类型，其犯罪客体是复杂客体，即国家对信用卡的管理制度和他人的财产所有权。而许霆恶意取款的行为侵犯的只是银行的财产权，并没有侵犯国家对银行卡的管理制度。因为许霆是持自己合法有效的银行卡，基于 ATM 机的故障而恶意超额取款，并没有采取信用卡诈骗罪犯罪构成客观方面的四种行为方式：即许霆的行为不属于“使用伪造的信用卡、使用作废的信用卡和冒用他人的信用卡”的情况，其恶意取款的行为也不属于信用卡诈骗罪中的“恶意透支”。而认为许霆构成信用卡诈骗罪的观点，主要涉及到对“恶意透支”的理解与解释问题。

该观点认为：“由于 ATM 机出现故障，许霆使用卡内仅存 170 余元的借记卡恶意取款 17 万余元，表明其借记卡已经具备了透支功能。如果他是以非法占有为目的，经发卡银行催收后仍不归还，那就是恶意透支。”事实上，许霆持有的银行卡为借记卡，并非具有透支功能的信用卡（贷记卡和准贷记卡），其恶意超额取款的客观事实并不足以佐证其使用的借记卡就具有透支功能。“透支”在法律上具有特定的具体含义。在银行法上，“透支”是指在银行设立的账户已无资金或资金不足的情况下，经过银行批准，允许客户以超出其账上资金的额度支用款项的行为。许霆的所谓“恶意透支”不仅未经银行批准，相反完全是违背银行意志的。所以，许霆恶意取款的行为不符合信用卡诈骗罪的客观方面行为方式，其行为不构成信用卡诈骗罪。

七、侵占罪与不当得利的界限

有人认为许霆的行为属于民法上的不当得利，那么事实是否如此呢？所谓不当得利，是指没有法律或合同上的根据取得了利益，致使他人受到损失的事实。不当得利作为一种法律事实，与民事法律行为、无因管理及侵权行为等同为债的发生根据。我国《民法通则》第 29 条明确规定：“没有合法根据，取得不当利益，造成他人损失的，应当将取得的不当利益返还受损失的人。”尽管发生不当得利的原因有事件，也有行为，但不当得利本质上属于事件，与人的意志无关，其不以得利人有行为能力或识别能力为前提，不是由受益人的意志决定而取得的。因而其不同于与人的意志有关的民事法律行为、无因管理及侵权行为等债的发生根据。

反观许霆的行为，第一次取款 1000 元，其账户实际扣款仅 1 元，是在 ATM 机出现故障的情况下无意中提取的，其获得的 99 元超额款项，显然与许霆的意志无关，也不存在合法根据，其受益与银行受损具有明显的因果关系，认定属于民法上的不当得利，并无不妥。甚至在许霆第二次取款时，若他是出于要确认 ATM 机是否真的出了故障而再试一次，就仍可认定这是民法上的不当得利。但在其已经明确认识到 ATM 机出了故障，且在自己账户余额不足的情况下，仍反复操作取款 170 余次，获利 17 万余元，则不应也不能认为是不当得利。此时，许霆的主观心态已发生了转化，由意外受益的心理改变为非法占有的意图，此时其行为的不当得利性质也随之发生了质变，由意外被动的获得转变成为主动侵犯银行财产权益，已然是一种故意侵权行为了。而侵权行为达到严重程度即可构成犯罪。显而易见，许霆第一次至少是第二次取款后实施的其余 170 余次恶意取款行为，并非基于认识错误而产生，不符合民法上不当得利作为一种与行为人意志无关的事件的本质属性，一如行为人以非法占有为目的而恶意实施抢劫、诈骗等侵权行为，虽也不当地获得了利益，但并不认为是民法上的不当得利一样。因此，如果不区分清楚许霆实施第一次取款行为获得的意外受益与其后利用 ATM 机故障连续多次实施的侵犯银行财产的恶意取款行为的界限，而全都认定为是不当得利，就难免会落入以偏概全的窠臼。

八、刑事特别减轻处罚的法定依据

（一）规范根据

刑法第六十三条第二款规定：犯罪分子虽然不具有本法规定的减轻处罚情节，但是根据案件的特殊情况，经最高人民法院核准，也可以在法定刑以下判处刑罚。此即我国刑法中的特别减轻制度。

（二）实质根据

最高人民法院核准许霆案判决的理由是:“许霆在发现自动柜员机发生故障的情况下临时起意盗窃，其行为具有一定的偶然性，与有预谋、有准备盗窃金融机构的犯罪相比，主观恶意性相对较小；许霆是趁自动柜员机发生故障之机，采用输入指令取款的方法窃取款项，与采取破坏手段盗取钱财相比，犯罪情节相对较轻。”笔者认为，适用特别减轻程序应考虑以下实质根据：

1．行为的社会危害性。对于行为的社会危害性的考量，笔者认为应从以下几方面考察：一是犯罪行为造成危害后果严重程度。二是行为人的主观恶性。三是犯罪的常发性。发生率高意味着法益受侵害的概率高，国民就具有更强烈的受害预测性，由此产生的报复欲更强，而对发生率高的犯罪须适用较重的刑罚才能满足社会的公正报应观念，反之亦然。在“许霆案”中，许霆非法获财行为的发生概率极低，银行再次受害的可能性也极小，法益再次受侵害的可能性小，国民的报复欲也就很低，因而其社会危害性也就明显低于普通盗窃罪。四是被害人过错程度。在“许霆案”中，作为受害方的银行对事件的发生与否起着重要作用。五是行为人意志自由的程度。“许霆案”中，金钱的巨大诱惑对行为人的意志自由产生了深刻的影响，其适法行为的期待可能性程度显著降低，许霆非法取财的行为即是脆弱人性的表现。

2. 公众可接受性。行为的社会危害性实质上是一种社会评价，而在这种社会评价中，民众的法感情起着举足轻重的作用。民众的法感情无疑会对刑事司法包括刑法解释与定罪量刑活动产生重大的影响。然而，由于民意是以抽象的形式而存在的，因此对其内容需要进行仔细的甄别。首先，法律是一种固定化的民意，或者说，法律就是最高的民意；进而言之，依法办事就是遵从民意。其次，虽然在大多数情况下民意是通过媒体表现出来的，但媒体并不能完全代表民意。考察某一媒体是否代表民意关键要看媒体对案件事实（一些重要的细节）以及相关规定是否进行了客观、全面的报道，社会上流传的案情与实际案情是否相差太远。如前所述，在许霆非法获财行为的定性上民众并未达成共识，也即未能形成主流的民意，但在对许霆刑事责任的追究方面民众却表现出惊人的一致——认为对许霆处以无期徒刑显属过重。民众之所以对行为定性的敏感性要远低于对量刑的敏感性，是因为对行为定性需要非常专业的知识，而对量刑的敏感更多的是出于一种朴素的法感情，而正是这种法感情构成了民众认同刑法的基础，构成了刑法正义的基础。“许霆案”的案情简单明了，新闻报道客观、全面，因而媒体的报道和社会舆论可以视为民意的体现。民众对“许霆案”量刑的一致意见，实质上代表了社会对许霆实施的非法取财行为危害性的判断，而这一判断理应得到尊重。

九、刑事特别减轻处罚的法定程序

1. 该程序适用的对象只限于对不具有刑法规定的减轻处罚情节的被告人在法定刑以下判处刑罚的案件，其他案件不能适用也不必适用该程序。根据罪刑相适用原则，对被告人所适用的刑罚，必须同他所实施的犯罪相适用。如果没有法定的减轻处罚情节，就不得对其减轻处罚，更不得在法定刑以下判处刑罚。

但是，这一点并不是绝对的，我国刑法也没有将其绝对化。所以刑法规定了例外，即对于不具有刑法规定的减轻处罚情节的被告人，人民法院根据案件的特殊情况，也可以在法定刑以下判处刑罚。这就赋予了人民法院在这些案件处理上的自由裁量权。

2. 该程序适用的主体是地方各级人民法院和最高人民法院。在我国，人民法院是国家的审判机关，只有人民法院在刑事诉讼中才有权对被告人决定应否适用刑罚，应当适用什么样的刑罚。地方各级人民法院虽然可以根据案件的特殊情况，对不具有法定减轻处罚情节的被告人在法定刑以下判处刑罚，但必须报送最高人民法院核准。未经最高人民法院核准，判决是没有发生法律效力的判决。最高人民法院作为适用该程序的主体，其主要任务就是根据法定程序对地方各级人民法院报核的案件依法予以审查，然后决定是否予以核准。

3. 该程序是一种审判程序，适用的阶段，只限于审判阶段。在其他诉讼阶段，不存在这一程序。对被告人在法定刑以下判处刑罚是人民法院的权力，人民法院行使这一权力的阶段就在审判阶段。我国刑事诉讼法第 12 条明确规定，未经人民法院依法判决，不得对任何人确定有罪，更不得未经确定有罪而处以刑罚，包括在法定刑以下判处刑罚。

4. 该程序是“对不具有法定减轻处罚情节的被告人在法定刑以下判处刑罚判决”的必经程序，它的启动无须当事人或者人民检察院的诉讼行为，只要人民法院做出了这种判决，不论当事人是否上诉、人民检察院是否抗诉，也不论该判决是否属于二审终审的判决，都自然要引发该程序，因为作出这种判决的人民法院如果不将判决依照法定程序报请最高人民法院核准，其判决就不能发生法律效力。

十、金融机构在机器故障时出现损失的法律责任

现在随着 ATM 犯罪的日益猖獗，关于 ATM 犯罪后的损失承担也引发了越来越多的争议。中国现在的金融行业大多采用这样的政策：无论犯罪方式是怎样产生，犯罪行为如何实施，持卡人有多大过错，银行有多大过错，都由持卡人先行承担相应的损失，在刑事案件得以侦破的情况下，再由行为人承担相应的刑事责任和民事责任；而实际情况却是许多 ATM 犯罪并没有得到侦破，犯罪嫌疑人没有抓获，或即使抓获了犯罪嫌疑人，犯罪嫌疑人有能力承担刑事责

任却没有能力承担民事责任，持卡人只有独自承担全部的损失，而银行却袖手旁观，毫发无伤，因此而引发的民事纠纷也长期没有得到很好的解决。

各个金融机构采用让持卡人先行承担所造成的损失，其依据来源于中国人民银行的《银行卡业务管理办法》和各个金融机构自行制定的一些格式条款；中国人民银行的《银行卡业务管理办法》和中国农业银行制订的《金穗借记卡章程》就规定“凡密码相符的交易均视为持卡人所为”；中国人民银行的《银行卡业务管理办法》第 52 条第 5 款就规定：发卡银行应当向持卡人提供银行卡挂失服务，并在章程或有关协议中明确发卡银行与持卡人之间的挂失责任。从该条款，中国人民银行授权各大银行在章程和协议中自行与持卡人约定发卡银行和持卡人之间的挂失责任的承担；当仁不让的，各家发卡行都在各自发行的银行卡章程中规定挂失的风险一律由持卡人承担，如中国银行制订的《长城人民币信用卡章程》中就明确规定“长城卡如遇丢失或被盗窃，持卡人应持本人身份证或其它有效证明到附近的中国银行的分支行办理书面挂失手续，并按规定交付挂失手续费，挂失之前及挂失次日 24 小时内，所造成的挂失卡风险仍由持卡人承担”，中国交通银行制订的《太平洋信用卡章程》也规定：“在发卡机构受理挂失前及受理挂失的次日 24 点前，所发生的各项支出和所造成的经济损失均由持卡人承担”；无独有偶，中国工商银行的《牡丹国际信用卡章程》也制订了类似的规定。在信用卡挂失之前的经济损失由持卡人承担已经成为中国银行业的惯例。2004 年 3 月和 4 月在绵阳发生的金穗借记卡在 ATM 上使用后被吞，后造成卡上的钱被犯罪分子所窃走；两名持卡人到当地农行投诉，要求给予补偿，绵阳市农行就是以以下两个理由拒绝的：一是按中国人民银行的《银行卡业务管理办法》和中国农业银行《金穗借记卡管理办法》的规定“凡密码相符的均视为持卡人所为”，二是银行的自助设备是通过卡和密码进行交易证明的，而不可能对持卡人的生理特征进行验证。

有人以银行的过错来否认许霆行为的有罪性。该说认为，许霆之所以多取了 17 万余元，只是因为许霆利用了银行的 ATM 机程序出错这一机会。但这一机会是银行造成的，而不是许霆造成的。人非圣贤，孰能无过？银行应该担负起引诱许霆犯错的故意，而不应该追究许霆的责任。清华大学法学院许章润教授就认为：“一个普通公民在没有预谋的情况下，以非暴力的方式拿去了不属于他的钱财，就要为此付出终身自由的代价，法律太苛刻了。本案之所以发生，银行应该负起‘引诱’的责任，银行应该向被告人道歉。”“相反，对因银行提供的服务不完善而引发的人性恶的一面，引发不良贪念，银行应该道歉，甚至可以向银行提起附带民事诉讼。”有的论者为了论证银行的过错，举出英国《每日邮报》的例子，说英国东部约克郡赫尔市的多部ATM机（银行自动提款机），2008年3月18日出现“储户取一赠一”的故障，以致出现上百人排队取款的现象，取到钱的喜笑颜开并纷纷打电话通知其亲友来取款，事后银行不但没有追究取款者的责任，反而向客户道歉。

笔者认为，许霆多取银行资金的行为是在银行的自动取款机程序出错的情况下实施的。但是，银行自动取款机出错仅仅是许霆实施该行为的条件之一，而最主要的还是许霆自身的原因。在银行取款机出错的情况下，让许霆主动向银行联系并告知银行自动取款机出错可能比较苛刻，但是许霆不去以占有为目的而实施非法取款行为却是他完全可以做到的。至于许霆在庭审中辩解说其行为是为了替银行保存资金的说法是不值一驳的。主张以银行的过错来否定许霆过错的说法，过于迁就了许霆的行为。北京大学法学院教授陈兴良认为，许多人以银行的过错来否定许霆行为的有罪性，但银行的过错只是许霆犯罪的诱因。它为许霆盗窃行为提供了某种条件，并不能由此否定许霆行为的有罪性。

十一、传媒、民意与司法的关系

（一）传媒、民意对司法的作用

1. 传媒和民众能有效对司法发挥监督作用。民意和媒体对司法进行监督，有助于司法判决体现最大限度的正义，最终提高司法公信力。民意和媒体监督司法，本身就是对法律权威的维护，因为能否让老百姓满意和信任也是现代司法公正与否的基本评判标准，如果失去了老百姓的信任，司法裁判将无法获得基本的正当性而难以保持生命力和安定力，法官也难以获得应有的尊重和认可。当司法置于民众和媒体的眼皮底下，司法活动必然透明化、公开化，司法过程中的腐败行为无处可藏。当每一次的司法活动体现的都是司法正义，表达的都是民众的意愿，司法的公信力自然而然地提高。

2. 传媒是民意和司法沟通的桥梁。司法机关通过媒体能满足民众的知情权，媒体可以将司法活动的有关咨询及评论意见提供给公众，以促成公众讨论，形成公众意见，有效发挥舆论监督功能。特别是现在，随着计算机的普及，互联网技术的发展，网络媒体为民意的表达提供了更加便捷的途径，庞大的网络群体的意见对于公共政策的形成发挥着越来越大的作用，有时甚至影响着司法的审判结果。在许霆案、邓玉娇案、张伟铭醉驾案的审判过程中我们不难发现网络民意的身影，虽然网络民意的真实性和可信性备受质疑，甚至被认为仅仅代表着非理性的情绪，但网络媒体已不可否认地成为越来越重要的民意表达和官方获得信息的途径。

（二）传媒、民意与司法的矛盾

1. 影响司法独立。司法独立要求法官对司法权要独立行使，不论是在审前阶段还是在审判阶段。不仅法院要独立于立法机关和行政机关等外来力量的干预，法官在依法行使其审判权的时候，也只需要依照法律的要求和良心的命令独立行使其职权。而民意则不同，民意的主要表达渠道就是媒体，在网络媒体发达的今天，社会公众可以通过因特网自由地以网络为平台，发表自己的意见。这样，就会在客观上给法官带来很大的压力，而使得法官在裁判的时候，本能地拒绝使用法律思维，而使用道德思维，不在乎法律之内是否正义，而更多地考虑案件公布后会不会受到民意的否定。这样，客观上造成了民意审判、媒体审判，破坏了司法独立。

2. 影响司法公正。司法独立是司法公正的前提和保障，理想中的司法者似乎只为抽象的法律条文、原则和价值服务，然而司法活动总是在一定的时间和空间中发生和进行的，各种社会因素无法从中排除出去，而必然在法律适用过程中不自觉地体现出来，其中，民意对司法审判的巨大压力和影响就是很突出的一例。如果在审判中，法官的独立性受到了影响，那么，司法公正这一重要价值也难免因牵连而受到损害。原因在于法官要保持公正，不偏不倚地按照法律办案，首先就应该排除一切外来的干扰，包括来自行政、新闻舆论等的干扰，以及其他利诱或不当影响，而当媒体和民意对法官产生了干扰，会对裁判结果的公正性带来不良影响。

（三）如何处理传媒、民意与司法的关系

1. 发挥好传媒的引导作用。民意的形成经历了一个从无到有的过程，这一过程可以分为事实了解—价值判断—达成共识三个阶段。社会公众首先通过媒介对相关事实的报道形成一定的感知，在此基础上根据自身所接受的道德原则意见，继而把这种倾向通过某种途径表达出来。其中媒体对案件事实的报道中对民众的价值判断影响重大。在目前，一些媒体为了追求新闻价值而违背媒体该有的职业道德，对案件进行不真实报道，严重影响了民意的正确表达。因此媒体应从迎合民意走向引导民意，通过正确的新闻报道及评论，使公众理性地看到案件，形成正确的舆论导向。

2. 推进司法公开。司法是为民服务的，但司法并不需要一味地盲目顺从民意，司法应当体现的民意应是正确的，现阶段司法引导民意的方式主要通过以下途径进行：一是实行审判公开，设立旁听制度及裁判文书公开，公民在旁听过程中，见证庭审，既避免了司法腐败导致的不公正判决，又接受了法律教育，提高了法律水平和守法意识，裁判文书的公开使判决内容和结果为公众知晓，提高裁判的可接受度。二是树立司法典型，司法机关将某些优秀的法官进行宣传，让人们看到了司法的公正性，借以提高司法的公信力。三是进行个案引导。如果在每一个引起广泛争论的个案中，司法机关都能够在社会公众的关注下作出公正、公平、合法、合理的处理，对于司法机关而言，有助于自身形象的树立，对于社会公众而言，也有助于增强他们对司法的信心，进而有助于提高他们的法律意识和法治理念。

案例说明书

一、本案例需要解决的关键问题

许霆案是近期在社会上引起广泛关注与争论的一起普通的刑事案件，不少民众与学者都卷入其中发表见解，而且分歧还很大。各种意见有着不同的出发点和落脚点，结论自然不同，然而，法院终归要依据“以事实为依据，以法律为准绳”的原则对该案作出定论。在许霆案的争论中，可以看到我国法律规定乃至司法都有不尽完善之处，但我们首先应在法律的理性与轨道上来看待，然后在法律的框架内实现公正。这正是人民法院所追求的法律效果与社会效果的统一，许霆案的审理过程也充分说明了这一点。从这个意义上说，许霆案的激辩将会起到推动我国法治建设的作用。纵观“许霆案”的整个案情，主要应解决如下几个争议：

第一，许霆的行为是否构成犯罪？（罪与非罪）

第二，如果许霆的行为构成犯罪，那么应该如何定罪？法院所认定的“盗窃金融机构”是否正确？（此罪与彼罪）

第三，一审判决为无期徒刑，二审改判为5年有期徒刑，量刑是否合理？（罪轻与罪重）

二、案件讨论的准备工作

学生在进行案例讨论之前，需要了解盗窃罪与侵占罪的界限、刑法犯罪与民法不当得利的界限、减轻处罚的依据、刑事诉讼程序的完善、民意与司法等问题。

三、案件分析要点

1. 盗窃罪是否以“秘密窃取为条件”？
2. “盗窃金融机构”如何解释？ATM 机器是否属于“金融机构”？
3. “盗窃金融机构”加重处罚之合理性。
4. 盗窃罪刑法条文修改问题。
5. 盗窃罪与侵占罪的界限。
6. 盗窃罪与信用卡诈骗罪的界限。
7. 侵占罪与不当得利的界限。
8. 刑事特别减轻处罚的法定依据。
9. 刑事特别减轻处罚的法定程序。
10. 金融机构在机器故障时出现损失的法律责任。
11. 传媒、民意与司法的关系。

四、教学组织方式

1. 课后自行阅读资料：约 3 小时；
2. 小组讨论并提交分析报告提纲：约 3 小时；
3. 情景模拟、进一步讨论：约 2.5 小时；
4. 课堂讨论总结：约 40 分钟。

本案例可以采用小组讨论、情景模拟方式进行讨论。

中央编译局《陆生动物法典》汉译的策略与方法

温秀颖

2013 年 5 月，中央编译局委托天津财经大学翻译专业硕士点（MTI）翻译由世界动物卫生组织颁布的《陆生动物法典》（OIE）项目，时间要求一个月，翻译字数为 30 万字。该项目内容包含了动物学和法学两大学科领域，如何制定并实施相应的翻译策略和方法是保证项目顺利实施的关键。项目委托方中央编译局对翻译标准、稿件校对及交稿时间提出了具体要求，项目组对委托方的要求进行了认真的讨论，制定了详细的实施计划：包括翻译项目的管理，翻译任务的分解，翻译策略方法制定，翻译软件的使用，译者间的合作、统稿、校稿、提交译稿等。本案例细致描述了该项目实施的具体过程以及在实施过程中遇到的问题和解决方案，以期对类似翻译项目提供有价值的参考。本案例为原创案例。项目内容具有农业科技语言和法律语言的双重特性，且为天津财经大学 MTI 项目组首次承接该类项目，因此该案例的典型性和新颖性都很鲜明，对于 MTI 的教学和研究具有理论和实践的双重意义。

一、背景介绍

（一）语言服务业发展的大趋势

据英国学者娜塔莉·凯丽和罗伯特·G. 斯图尔特对全球 152 个国家的语言服务市场进行的调研分析报告，截止到 2011 年，全球共有 25256 家独立语言服务供应商，其中不包括子公司和分支机构，而这一数据正以每年大约 2000

家的纯增长速度（即扣除掉每年倒闭或被关闭的公司数）增长。这份报告还指出，按照联合国发布的区域集群，全世界共分为九大区域，其中欧洲在语言服务供应商数量上居于领先地位，占全球语言服务供应商数量的一半以上（58.1%），而亚洲占 14.7%，次于欧洲和北美（18.38%），位居世界第三（参照图 1）。

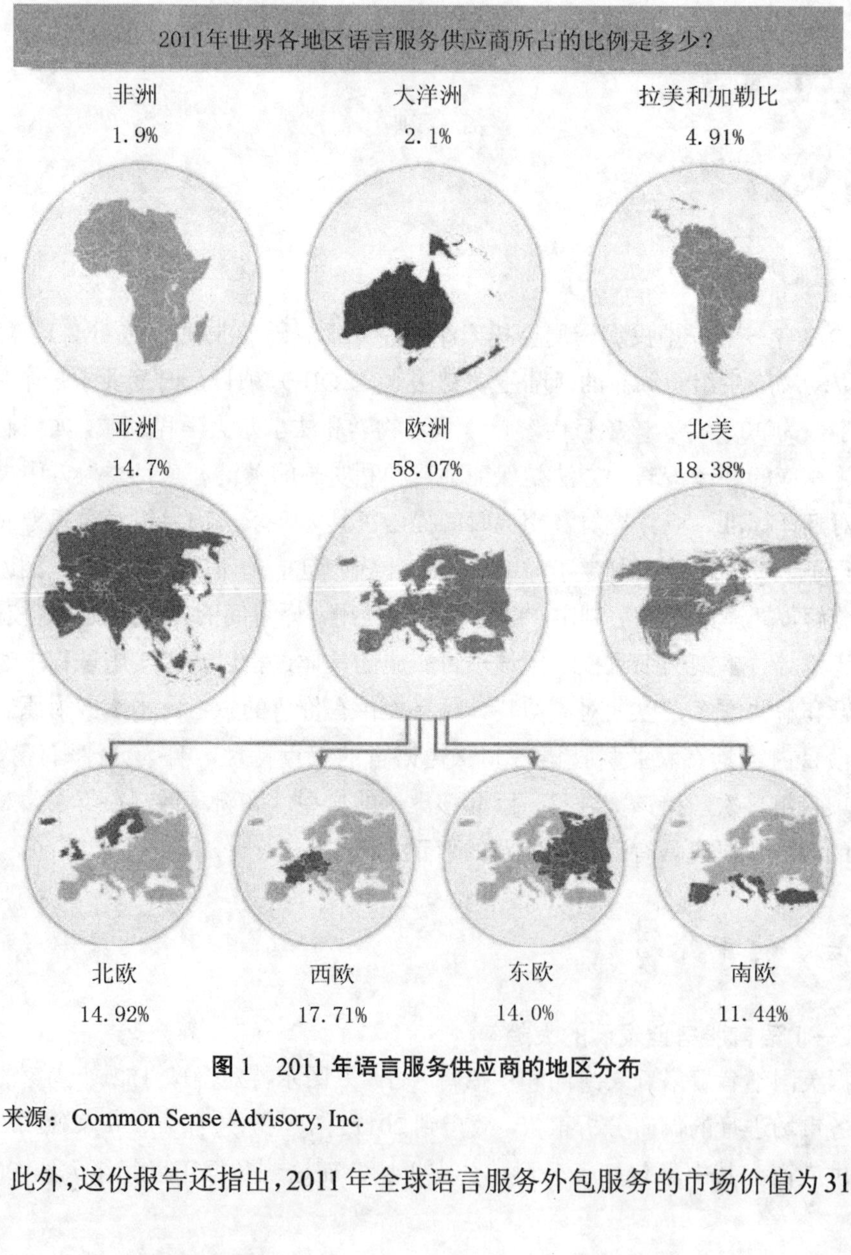

图 1　2011 年语言服务供应商的地区分布

来源：Common Sense Advisory, Inc.

此外，这份报告还指出，2011 年全球语言服务外包服务的市场价值为 314.38

亿美元，其中欧洲占 42.07%，北美占 49.25%，而亚洲仅占 7.43%。参阅图 2：

图 2　全球语言服务份额（按地区）

来源：Common Sense Advisory, Inc.

报告预测，在未来的五年中，全球语言服务市场的规模有可能达到 389.6 亿美元。参见表 1：

表 1　计划中的语言服务营收及区域分布

地区	市场份额	2010（百万美元）	2011（百万美元）	2012（百万美元）	2013（百万美元）	2014（百万美元）
北美	49.25%	14,415	15,483	16,631	17,864	19,188
西欧	21.13%	6,186	6,644	7,137	7,666	8,234
北欧	12.71%	3,720	3,995	4,292	4,610	4,951
亚洲	7.43%	2,175	2,336	2,509	2,695	2,895

续表

地区	市场份额	2010（百万美元）	2011（百万美元）	2012（百万美元）	2013（百万美元）	2014（百万美元）
南欧	5.39%	1,577	1,694	1,820	1,955	2,100
东欧	2.84%	832	894	960	1,031	1,107
大洋洲	0.66%	192	207	222	238	256
拉丁美洲	0.32%	95	102	110	118	126
非洲	0.26%	77	83	89	96	103
总增长量	100.00%	29,268	31,438	33,768	36,271	38,960

资料来源：Common Sense Advisory, Inc。

需要指出的是，在全球语言服务供应商前50强中，中国共有3家企业入围，分别是海辉软件国际集团（HiSoft Technology International Ltd.），位居第20位；华软通联软件技术（北京）有限公司（CSOFT International），位居第32位；以及传神（中国）网络科技有限公司（TRANSN Co., Ltd.），位居第46位。

上述这些情况表明，目前中国语言服务行业仍处于发展的初始阶段，具有巨大的上升空间。而翻译专业硕士项目则是未来中国语言服务行业发展最为重要的人才培养平台。与我校 MTI 签订了合作协议的中央编译局翻译服务部，虽目前在全球语言服务市场尚无法与海辉、华软和传神相提并论，但因其依靠中央编译局强大的语言专业背景，在国内语言服务市场上具有权威性、规范性等有利条件，因此深得国内各行各业的信任。与这样的语言服务供应商合作，对于我校翻译专业硕士（MTI）笔译人才的培养，具有重要的意义。

（二）国家翻译服务译文质量要求

2005年3月24日，中华人民共和国国家质量监督检验检疫总局和中国国家标准化管理委员会共同颁布了《国家翻译服务译文质量要求——GB/T 19682－2005》（Target text quality requirements for translation services），并于2005年9月1日正式实施。作为一项国家标准，该标准专门用来规范笔译服务，规定了翻译服务译文质量的基本要求、特殊要求、其他要求、译文质量评定和检测方法等。标准提出的基本要求是：（1）忠实原文。完整、准确地表达原文信息，无核心语义差错；（2）术语统一。术语符合目标语言的行业、专业通用标准或习惯，并前后一致；（3）行文通顺。符合目标语言文字规范和表达习惯，行文清晰易懂。在此基础上，该标准还对数字表达、专有名词、计量单位、符号、缩写词、译文编排等提出了具体要求。此外，标准还对一些词汇、句型、诗词、歌赋、外来语、原文错误等问题作出了补充要求。最后，该标准对译文质量评定的关联因素、基本原则、约定范围、质量要求、检测方法等也做出了具体规定。对于如何考核 MTI 学生译文的翻译能力和翻译质量，目前除翻译资格证书考试外，尚未有其他比较统一、有效的评估办法。我们认为，这次中央编译局翻译服务部的项目为我们提供了一个评估我校 MTI 教学质量的机会，而《国家翻译服务译文质量要求》则可作为我们进行评估的重要依据。

二、案例概况

（一）《陆生动物法典》概况

本次翻译项目《陆生动物法典》是该法典的第 21 版，是由世界动物卫生组织（OIE）于 2012 年 5 月召开的第 80 届 OIE 全体会议上一致通过的。它的宗旨是通过详细规定进出口国家兽医当局采取的卫生措施，防止传播动物或人的病原体，确保动物（包括哺乳动物、禽和蜜蜂及其产品）在国际贸易中的卫生安全，并促进国际贸易。《法典》不但是在动物和动物产品国际贸易中世界各国应当遵循的动物卫生标准，也是整个动物疫病防治的国际标准。加之世界贸易组织（WTO）将 OIE 的标准、准则和建议列为《关于实施动物卫生与植物卫生措施的协定》的标准、准则和建议。因此，《法典》在全世界范围内具有权威性。此外，这些标准、准则和建议是由 OIE 的国际动物卫生法典委员会负责制订的。每年，法典委员会与国际知名专家进行多次讨论，共同起草法典新章节文稿，或根据兽医科学进展修正现行章节。因此，《法典》在全世界范围内具有规范性，是成员国兽医当局、进出口单位、流行病学家以及所有与国际贸易有关人员的参考性文件。

（二）项目任务实施描述

1. 翻译人员的确定和分工

为了保证译文质量，中央编译局翻译服务部要求天津财经大学 2012 级 13 名 MTI 学生进行试译。中央编译局专家对试译稿进行了审阅，最后确定八名学生参与首批稿件翻译，并选出一名优秀译者担任学生翻译小组的组长，由组长按照每个参译者的具体情况分配相应的翻译任务，同时指定三位教师作为辅导老师参与翻译项目，并负责处理翻译过程中出现的突发情况。

2. 翻译计划的制定

本项目共计 30 万字，人均 4 万字左右，1 个月完成。根据翻译任务具体情况，翻译小组确定在任务开始一周后集中开会一次，讨论翻译过程中出现的各种问题，统一翻译策略。同时，小组决定建立 QQ 群，遇到问题随时在群内讨论。

3. 翻译质量控制方案

对于翻译质量控制，翻译小组主要做了如下准备：

（1）阅读背景知识及平行文本。关于背景知识，翻译小组首先查阅了有关 OIE 的相关知识，对 OIE 有个直观了解。关于平行文本，翻译小组查阅了国内相关动物法律文本，如《动物防疫法》、《野生动物保护法》、《动物检疫法》等，进行专业知识储备。

（2）翻译辅助工具的准备。关于翻译辅助工具，翻译小组主要采用了 Google 有道和 Trados 软件，作为辅助翻译工具，并运用翻译辅助工具制定出术语表。

（3）翻译审校。翻译审校采取自校和互校相结合，就字、词、句、术语等层面进行审校，而后由辅导老师根据《国家翻译服务译文质量要求》对译文质量进行评估，提出修改意见，最后交由中央编译局翻译服务部进行质量评定，做出反馈。

4. 翻译样本

原文：

Foreword

The OIE Terrestrial Animal Health Code (Terrestrial Code) sets out standards for the improvement of terrestrial animal health and welfare and veterinary public health worldwide, including through standards for safe international trade in terrestrial animals (mammals, birds and bees) and their products. The health measures in the Terrestrial Code should be used by the veterinary authorities of importing and exporting countries to provide for early detection, reporting and control agents pathogenic to terrestrial animals and, in the case of zoonoses, for humans, and to prevent their transfer via international trade in terrestrial animals and terrestrial animal products, while avoiding unjustified sanitary barriers to trade.

The health measures in the Terrestrial Code have been formally adopted by the World Assembly of OIE Delegates, which constitutes the organisation's highest decision-making body. The 21st edition incorporates modifications to the Terrestrial Code agreed at the 80th OIE General Session in May 2012. The 2012 edition includes revised information on the following subjects: glossary; notification of diseases and epidemiological information; criteria for the inclusion of diseases, infections and infestations on the OIE List; animal health surveillance; procedures for self declaration and for official recognition by the OIE; import risk analysis; evaluation of Veterinary Services; communication; application of compartmentalisation; collection and processing of bovine, small ruminant and porcine semen; collection and processing of in vivo derived embryos from livestock and horses; official health control of bee diseases; OIE procedures relevant to the Agreement on the Application of Sanitary and Phytosanitary Measures of the World Trade Organization; model veterinary certificate for international movements of dogs, cats and ferrets originating from countries considered infected with rabies; biosecurity procedures in poultry production; harmonization of national antimicrobial resistance surveillance and monitoring programmes; monitoring of the quantities and usage patterns of antimicrobial agents used in food producing animals; zoonoses transmissible from non-human primates; introduction to the recommendations for animal welfare; use of animals in research and education; Aujeszky's disease; rabies; African horse sickness; equine influenza; equine viral arteritis; avian influenza; and rabbit haemorrhagic disease.

This edition includes two new chapters on veterinary legislation and animal welfare and beef cattle production systems and incorporates a new model veterinary certificate for international trade in laboratory animals.

The development of these standards and recommendations is the result of the ongoing work by the OIE Terrestrial Animal Health Standards Commission (the Code Commission). This Commission, which comprises six elected members, meets twice yearly to address its work programme. The Commission draws upon the expertise of internationally renowned scientific experts to prepare draft texts for new texts in the Terrestrial Code and to revise existing texts in the light of advances in veterinary science. The views of OIE National Delegates are systematically sought through the twice yearly circulation of draft texts. The Code Commission collaborates closely with other Specialist Commissions of the OIE, including the Aquatic Animal Health Standards Commission, the Biological Standards Commission and the Scientific Commission for Animal Diseases, to ensure the recommendations contained in the Terrestrial Code are based upon the latest scientific information.

The measures recommended in the Terrestrial Code are formally adopted by the World Assembly comprising the plenary meeting of OIE National Delegates, who are in most cases the heads of OIE Members' veterinary authorities. The World Trade Organization (WTO) Agreement on the Application of Sanitary and Phytosanitary Measures (SPS Agreement) formally recognises the role of the OIE to specify standards and recommendations as the international references for animal health and zoonotic diseases. Thc SPS Agreement provides a multilateral framework, incorporating WTO Members' rights and disciplines, to guide the development, adoption and enforcement of sanitary measures to facilitate safe international trade. According to the SPS Agreement, WTO Members should provide a scientific justification for their import health measures. It is preferable that these be based on OIE recommendations. Where there are no OIE recommendations or in cases where a government chooses to apply more restrictive conditions than those recommended by the OIE, the importing country should base its animal health measures on an import risk analysis as described in the Terrestrial Code. The Terrestrial Code is thus a key part of the WTO legal framework for international trade.

The Terrestrial Code is published annually in the three official OIE languages (English, French and Spanish). An unofficial translation into Russian is also available from the OIE upon request. The Terrestrial Code may be viewed and downloaded from the OIE Web site at http://www.oie.int.

The User's Guide, which follows this foreword, is designed to help Veterinary Authorities and other interested parties to use the Terrestrial Code and to promote fair access for all Members, including developing and least developed countries to international markets for animals and animal products.

We wish to thank the members of the Code Commission, Delegates and the experts participating in Working Groups and ad hoc Groups and other Commissions for their expert advice. Finally but not least, my thanks go to the staff of the OIE for their dedication in producing this 21st edition of the Terrestrial Code.

Dr B.. Vallat	Dr A. Thiermann
Director General	President
World Organisation for Animal Health	Terrestrial Code Commission

Members of the OIE Code Commission (2012):

President: Dr A. Thiermann

Vice-President: Dr E. Bonbon

Secretary General: Dr J. Caetano

Members: Dr S.C. MacDiarmid, Dr A. Hassan and Dr S. Hargreaves

July 2012

SECTION 1.

ANIMAL DISEASE DIAGNOSIS, SURVEILLANCE AND NOTIFICATION

CHAPTER 1. 1.

NOTIFICATION OF DISEASES AND EPIDEMIOLOGICAL INFORMATION

Article 1.1.1.

For the purposes of the Terrestrial Code and in terms of Articles 5, 9 and 10 of the OIE Organic Statutes, OIE Members shall recognise the right of the Headquarters to communicate directly with the Veterinary Authority of its territory or territories.

All notifications and all information sent by the OIE to the Veterinary Authority shall be regarded as having been sent to the country concerned and all notifications and all information sent to the OIE by the Veterinary Authority shall be regarded as having been sent by the country concerned.

Article 1.1.2.

1) Members shall make available to other Members, through the OIE, whatever information is necessary to minimise the spread of important animal diseases and to assist in achieving better worldwide control of these diseases.

2) To achieve this, Members shall comply with the notification requirements specified in Article 1.1.3.

3) To assist in the clear and concise exchange of information, reports shall conform as closely as possible to the official OIE disease reporting format.

4) Recognising that scientific knowledge concerning the relationship between disease agents and diseases is constantly developing and that the presence of an infectious agent does not necessarily imply the presence of a disease, Members shall ensure through their reports that they comply with the spirit and intention of point 1 above.

5) In addition to notifying new findings in accordance with Article 1.1.3., Members shall also provide information on the measures taken to prevent the spread of diseases; including quarantine measures and restrictions on the movement of animals, animal products and biological products and other miscellaneous objects which could by their nature be responsible for transmission of disease. In the case of diseases transmitted by vectors, the measures taken against such vectors shall also be specified.

Article 1.1.3.

Veterinary Authorities shall, under the responsibility of the Delegate, send to the Headquarters:

1) in accordance with relevant provisions in the disease specific chapters, notification through the World Animal Health Information System (WAHIS) or by fax or e-mail, within 24 hours, of any of the following events:

a) first occurrence of a listed disease and/or infection in a country, a zone or a compartment;

b) re-occurrence of a listed disease and/or infection in a country, a zone or a compartment following a report declared the outbreak ended;

c) first occurrence of a new strain of a pathogen of a listed disease in a country, a zone or a compartment;

d) a sudden and unexpected increase in the distribution, incidence, morbidity or mortality of a listed disease prevalent within a country, a zone or a compartment;

e) an emerging disease with significant morbidity or mortality, or zoonotic potential;

f) evidence of change in the epidemiology of a listed disease (including host range, pathogenicity, strain) in particular if there is a zoonotic impact;

2) weekly reports by fax or e-mail subsequent to a notification under point 1 above, to provide further information on the evolution of an incident which justified urgent notification; these reports should continue until the situation has been resolved through either the disease being eradicated or it becoming endemic so that six-monthly reporting under point 3 will satisfy the obligation of the Member to the OIE; in any case, a final report on the incident should be submitted;

3) a six-monthly report on the absence or presence, and evolution of listed disease and information of epidemiological significance to other Members;

4) an annual report concerning any other information of significance to other Members.

Article 1.1.4.

1) The Veterinary Authority of a territory in which an infected zone was located shall inform the Headquarters when this zone is free from the disease.

2) An infected zone for a particular disease shall be considered as such until a period exceeding the infective period specified in the Terrestrial Code has elapsed after the last reported case, and when full prophylactic and appropriate animal health measures have been applied to prevent possible reappearance or spread of the disease. These measures will be found in detail in the various chapters of Volume II of the Terrestrial Code.

3) A Member may be considered to regain freedom from a specific disease when all conditions given in the relevant chapters of the Terrestrial Code have been fulfilled.

4) The Veterinary Authority of a Member which sets up one or several free zones shall inform the OIE giving necessary details, including the criteria on which the free status is based, the requirements for maintaining the status and indicating clearly the location of the zones on a map of the territory of the Member.

Article 1.1.5.

1) The Headquarters shall send by fax, e-mail or Disease Information to the

Veterinary Authorities concerned, all notifications received as provided in Articles 1.1.2. to 1.1.4.

2) The Headquarters shall dispatch to the Delegates information on new outbreaks of listed diseases.

3) The Headquarters, on the basis of information received and of any official communication, shall prepare an annual report concerning the application of the Terrestrial Code and its effects on international trade.

Article 1.1.6.

Faxes sent by Veterinary Authorities in pursuance of Articles 1.1.3. and 1.1.5. shall receive priority in accordance with the circumstances. Communications by telephone or fax, sent in the case of exceptional urgency when there is danger of spread of a notifiable epizootic disease, shall be given the highest priority accorded to these communications by the International Arrangements of Telecommunications.

译文：

前言

世界动物卫生组织（OIE）颁布的《陆生动物卫生法典》（以下简称《陆生法典》）在全球范围内为陆生动物的卫生和福利及兽医的公共卫生制定了各项标准，“陆生动物（哺乳动物、鸟类和蜜蜂）及其产品的国际贸易通用安全标准”就是其中之一。进出口国家的兽医当局应该实施《陆生法典》中制定的各项卫生措施，为陆生动物病原体的早期检测、报告和防控做好准备，并在避免不公正的卫生壁垒的同时，防止动物源性人畜共患病病原因子通过陆生动物及其产品的国际贸易进行传播。

OIE 最高决策机构——OIE 世界代表大会现已正式采用了《陆生法典》中规定的各项卫生措施。第 21 版《陆生法典》纳入了 2012 年 5 月召开的第 80 届 OIE 全体会议通过的修订意见。2012 版《陆生法典》针对以下内容进行了修订：通用定义；疫病和流行病学信息的通报；OIE 疫病、传染病和虫害的名录收入标准；动物卫生监测；自我申报和 OIE 官方认定的程序；进口风险分析；兽医服务评估；通讯；生物安全隔离区化的应用；牛、小反刍兽、猪的精液的采集和处理；活家畜体内培育胚胎的采集和处理；蜂病的官方卫生控制；OIE 关于世界贸易组织《实施动植物卫生检疫措施的协议》的程序；产自出现狂犬病疫情国家的狗、猫、雪貂的跨境运输的兽医证明模版；家禽生产的生物安全程序；抗菌剂耐药性监督和检测程序的协调；食品生产类动物抗菌药消耗量和使用模式的检测；自非人类灵长类动物传播的人畜共患病；关于动物福利建议的介绍；科研用和教育用动物的使用；伪狂犬病；狂犬病；非洲马疫；马流感；马病毒性动脉炎；禽流感；兔病毒性出血症。

2012 版法典新增了两大章节，分别是兽医立法与动物福利和肉牛生产系统，并新增了实验动物国际贸易的兽医证书模板。

这些标准和建议的制定是 OIE 陆生动物卫生标准委员（又称法典委员会）长年工作的结晶。法典委员会由六位选举产生的代表组成，每年召开两次会议，讨论其工作事宜。该委员会根据兽医科学最新进展，全面收集国际知名科学专家的专业意见，为《陆生法典》起草全新的条款或修订现行条款。新增内容的草拟条款每年发行两次，以系统全面地征求 OIE 各成员国代表的意见。法典委员会还与水生动物卫生标准委员会、生物标准委员会和动物疫病科学委员会等其他世界动物卫生组织专业委员会密切合作，确保各项建议建立在最前沿的科学信息基础之上。

由 OIE 各成员国代表参加的世界代表大会已正式采用《陆生法典》中的建议措施，与会代表大多是世界动物卫生组织成员国兽医当局的主管。世界贸易组织（WTO）的《实施动植物卫生检疫措施的协议》（即 SPS 协议）正式承认世界动物卫生组织制定的标准和建议是动物卫生和人畜共患病的国际标准。SPS 协议旨在建立一个规定 WTO 成员方权利和准则的多边框架，以指导卫生措施的制定、采纳和实施，并促进国际贸易安全。根据 SPS 协议，WTO 成员方应当为其进口卫生措施提供科学的依据，以 OIE 规定的建议作为这些措施的依据为宜。若 OIE 未给出相应建议，或某一成员国政府决定选用比 OIE 更加严格的标准，进口国必须依据《陆生法典》中规定的进口风险分析制定动物卫生措施。因此，《陆生法典》是 WTO 国际贸易法律体系的重要组成部分。

OIE 每年都会以英、法和西班牙语三大官方语言发行新版《陆生法典》。如有要求，世界动物卫生组织也可提供非官方俄语本。该法典也可在 OIE 官网上浏览和下载，网址是：http://www.oie.int.。

继序言之后的“用户指南”旨在帮助兽医主管部门和其他有关各方使用《陆生法典》，促进包括发展中国家和最不发达国家在内的所有成员国在国际动物及其产品市场中的贸易公平。

在此，我们要向法典委员会委员，各国代表，参与各类工作组、特别小组的专家们，以及给予我们专业意见的其他委员会，表示衷心的感谢。最后，我们还要感谢世界动物卫生组织的全体工作人员，感谢他们为编写第21版《陆生法典》付出的辛勤努力。

伯纳德·瓦莱特博士 总干事 世界动物卫生组织	亚历山大·蒂尔曼博士 主席 陆生动物卫生标准委员会

OIE陆生动物卫生标准委员会委员（2012年）：

主席：亚历山大·蒂尔曼博士

副主席：唐益健博士

秘书长：豪尔赫·卡埃塔诺博士

成员：斯图尔特·麦克迪米德博士、亚当·哈桑博士、斯图尔特·哈格里夫斯博士

2012年7月

第一部分

动物疫病的诊断、监测及通报

第一章

疫病及流行病学信息的通报

第1条

本着《陆生法典》的宗旨，以及OIE组织章程中第5、9、10条的规定，世界动物卫生组织各成员国应当承认总部与其领土范围内的一个或多个地区内的兽医当局有直接沟通的权利。

由世界动物卫生组织发送给兽医当局的所有通报和信息应被视为已发送到相关国家。同样，由兽医当局发送给世界动物卫生组织的所有通报和信息也应被视为已由相关国家发出。

第2条

1）凡对最大程度减少动物重大疫病的扩散，和有助于加强此类疫病的全球防控的必要信息，各成员国应确保可通过世界动物卫生组织实现相互间的信息沟通。

2）为实现这一目标，各成员国应遵循本章第3条规定的通报要求。

3）为使信息简明清晰，报告应尽可能严格按照 OIE 疫病报告的官方格式。

4）有关病原体和疫病关系的科学知识不断进步，而且病原体的存在并不一定意味着疫病的存在。所以，各成员国应确保以报告的形式遵循上述第 1 点的精神和意图。

5）除了根据本章第 3 条规定通报新发现以外，各成员国还应提供关于疫病防控措施的信息，包括检疫措施和针对动物活动及本身可传播疫病的动物产品、生物制品等各类产品的限制措施。若疫病通过病媒生物进行传播，各成员国需详细说明此类病媒生物的限制措施。

第 3 条

根据国家代表机构的责任，兽医当局应当将以下信息发送至总部：

1）按照具体疫病章节中的有关规定，出现以下任意一种情况，须在 24 小时内通过世界动物卫生信息系统（WAHIS）或以传真、电子邮件方式通报总部：

a）在某一国家、地区或安全隔离区内首次出现列入 OIE 名录的疫病和/或感染；

b）在某一国家、地区或安全隔离区内，在有报告宣布列入 OIE 名录的疫病和/或感染结束后又再次暴发；

c）在某一国家、地区或安全隔离区内首次出现列入 OIE 名录的疫病的新型毒株；

d）在某一国家、地区或安全隔离区内正在流行某一被列入 OIE 名录的疫病，该病的分布、发病数、发病率或死亡率突然意外上升；

e）出现发病率或死亡率极高的新发疫病或人畜共患病的可能；

f）有证据表明某一被列入 OIE 名录的疫病流行病学（包括寄主范围、致病性、种类）发生变化，特别是存在人畜共患病的影响时；

2）确实需要紧急通报的事件在根据上述第 1 点进行通报之后，每周要以传真或电子邮件形式进一步汇报其进展情况；在事件被解决（疫病被扑灭或成为地方病）之前，要做好周报，并根据第 3 点内容做好半年报告，充分履行成员国义务；在任何情况下，应向世界动物卫生组织提交事件的最终报告；

3）每半年向其他成员国报告被列入 OIE 名录的疫病有无和疫病演变，以及具有流行病学意义的信息；

4）每年向其他成员国报告其他任何具有重大意义的信息。

第 4 条

1）疫区所在地的兽医当局应告知总部该区不受疫病侵扰的时间。

2）针对个别疫病划定的疫区应被视为疫区，直到距离最近一次报告病例的时间超过了本法典中定义的感染期。在此期间，疫区应充分采取适当的动物卫生预防措施，以防止疫病的再次出现或蔓延。本法典卷二的多个章节都有详细描述这些措施。

3）如果感染有某疫病的成员国满足本法典相关章节所给出的条件，或可被认定为疫病已被消除。

4）如果成员国设有一个或多个无疫区，该国兽医管理当局应当向世界动物卫生组织提供必要细节，包括无疫区标准和维护要求，并且明确指出无疫区在该国领土地图上的位置。

第 5 条

1）按照本章第 2 至 4 条的规定，总部应该通过传真、电子邮件或世界动物卫生信息系统将所有已收悉的通报发送至有关兽医当局。

2）总部应该将有关名录疫病新一轮暴发的信息寄送至代表大会。

3）总部 应在已知情报和官方沟通的基础上起草年度报告，内容涉及本法典的应用及其对国际贸易的影响。

第 6 条

兽医当局依照本章第 3 和 5 条规定发送的传真，应根据实际情况区分轻重缓急处理。如果发生需通报的家畜流行病传播的危险，在这一特别紧急情况下拨打的电话或发送的传真，在国际电信安排下的通信中应给予最优先处理。

三、讨论题目

本次翻译项目的实施给翻译硕士的培养带来许多启示，引发了教师和学生的诸多思考。本案例希望学员重点思考如下问题：

1. 哪些因素会影响翻译策略和方法的选择？
2. 团体翻译译者间如何合作？翻译质量如何控制？
3. 《国家翻译服务译文质量标准》对翻译实践有何指导意义？
4. 本案例可以带来哪些翻译理论层面的思考？
5. 本案例对我校现行 MTI 教育有何启发（如课程设置、能力培养）？

案例说明书

一、本案例要解决的关键问题

本案例要实现的教学目标在于：引导学员关注非文学翻译的策略和方法与文学翻译有何异同。具体而言，本案例一方面旨在引导学员思考翻译本体理论与具体翻译实践之间存在哪些张力，从而深入了解文本类型、翻译目的与翻译策略方法之间的联系；另一方面，学员可以在重点掌握法律文本翻译的基础上，进一步思考非文学翻译与文学翻译在翻译标准、翻译方法、翻译能力构成等方面的异同。

案例讨论的准备工作：为了有效实现本案例目标，学员应该具备下列相关知识背景。

（1）理论准备

这方面包括非文学翻译（法律翻译、农牧科技翻译）、翻译策略方法、翻译质量标准、翻译赞助人等基本概念的内涵及彼此之间的关系；翻译主体性；翻译目的。

（2）行业背景

为预防动物疾病、提高动物健康状况，世界各国于1924年1月25日创建了一个政府间的组织——国际兽疫局。1924年，在欧洲暴发了发源于瘤牛的牛瘟，它是通过安特卫普港口向许多欧洲国家输送的。这就要求国际兽疫局能够提供预防这一疾病的信息并制定指导方针以保证各国间的贸易安全。起初国际兽疫局拥有26个成员国，如今，经过WTO的认证，截止到2007年5月，共有173个成员国，同36个其他国际性或各大陆上的区域性组织维持长期的合作关系。由各成员国政府指派的代表组成的国际委员会有权控制这一组织，位于巴黎总部的国际兽医局局长（由国际委员会选举产生）负责管理其日常运行。

今天，OIE是一个政府间的组织，它肩负着提高世界动物健康状况的责任。

2012年5月OIE召开了第80届全体会议，一致通过了第21版《陆生动物法典》。其宗旨是通过详细规定进出口国家兽医当局采取的卫生措施，防止传播动物或人的病原体，确保动物（包括哺乳动物、禽和蜜蜂及其产品）在国际贸易中的卫生安全，并促进国际贸易的开展。OIE 制定并公布了两项动物及其产品的国际健康标准——贸易标准和生物学标准。通过选举产生的专家委员会制定了这两项标准，并由各成员国在OIE刑事法庭中所采用。

兽医服务机构或其他进出口国的主管当局制定了卫生规程，以确保动物及其产品的进口安全。卫生规程中详细地规定了健康衡量标准以确保国际贸易卫生安全，避免致病因子在动物或人类中的传播。需要指出的是，各国兽医机构及其他主管当局应认识到这个法典是国际贸易的主要指南。

（3）制度背景

按照《中华人民共和国国家标准——翻译服务译文质量要求》进行。

二、案例分析要点

1．需要学员识别的关键问题

本案例需要学员识别的主要知识点包括：翻译项目类别、翻译项目管理、文本类型与翻译策略方法、非文学翻译研究现状及动态。

2．解决问题的可供选择方案及其评价

（1）关于项目类别

根据项目载体的不同，翻译项目可分为软件项目、文档项目、多媒体项目、网站项目。学员可根据这四种项目的特点对本案例加以识别。

（2）关于翻译项目管理

翻译项目管理包括五大流程：项目的启动、项目计划、项目执行、项目控制、项目关闭，其中项目计划又可包含项目时间管理、项目成本管理、项目沟通管理、项目质量管理、项目风险管理。学员可根据项目管理的五大流程对本案例的实施过程加以认识。

（3）关于翻译质量控制

翻译质量控制包括产品（译文）质量和服务质量两个方面。学员可通过本案例对这两个方面的内容加以体会。

（4）关于文本类型与翻译策略方法

德国翻译理论家、功能主义翻译学派的奠基人克里斯蒂娜·莱斯根据文本的功能将文本分为信息型文本、表情型文本、操作型文本和视听类语篇。而不同的文本类型所采用的策略方法也不尽相同，如信息类文本翻译时语言应直白无冗余，并根据需要使用明晰化技巧；表情类文本翻译时应使用“同一”策略，即译者应采用原语作者的观点；操作类文本应该采用“顺应”策略，以期对译文读者产生同样的效果；视听类文本需采用“辅助”方法，给文字加上视像和音乐。学员可根据本案例文本的功能判断其属于哪种类型，以及其与翻译策略方法的相关性。

三、推荐解决问题的方案

1. 翻译项目类别

根据翻译项目的类别特征，该项目应属于文档项目。文档项目具有如下特征:（1）字数较多，需要调集大批翻译资源来投入翻译；（2）一般后期需要桌面排版工作；（3）文档可能结合UI和UE，涉及的UI词汇则需要参考相应的UI词汇表，以保证UI前后翻译的一致性和读者阅读的连贯性。本案例主要符合第一、二条特征，基本可以判定其为文档项目。

2. 翻译项目管理

翻译项目管理是指项目经理按照客户的要求，在既定的时间内利用各种技术、工具和现代管理方法，理顺翻译、审校、排版等工作环节，保质保量地完成翻译任务，并将成本控制在预算范围内。翻译项目必须借助项目管理，而项目管理的三大核心内容分别是质量管理、时间控制和成本管理，这是因为项目管理是否成功归根结底取决于翻译产品的质量、交付及时性、预算合理性、顾客的满意度等因素。就本案例而言，项目的主要管理者是中央编译局翻译服务部，而承担该项目翻译任务的天津财经大学MTI项目组也需要在质量和时间控制方面进行有效管理。

具体而言，项目组首先要进行译前准备:（1）确认需求（如确认项目类型、项目用途、译文交付时间、涉及的专业领域和工作难度、原文本特征、客户对质量和稿件的具体要求等）;（2）资源准备（如确定专业技术和语言质量负责人，组织试译等）；（3）稿件分析（如制定工作进度计划，中途稿和终稿交付时间，翻译工具类型等）；（4）语料准备（如询问客户是否可提供参考语料，若不能则项目组可使用术语提取工具先抽取高频词，然后定义术语，以便确保项目翻译术语的一致性，或要求项目组成员在翻译过程中做到每日术语同步或使用网络协同翻译工具做到实时术语同步。

其次，项目组要进行项目跟踪，包括进度控制和质量控制。

就进度控制而言，项目组可对项目进行整体分析并制定详细的进度安排，然后对各项活动按优先次序排序，估算每项活动占用的时间并优化时间序列，根据项目进展及时调整工作计划。如，项目组可根据项目期限确定每天的工作进度，适当留出余量，并且根据客户要求提交中途稿。

就质量控制而言，项目组可根据《国家翻译服务译文质量标准》，通过质量计划、质量保障、质量审查和质量改善等步骤，提供达到预定标准的产品和服务。在本案例中，项目组首先进行了试译，然后集中在一起进行了讨论，这样翻译项目团队便及时地发现了译文中存在的缺陷并及时采取补救措施。在翻译过程中，项目团队通过辅导老师与客户保持及时、畅通的交流，从而保障了翻译项目的质量。在提交译文前，项目组还根据《国家翻译服务译文质量标准》和客户要求进行了交付前的质量测试，此项检测由辅导老师进行把握。

3．文本类型与翻译策略方法

本案例属于法律文本，目的是进行单纯的信息交流，因此，其文本类型可以确定为信息型文本。与之相适应的翻译策略方法应当是直白而无冗余。

四、教学组织方式

1．问题清单及提问顺序、资料发放顺序

本案例讨论题目依次为：

（1）如何判断本案例的文本类型？

（2）如何判断本案例的策略方法？哪些因素会影响翻译策略和方法的选择？

（3）团体翻译译者间如何合作？如何评价本案例的翻译质量？

（4）《国家翻译服务译文质量标准》对翻译实践有何指导意义？

（5）本案例是否具有非文学翻译的典型性、代表性？

（6）本案例可以带来哪些翻译理论层面的思考？

（7）本案例对我校现行 MTI 教育有何启发（如课程设置、能力培养）？

本案例的参考资料，在讲授相关知识点后一次性布置给学生。

2．课时分配

课后自行阅读资料：3 小时；

小组讨论并提交分析报告提纲：2 小时；

课堂小组代表发言、进一步讨论：2 小时；

课堂讨论总结：1 小时。

3．讨论方式

本案例采用小组讨论方式。

4．课堂讨论总结

（1）归纳发言者主要观点；

（2）提醒大家对焦点问题或有争议的观点进行进一步思考；

（3）对未来的研究提出建议。

南开大学出版社网址：http://www.nkup.com.cn

投稿电话及邮箱：　022-23504636　QQ：1760493289
　　　　　　　　　　　　　　　　QQ：2046170045(对外合作)
邮购部：　022-23507092
发行部：　022-23508339　Fax：022-23508542